SEITE

SEITE

Seit jeher gehören tief greifende Veränderungen in Politik, Wirtschaft, Gesellschaft und Kultur zur Geschichte der Menschheit. Im Rückblick erscheinen solche Veränderungen zum Teil als „Wendepunkte" in der Geschichte. In diesem Kapitel werden Sie sich mit unterschiedlichen Ausprägungen und Erscheinungsformen solcher Wendepunkte auseinandersetzen. Auf der Grundlage von Deutungsmustern und Erklärungsmodellen können Sie selbstständig vergangene und gegenwärtige Umbruchsituationen deuten und beurteilen.

SEITE

In diesem Modul können Sie die gesellschaftliche und politische Entwicklung des Imperium Romanum von der Regierungszeit des Kaisers Augustus bis zum Beginn der Völkerwanderungszeit im 4. Jahrhundert untersuchen. Ein Schwerpunkt liegt dabei auf der Frage, wie es gelang, die wichtigsten Bevölkerungsgruppen gesellschaftlich zu integrieren. Dies schließt auch solche Gruppen ein, die entweder einwanderten, oder die in eroberten Gebieten lebten. Eine gelingende Romanisierung dieser Menschen war eine Bedingung für den Erfolg des römischen Herrschaftsmodells.

SEITE

In diesem Modul können Sie kulturelle Wechselwirkungen und Anpassungsprozesse untersuchen und bewerten, die durch die großräumigen Bevölkerungsverschiebungen in der Spätantike hervorgerufen wurden. Insbesondere können Sie der Frage nachgehen, welchen Beitrag die so genannte „Völkerwanderung“ zu Ethnogenese jener Völker leistete, die die Nachfolge der römischen Herrschaft in Süd- und Westeuropa antraten.

In diesem Abschnitt haben wir Hilfen für Ihre individuelle Vorbereitung auf die Abiturprüfung bereitgestellt. Von Beginn an können Sie anhand der einzelnen Elemente überprüfen, welche Inhalte und Kompetenzen Sie bereits beherrschen und in welchen Teilbereichen noch Übungsbedarf besteht. Eine ausführliche Übung trainiert die Analyse Statistiken. Tipps zum Schreiben einer Abiturklausur runden die Einheit ab.

So arbeiten Sie mit diesem Themenheft

In diesem Heft zum Rahmenthema „Wechselwirkungen und Anpassungsprozesse in der Geschichte“ finden Sie neben dem entsprechenden Kernmodul die beiden Module „Romanisierung und römisches Kaiserreich“ und „Die ‚Völkerwanderung‘“ in chronologischer Reihenfolge.

Orientierungsseiten zu Beginn eines jeden Kapitels geben Ihnen einen **Problemaufriss** und schlagen **Leitfragen** für die Arbeit am Thema vor.

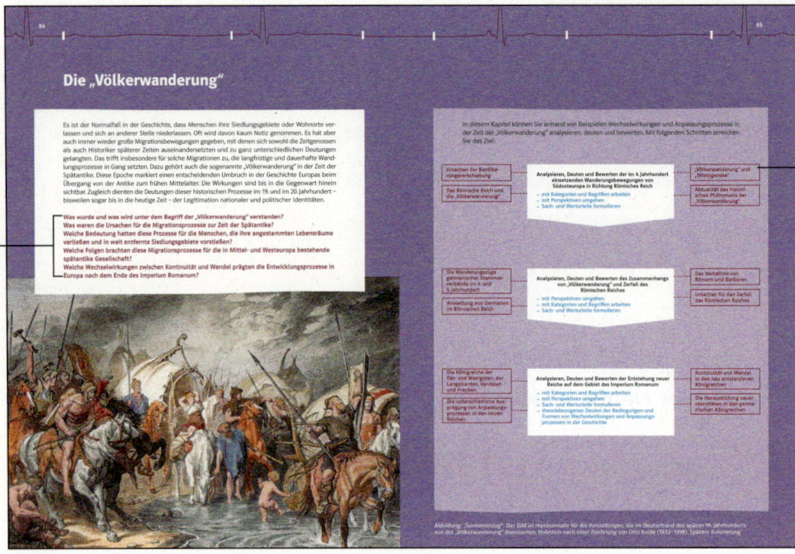

Eine Verlaufsskizze verdeutlicht die **Kapitelstruktur,** einen möglichen **Untersuchungsgang** durch das Thema sowie die **Fachkompetenzen,** die Sie erwerben und anwenden können.

Der Darstellungsteil jedes Unterkapitels beginnt mit einem **Problemaufriss** sowie **Anregungen** für die Arbeit mit den Verfassertexten und Abbildungen. Darin eingebettet sind Hinweise auf die zu übenden **Fachkompetenzen.**

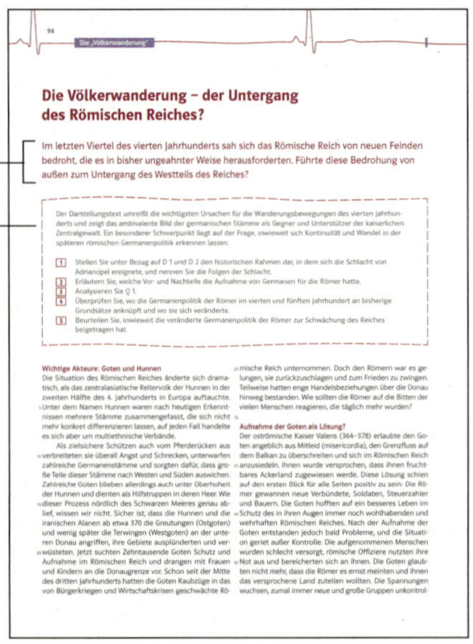

Der Materialteil beginnt immer mit einer Erläuterung der **inhaltlichen Schwerpunkte** und der **konzeptionellen Überlegungen,** unter denen die Materialien ausgewählt wurden, sowie einer Darlegung des **Lernpotenzials,** das ihnen innewohnt. Es folgen **Untersuchungsaufträge** für die Arbeit mit dem Material.

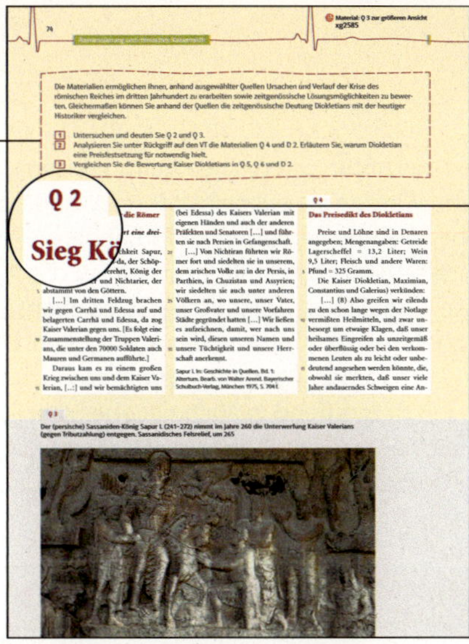

Historische Quellen sind durch Q (z. B. **Q 2**), **Geschichtsdarstellungen** immer mit D (z. B. **D 1**) gekennzeichnet.

Am Ende des Buches finden Sie den Bereich „Abitur kompakt".

Anhand eines **Überblicks des Abiturwissens,** der **Methoden** sowie der **Operatoren und Anforderungsbereiche** können Sie selbst überprüfen, inwieweit Sie fit fürs Abitur sind.

Wie kompetent Sie hinsichtlich der Arbeit mit Quellen und Materialien sind, können Sie auch mithilfe der **Übungsklausur** selbst überprüfen.

Übungsklausur zur römischen Reichskrise im 3. Jahrhundert n. Chr.
9fr7ww

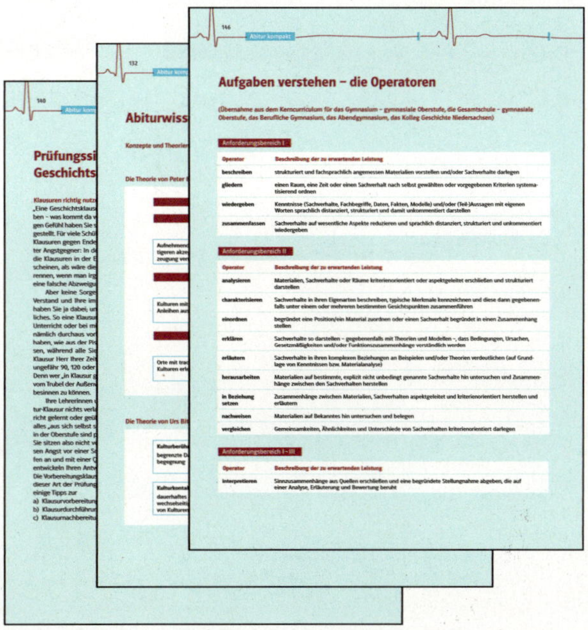

Wichtige Daten und Fakten sind im Überblick noch einmal **grafisch zusammengefasst** und in Beziehung zueinander gesetzt.

Wechselwirkungen und Anpassungsprozesse in der Geschichte

Begegnungen zwischen Menschen aus unterschiedlichen Kulturkreisen sind so alt wie die Geschichte der Menschheit. Häufig wurden und werden sie ausgelöst durch Wanderungsbewegungen. Die Gründe, aus denen Menschen ihre Lebensräume verließen und in andere einwanderten, waren und sind ganz unterschiedlich. Genauso unterschiedlich gestaltete sich auch das Aufeinandertreffen der Angehörigen der jeweiligen Kulturkreise. Friedlichen Austausch gab es ebenso wie gewaltsame Auseinandersetzungen, die bis zum Auslöschen ganzer Kulturen führen konnten. Durch Kontakt von Menschen unterschiedlicher kultureller Herkunft kamen Wandlungsprozesse in Gang, die die Welt nachhaltig veränderten – manchmal schnell und tiefgreifend, manchmal über sehr lange Zeiträume und von den Zeitgenossen kaum bemerkt. In der heutigen globalisierten Welt gewinnen solche Prozesse zunehmend an Bedeutung. Wissenschaftler analysieren sie deswegen gründlich und entwickeln Konzepte und Theorien zu ihrer Erklärung.

Wodurch wurden und werden Begegnungen von Menschen aus unterschiedlichen Kulturkreisen ausgelöst?
Welche Formen von Kulturbegegnungen und Kulturaustausch gab und gibt es?
Welche historischen Wandlungsprozesse können dadurch hervorgerufen werden?
Was bedeuten derartige Wandlungsprozesse für die daran beteiligten Menschen?
Welche Erklärungsmuster und Theorien wurden entwickelt, um kulturelle Wechselwirkungen und Anpassungsprozesse besser deuten und gestalten zu können?

Bei der Arbeit mit dem vorliegenden Themenheft werden Sie an Beispielen lernen, Wechselwirkungen und Anpassungsprozesse in der Geschichte zu analysieren, zu deuten und zu bewerten. Folgende Schritte führen Sie zum Ziel:

Erklärungsmodelle und Theorien zu Transformationsprozessen durch Kulturbegegnung und Konzepte zur Erklärung von Migration

- → Erörtern und Überprüfen allgemeingültiger Theorien zu Kulturkontakten, Kulturkonflikten und Transformationsprozessen
- → Erläutern geschichtswissenschaftlicher Theorien über Bedingungen, Formen und Folgen von Migration

- Die Theorie vom Kampf der Kulturen von Huntington
- Das Konzept der Akkulturation von Bitterli
- Der kulturwissenschaftliche Ansatz von Burke
- Die Ecole des Annales
- Die Migrationsmodelle von Ravenstein und Oltmer
- Das Kugelmodell von Herder
- Das lateinamerikanische Transkulturationsmodell von Ortiz

Exemplarischer Überblick über Transformationsprozesse in der Geschichte

- → Erklären und Überprüfen unterschiedlicher historischer Wandlungsprozesse
- → theoriebezogenes Deuten der jeweiligen Bedingungen und Formen von Wechselwirkungen und Anpassungsprozessen in der Geschichte

- Der Hellenismus
- Die Romanisierung
- Die „Völkerwanderung“
- Pilgerfahrten und Kreuzzüge
- Spanischer Kolonialismus
- Die Urbanisierung in Deutschland im 19. Jahrhundert
- China und die imperialistischen Mächte
- Flucht, Vertreibung und Umsiedlung im Umfeld des Zweiten Weltkrieges

Vertiefende quellengestützte Analyse zweier historischer Sachverhalte und deren theoriebezogene Deutung

- → Analysieren und Beurteilen ausgewählter Kulturbegegnungen hinsichtlich ihrer Ursachen und Bedingungen, ihres Verlaufs und ihrer Folgen
- → Erläutern zeitgenössischer und gegenwärtiger Deutungen dieser Umbrüche
- → Entwickeln eigener Deutungsansätze und Werturteile auf der Grundlage von Erklärungsmodellen und Theorien

- Die „Völkerwanderung“
- Die Urbanisierung in Deutschland im 19. Jahrhundert
- Flucht, Vertreibung und Umsiedlung im Umfeld des Zweiten Weltkrieges

Abbildung: Junge Zulus vor einer Tankstelle in Eshowe, Südafrika, Foto 1930

Kulturen treffen aufeinander

Zur menschlichen Existenz hat schon immer die Kultur gehört. Je nachdem, wann, wo und unter welchen Umständen Menschen lebten, entwickelten sie auch unterschiedliche Ausprägungen von Kultur. Doch was versteht man eigentlich darunter? Was geschieht, wenn Kulturen aufeinandertreffen? Wie verliefen solche Kulturbegegnungen in der Geschichte? Welche aktuellen Herausforderungen ergeben sich in dieser Hinsicht?

Der Darstellungsteil geht den Fragen nach, was aus geschichtswissenschaftlicher Perspektive unter Kultur zu verstehen und wie sie in der Gesellschaft verankert ist. Ein Überblick über die Vielfalt kultureller Begegnungen und deren Bedeutung bis in die Gegenwart rundet die Thematik ab und lädt Sie ein, eigene Erfahrungen mit Kulturkontakten zu diskutieren.

1 Erläutern Sie, zu welchen Zwecken die Einteilung von Gesellschaften in Kulturen bzw. Zivilisationen sinnvoll ist und wo eine solche Kategorisierung ihre Grenzen findet.
2 Schreiben Sie zu den Begriffen „kulturelle Identität", „kommunikatives Gedächtnis" und „kulturelles Gedächtnis" jeweils eine Kurzdefinition.
3 Diskutieren Sie den Zusammenhang zwischen unterschiedlichen Formen der Kulturbegegnung und den daraus folgenden möglichen Konsequenzen für die beteiligten Gruppen von Menschen.
4 Stellen Sie eigene Erfahrungen mit Kulturbegegnungen vor und bewerten Sie diese bezüglich der unterschiedlichen Ausprägung von Kulturkontakten.
5 Interpretieren Sie die Karikatur D 1. Haben Sie schon ähnliche Erfahrungen gemacht? Wird hier ein reales Problem angesprochen?

Kultur und Zivilisation

Das Wort „Kultur" ist hergeleitet aus dem lateinischen cultura, das „Pflege" und „Landbau" bedeutet. In der Frühen Neuzeit übertrug man die Vorstellung von der Landschaftspflege auf die Pflege der menschlichen Fähigkeiten. Gemeint war hiermit die Ausbildung der geistigen Kräfte des Menschen, die ihn von der Tierwelt unterscheiden. Die dadurch entstehenden Lebensformen und Werte wurden als die Kultur einer Gruppe von Menschen bezeichnet. Eng verbunden mit dem Kulturbegriff – und meist synonym gebraucht – ist der Begriff der „Zivilisation". Er kam im 18. Jahrhundert in Frankreich auf und bezeichnete ursprünglich eine geschichtliche Entwicklung der Menschheit hin zu Selbstständigkeit, Freiheit und Frieden, die Abschaffung der Sklaverei sowie die Überwindung von Armut. Im Plural gebraucht, verstand man darunter auch Gemeinschaften mit jeweils eigenen Sprachen, Sitten, Normen und Werten. In diesem Sinne wurde der Begriff von der Geschichtswissenschaft übernommen und wird bis heute so gebraucht. So spricht man zum Beispiel von westlichen oder fernöstlichen Zivilisationen oder Kulturen. Der Zivilisationsbegriff wurde von Anfang an mit einer generellen Fortschrittsgläubigkeit verbunden und daher positiv bewertet.

In Deutschland galt „Kultur" zunächst nur als Gegenbegriff zu „Barbarei". Doch wurde er hier auch genutzt, um den gesellschaftlichen Gesamtzustand einer Epoche oder einer Nation zu beschreiben. Dazu zählten das Wissen, die Überzeugungen, Kunst, Gesetze, Moral, Traditionen sowie jegliche Fertigkeiten und Gewohnheiten, die Menschen als Mitglieder einer Gesellschaft bewusst oder unbewusst erwerben. Von manchen Autoren des 20. Jahrhunderts wurde „Zivilisation" – einschließlich demokratischer Institutionen – als das äußere, technische Entwicklungsniveau verstanden und geringer geschätzt als „Kultur", die im Gegensatz dazu die inneren geistigen Werte verkörpere.

Kulturelle Identität und kollektives Gedächtnis

Für die Ausbildung einer spezifischen Kultur und damit einer kulturellen Identität spielt das kollektive Gedächtnis einer Gesellschaft eine wichtige Rolle. Die Theorie vom kollektiven Gedächtnis geht auf den französischen Philosophen und Soziologen Maurice Halbwachs zurück, der sie in den 1920er-Jahren entwickelte. Halbwachs arbeitete heraus, dass Gruppen von Menschen überlieferte Inhalte der Gruppengeschichte bewahren. In der gemeinsamen Erinnerung daran bilden sich Verhaltensmuster, Normen, Werte und Traditionen heraus, die das Denken und Handeln der jeweiligen Gruppe nachhaltig bestimmen.

Später wurde diese Theorie weiterentwickelt und das kollektive Gedächtnis in das kommunikative und das kulturelle Gedächtnis unterteilt. Das kommunikative Gedächtnis wird von Erzählungen lebender Zeitzeugen herausgebildet. Es bezieht sich vor allem auf Alltagserfahrungen und Informationen vom Hörensagen. In der Regel reicht es bis zu den Erzählungen der Eltern und Großeltern, also etwa 80–100 Jahre zurück. Für alltägliches Denken und Handeln Einzelner, aber auch kleinerer und größerer Gruppen kann diese Form der Erinnerung sehr bedeutsam sein. Daneben beschäftigen sich immer auch Spezialisten mit der Vergangenheit. Das sind allen voran Historiker und Archäologinnen, auf der Ebene der Vermittlung aber auch z. B. Lehrer und Journalistinnen. Sie gehen dabei teilweise weit in der Zeit zurück. Sie alle bleiben nicht beim bloßen Weitererzählen des Vergangenen stehen, sondern deuten dieses immer wieder neu. Die Ergebnisse ihrer Geschichtsdeutung werden in unterschiedlichen Formen dokumentiert und aufbewahrt. Hinzu kommen Riten wie z. B. Gedenktage und religiöse Feste, die auch Interpretationen der Vergangenheit enthalten können. Die Gesamtheit all dieser Deutungen bildet das kulturelle Gedächtnis einer Gruppe von Menschen, einer Nation, nationenübergreifender Gesellschaften oder sogar der gesamten Menschheit. Dieses kulturelle Gedächtnis hat tief greifende Wirkungen auf das Denken und Handeln von Menschen, sodass es zum Rückgrat von Kulturen wird.

Kulturbegegnungen

Kulturbegegnungen sind so alt wie die Geschichte der Menschheit, und ihre Formen waren von jeher unterschiedlich. Kulturbegegnungen von Gleich zu Gleich verlaufen anders als solche, in denen ein starkes Machtgefälle zwischen der einen und der anderen Kultur besteht. Wenn zum Beispiel Vertreter einer Kultur die Traditionsträger der anderen Kultur töten, liegt es auf der Hand, dass der Kulturaustausch nicht mehr zwischen gleichberechtigten Partnern stattfinden wird. Folgenreich ist auch, welche Erfahrungen die beteiligten Menschen mit Kulturbegegnungen gemacht haben, welche Mechanismen sie für diese Fälle entwickelt haben und wie offen sie demzufolge für einen kulturellen Austausch sind.

Wichtig ist auch, in welchem gesellschaftlichen Umfeld die Kulturbegegnung stattfindet, ob z. B. in einer Gesellschaft, die bereits multikulturell und weltoffen gestaltet ist, oder in einem Raum, der im Umgang mit dem Fremden wenig Erfahrung hat. Des Weiteren kann man die Intensitäten der Kulturbegegnung von der flüchtigen Kulturberührung über den Kulturkontakt bis hin zum Kulturzusammenstoß unterscheiden. Kulturbegegnungen müssen nicht notwendigerweise plötzlich geschehen. Auch eine allmähliche Annäherung und Durchdringung ist möglich. Sie kann von der Übernahme einzelner kultureller Inhalte durch ein Individuum oder eine Kulturgruppe von einer anderen bis hin zur engen Kulturverflechtung und der Herausbildung einer regelrechten Mischkultur reichen.

Die Ausbreitung der europäischen Kulturen

Mit den großen Entdeckungen im 15. und 16. Jahrhundert und der anschließenden Errichtung großer Kolonialreiche vor allem durch Spanien und Portugal erfolgte der erste große Schub der Ausbreitung europäischer Kulturen. Eine zweite Phase der Europäisierung der Welt stellte das Zeitalter des Imperialismus im 19. Jahrhundert dar. Die führenden europäischen Mächte dominierten in dieser Zeit den weitaus größten Teil der Welt. Umgekehrt wirkten die kolonialen Erfahrungen auf europäische Kulturen zurück. Kolonialwaren aus Afrika, Amerika und Asien veränderten die Konsumgewohnheiten der Europäer, die wissenschaftliche Erschließung der Erde machte bedeutende Fortschritte und veränderte die Perspektive auf das Eigene und das Fremde.

Globalisierung

Seit dem ausgehenden 20. Jahrhundert ist eine neue Form der Kulturbegegnung hinzugekommen. Die weltweite Vernetzung durch die modernen Kommunikationsmedien und vor allem durch das Internet verdichtet die Globalisierung. Viele Probleme in Wirtschaft, Umwelt oder Energie können heute nicht mehr auf nationaler Ebene gelöst werden, sondern erfordern globale Lösungsansätze. Das intensiviert den Austausch zwischen verschiedenen Kulturräumen der Erde. Dabei überlagert die westliche Mischkultur mehr oder minder regionale und nationale Kulturen. Ob und unter welchen Bedingungen dieser Prozess sich friedlich entwickeln kann, ist eine zurzeit viel diskutierte Frage.

D 1

Karikatur von Peter M. Hoffmann, 2011

Die Materialien D 2 und D 3 stellen Theorieansätze zu verschiedenen Formen von Kulturkontakten vor. Mit deren Hilfe sollen diese Kontaktformen in sinnvolle Kategorien eingeordnet werden. D 4 und D 5 umreißen eine viel diskutierte Theorie Samuel Huntingtons über gegenwärtige und zukünftige Kulturkonflikte; D 6 präsentiert eine theoretisch begründete Antwort darauf. Anhand dieser Texte können Sie Ihre Kompetenzen zum Umgang mit geschichtswissenschaftlichen Begriffen und Theorien schulen sowie Gegenwartsbezüge herstellen.

1 Analysieren Sie arbeitsteilig D 2 und D 3 und stellen Sie die Kategorien, mithilfe derer Kulturkontakte jeweils unterschieden werden, grafisch dar.

2 Bilden Sie dann Zweiergruppen, in denen jeweils eine/r D 2 und eine/r D 3 erarbeitet hat, und vergleichen Sie die beiden Unterscheidungsweisen.

3 Erläutern Sie Huntingtons Kernthese (D 4).

4 Erklären Sie auf Grundlage von Aufgabe 3 die Grafik D 5. Machen Sie deutlich, welche impliziten Voraussetzungen in die Grafik eingeflossen sind.

5 Stellen Sie Sens Kritik an Huntington (D 6) in eigenen Worten dar und beurteilen Sie, inwieweit und warum Sie eher Huntingtons Position oder eher Sens Position zustimmen.

D 2

Eine Art Zwangsumtausch?

Der britische Kulturhistoriker Peter Burke schreibt 2000 über Formen von Kulturbegegnungen:

Zunächst einmal sollte man zwischen Begegnungen von Gleich zu Gleich und solchen von unterschiedlich Mächtigen differenzieren. Beispielsweise bestand ein eklatanter Unterschied zwischen katholischen Missionaren […] im China des 16. und 17. Jahrhunderts und ihren Kollegen in Mexiko und Peru. In China bildeten die Missionare eine verschwindend kleine Minderheit, und deshalb waren sie gezwungen, Überzeugungsarbeit zu leisten und der einheimischen Kultur auf halbem Weg entgegenzukommen, sodass ihnen von einigen in Europa verbliebenen Klerikern vorgeworfen wurde, sie seien eher zu den Chinesen konvertiert als diese zum Christentum. Die Initiative lag hier also aufseiten der Aneignenden […]. Die Missionare in Mexiko und Peru konnten hingegen jederzeit Gewalt einsetzen, um den Indianern das Christentum aufzunötigen. In Lateinamerika war kultureller Austausch eine Art von Zwangsumtausch […], der nicht von Gleich zu Gleich stattfand. Obwohl es durchaus zu Fällen von „umgekehrter Akkulturation“ kam, in denen die Spanier sich allmählich an die einheimische Umgebung angepasst haben, lag die Initiative für gewöhnlich beim Gebenden. […]

Zum Zweiten können wir unterscheiden zwischen Kulturen mit einer […] starken oder schwachen Tradition der Traditionsabwandlung. Japan etwa war lange Zeit dafür berühmt, mit welcher Leichtigkeit es Anleihen aus China genommen hat (man denke nur an den Buddhismus, das imperiale Regierungssystem, das Schriftsystem usw.). Später machte es offensichtlich mit derselben Leichtigkeit beim Westen Anleihen. Dieser Gegensatz verweist uns auf ein faszinierendes, wenn auch schwieriges Problem: Wie lassen sich unterschiedliche Rezeptionsvermögen erklären?

Als Drittes können wir die Schauplätze unterscheiden, auf denen sich jeweils der Austausch vollzog, z. B. Metropolen wie Istanbul oder Venedig, in denen die Menschen aus vielerlei Kulturen aufeinandertrafen und interagierten. Andere Schauplätze lagen an bestimmten Grenzen, z. B. im osteuropäischen Grenzgebiet zwischen Christentum und Islam. Im 16. und 17. Jahrhundert haben polnische Edelmänner gegen die Türken gekämpft, ja, diese womöglich regelrecht hassen gelernt, doch mit ihren Kaftans und Krummsäbeln wirkten sie auf ihre westlichen Nachbarn selbst wie Türken. Gegen die Türken grenzten sie sich durch ihr christliches Bekenntnis ab und gegen die Westeuropäer durch ihre Weigerung, deren Kleidung zu tragen. In diesem Fall können wir von einer Kultur der Grenze im Unterschied zu einer Kultur gegensätzlicher Zentren sprechen.

Peter Burke: Kultureller Austausch, Suhrkamp, Frankfurt a. M. 2000, S. 24–27, übers. v. Burkhardt Wolf.

D 3

Der Prozess der Akkulturation

Der Historiker Urs Bitterli schreibt 2004 über Formen der Kulturbegegnung:

[1. Kulturberührung:]
Unter Kulturberührung verstehen wir das in seiner Dauer begrenzte erstmalige oder mit großen Unterbrüchen erfolgte Zusammentreffen einer kleinen Gruppe von Reisenden mit Vertretern einer geschlossenen archaischen Bevölkerungsgruppe, wie es besonders den Charakter der frühen Entdeckungsfahrten bestimmt. […] Zu ähnlichen Begegnungen kam es während der vier Reisen des Kolumbus im westindischen [karibischen] Raum […].

Solche Zusammentreffen hatten für beide Teile sowohl Reize wie die Bedrohlichkeit des Neuen und Überraschenden. Vonseiten der Eingeborenen reagierte man in der Regel mit scheuer Zurückhaltung auf das Auftauchen der Europäer; oft aber zeigte man auch unverhohlene Neugierde und begegnete den Fremden mit überströmender Freigiebigkeit und Gastfreundschaft, und nur in Ausnahmefällen verhielt man sich feindselig. [...]

[**2. Kulturkontakt:**]
Zum Kulturkontakt kam es in solchen Fällen, wenn die rückwärtigen Verbindungen zum Mutterland sich sichern und ausbauen ließen und sich andererseits aus der ersten Berührung ein dauerhaftes Verhältnis wechselseitiger Beziehungen zur Eingeborenenbevölkerung ergab, ohne dass Landnahme und Kolonisation von europäischer Seite beabsichtigt gewesen wären. Voraussetzung dazu war das Vorhandensein oder die allmähliche Herausbildung von Führerpersönlichkeiten innerhalb der archaischen [urtümlichen] Gesellschaft, die sowohl von den Europäern als Verhandlungspartner akzeptiert werden konnten, als auch bei ihrem eigenen Volke genügend Autorität besaßen, um eine friedliche Abwicklung der Geschäfte gewährleisten zu können. Eine solche Situation ergab sich leichter, wenn der eingeborene Partner nicht nomadisierend, sondern sesshaft lebte; wenn er sich nicht ausschließlich durch agrarische Subsistenzwirtschaft [Selbstversorgung einer Gruppe] ernährte, sondern bereits in Handelsbeziehungen zu Nachbarvölkern stand; und wenn die Vorstellungswelt, in welcher der Eingeborene lebte, sich das Faktum des europäischen Erscheinens, unter welchen Missverständnissen auch immer, integrieren konnte.[...]

[**3. Kulturzusammenstoß:**]
Kulturberührung und Kulturkontakt blieben bis zum Ende des achtzehnten Jahrhunderts die häufigsten Formen der kulturellen Begegnung zwischen Zivilisierten und Eingeborenen in Übersee. Wenn diese Begegnung einen besonders aggressiven Charakter gewann und die Europäer sich entschlossen, ihre militärisch-technische Überlegenheit mehr oder weniger rücksichtslos solange einzusetzen, bis die Eingeborenen entweder ausgerottet, in unwegsames Hinterland zurückgetrieben oder aber derart unterjocht waren, dass sie ihr kulturelles Eigenleben einem weite Daseinsbereiche erfassenden Abhängigkeitsverhältnis aufzuopfern hatten, wird man von einem Kulturzusammenstoß sprechen müssen. [...]

[**4. Kulturverflechtung:**]
Im Unterschied zu den bereits beschriebenen Formen der kulturellen Begegnung setzen Akkulturation und vor allem Kulturverflechtung ein länger dauerndes Zusammenleben und Zusammenwirken von Bevölkerungsgruppen verschiedener Kultur im selben geografischen Raum voraus. Während bei der Beziehung, die wir als Kulturkontakt bezeichnet haben, Aspekte des Handels oder der Mission in der Regel im Vordergrund stehen und die Permanenz des gegenseitigen Verhältnisses nicht so sehr durch Ansiedlung und Fortpflanzung der einen Partnergruppe, als vielmehr durch die laufende Ablösung ihrer Vertreter durch Neuankömmlinge gesichert wird, vollzieht sich besonders die Kulturverflechtung vor dem Hintergrund einer intensiven gesellschaftlichen Durchdringung. Diese Durchdringung tritt dann an die Stelle des historisch häufiger zu beobachtenden Kulturzusammenstoßes, wenn sich zwischen zwei oder mehreren Kulturen die zwingende Notwendigkeit zur existenzsichernden Zusammenarbeit und das Bewusstsein einer verpflichtenden Aufeinanderangewiesenheit ergibt. Damit dieser Sonderfall eintritt, müssen verschiedene Vorbedingungen in ganz bestimmtem Grad und bestimmtem Mischverhältnis gegeben sein; die wichtigsten aufeinander einwirkenden Faktoren sind die Mentalität der sich begegnenden Völker, ihre Anpassungsfähigkeit und Anpassungsbereitschaft, die geografischen und demografischen Gegebenheiten.

Akkulturation und Kulturverflechtung sind Prozesse, die sich über mehrere Generationen hin erstrecken und nie als eigentlich abgeschlossen gelten können; sie bereiten sich bereits in der Phase der Kulturberührung durch den Austausch gewisser Verhaltensformen unter den Beteiligten vor, erreichen aber ihre historische Eigenständigkeit erst, wenn sich aus der engen und ständigen Begegnung der Kulturen eine neue Mischkultur ergibt, die alle Bereiche des wirtschaftlichen, sozialen und religiösen Lebens der Partner enthält und die Widersprüchlichkeit der ursprünglischen kulturellen Situation zunehmend in sich aufhebt. [...]

Jede Kulturverflechtung wird eingeleitet und genährt durch die Übertragung von spezifischen Verhaltensweisen, Vorstellungen, Wertbegriffen und Techniken von einer bisher in sich geschlossenen Kultur auf eine andere und umgekehrt. Bereits in der Frühphase der Kulturberührung findet ein solcher Austausch, allerdings nur in beschränkten Bereichen, statt. So hat beispielsweise der in heißen Zonen der Erde lebende Mensch im Laufe der Jahrtausende bestimmte Formen der Daseinsgestaltung, des Wohnens oder der Hygiene entwickelt, die der europäische Kolonist freiwillig oder unter dem Zwang der Umstände übernimmt; umgekehrt zeigt sich der archaische Mensch bereit und fähig, beim Europäer Anleihen materieller und intellektueller Art aufzunehmen, die ihm als dienlich und vorteilhaft erscheinen.

Dieser Prozess der gegenseitigen Anpassung, der sich beim Kulturkontakt intensiviert und selbst in bestimmten Fällen des Kulturzusammenstoßes, vor allem im Fall der Sklaverei, nicht zum Stillstand kommt, wird von den modernen Ethnologen in der Regel als „Akkulturation" bezeichnet.

Urs Bitterli: Die „Wilden" und die „Zivilisierten". Grundzüge einer Geistes- und Kulturgeschichte der europäisch-überseeischen Begegnung. 3. Aufl., C. H. Beck, München 2004, S. 81, 95–96, 130, 161–162 u. 167.

D 4

Kampf der Kulturen?

Der US-amerikanische Politikwissenschaftler Samuel P. Huntington schreibt 1996:

Kultur und die Identität der Kulturen, auf höchster Ebene also die Identität von Kulturkreisen, prägen heute, in der Welt nach dem Kalten Krieg, die Muster von Kohärenz, Desintegration und Konflikt. Die fünf Teile dieses Buches entwickeln diese Hauptaussagen weiter.

Teil Eins. Zum erstenmal in der Geschichte ist globale Politik sowohl multipolar als auch multikulturell; Verwestlichung ist etwas anderes als Modernisierung; und wirtschaftliche und soziale Modernisierung erzeugt weder eine universale Kultur irgendeiner Art noch die Verwestlichung nichtwestlicher Gesellschaften.

Teil Zwei. Das Machtgleichgewicht zwischen den Kulturkreisen verschiebt sich: Der Westen verliert an relativem Einfluß; asiatische Kulturen verstärken ihre wirtschaftliche, militärische und politische Macht; der Islam erlebt eine Bevölkerungsexplosion mit destabilisierenden Folgen für muslimische Länder und ihre Nachbarn; und nicht-westliche Kulturen bekräftigen selbstbewußt den Wert ihrer eigenen Grundsätze.

Teil Drei. Eine auf kulturellen Werten basierende Weltordnung ist im Entstehen begriffen: Gesellschaften, die durch kulturelle Affinitäten verbunden sind, kooperieren miteinander. Bemühungen, eine Gesellschaft von einem Kulturkreis in einen anderen zu verschieben, sind erfolglos; und Länder gruppieren sich um die Führungs- oder Kernstaaten ihrer Kultur.

Teil Vier. Seine universalistischen Ansprüche bringen den Westen zunehmend in Konflikt mit anderen Kulturkreisen, am gravierendsten mit dem Islam und China. Auf lokaler Ebene bewirken Bruchlinienkriege (im Wesentlichen zwischen Muslimen und Nichtmuslimen) den „Schulterschluß verwandter Länder", die Gefahr einer breiteren Eskalation und damit Bemühungen von Kernstaaten um Eindämmung und Unterbindung dieser Kriege.

Teil Fünf. Das Überleben des Westens hängt davon ab, daß die Amerikaner ihre westliche Identität bekräftigen und die Westler sich damit abfinden, daß ihre Kultur einzigartig, aber nicht universal ist, und sich einigen, um diese Kultur zu erneuern und vor der Herausforderung durch nichtwestliche Gesellschaften zu schützen. Ein weltweiter Kampf der Kulturen kann nur vermieden werden, wenn die Mächtigen dieser Welt eine globale Politik akzeptieren und aufrechterhalten, die unterschiedliche kulturelle Wertevorstellungen berücksichtigt. [...]

Von allen objektiven Elementen, die eine Kultur definieren, ist [...] das wichtigste für gewöhnlich die Religion [...]. In ganz hohem Maße identifiziert man die großen Kulturen der Menschheitsgeschichte mit den großen Religionen der Welt; und Menschen, die Ethnizität und Sprache miteinander teilen, sind fähig [...] einander abzuschlachten, weil sie an verschiedene Götter glauben. [...]

Auf lange Sicht gesehen wird Mohammed [...] das Rennen machen. Das Christentum bereitet sich in erster Linie durch Bekehrung aus, der Islam durch Bekehrung und Reproduktion [Fortpflanzung].

Samuel P. Huntington: Kampf der Kulturen. Die Neugestaltung der Weltpolitik im 21. Jahrhundert. 10. Aufl., Goldmann, München 1998, S. 19–20, 52 u. 92, übers. v. Holger Fliessbach.

D 5

Kulturkreise nach Samuel P. Huntington

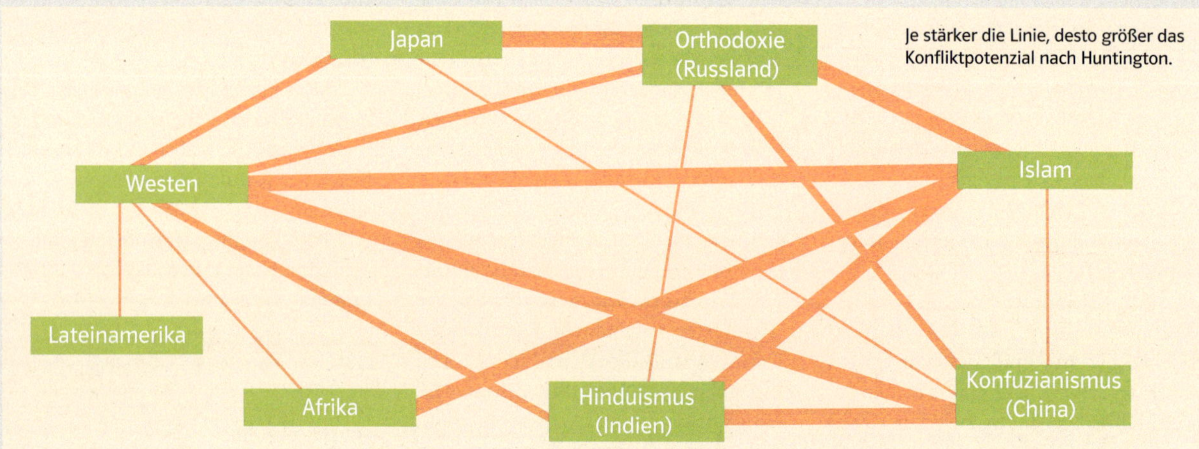

Samuel P. Huntington, Der Kampf der Kulturen. Die Neugestaltung der Weltpolitik im 21. Jahrhundert, München 1996, S. 398.

D 6

„Gefangen in der Kultur“

Der in Großbritannien und den USA lebende Nobelpreisträger für Ökonomie mit indischen Wurzeln Amartya Sen schreibt 2006:

Mit der Theorie vom Kampf der Kulturen gibt es zwei Schwierigkeiten: Die erste und vermutlich grundlegendere hat damit zu tun, ob es praktisch überhaupt möglich und signifikant ist, Menschen nach den Kulturen zu klassifizieren, denen sie angeblich „angehören“. Diese Frage ergibt sich lange vor den Problemen, die wir mit der Ansicht haben, die solchermaßen in Schubladen diverser Kulturen sortierten Menschen müßten sich irgendwie in einem Gegensatz zueinander befinden, die Kulturen, denen sie angehörten, seien einander feind. Der These von einem Kampf der Kulturen liegt die sehr viel allgemeinere Vorstellung zugrunde, daß es möglich sei, Menschen vorrangig als Angehörige der einen oder anderen Kultur zu betrachten. Aus dieser reduktionistischen Sicht kann man die Beziehungen zwischen verschiedenen Menschen in der Welt als Beziehungen zwischen den Kulturen verstehen, denen sie jeweils angehören.

Wenn man einen Menschen [...] vorrangig als Angehörigen einer Kultur sieht [...], dann reduziert man die Menschen bereits auf diese eine Dimension. Die Schwäche der These vom Zusammenprall liegt längst zutage, bevor wir zu der Frage kommen, ob verschiedene Kulturen (auf welche die Weltbevölkerung säuberlich verteilt ist) zwangsläufig zusammenprallen müssen oder auch nur üblicherweise zusammenprallen. [...]

Daran, daß unsere kulturelle Herkunft unser Denken und Handeln erheblich beeinflussen kann, besteht kaum ein Zweifel. Auch unsere Lebensqualität wird unweigerlich von unserer kulturellen Herkunft beeinflußt. [...] So wichtig unsere kulturellen Identitäten auch sein können, sind sie doch nicht völlig isoliert von anderen Einflüssen auf unser Selbstverständnis und unsere Prioritäten. Der Einfluss der Kultur auf das Leben und Handeln der Menschen ist unbestritten, aber es müssen doch einige Einschränkungen gemacht werden. Erstens ist die Kultur bei aller Bedeutung nicht die einzige Bestimmungsgröße unseres Lebens und unserer Identitäten. Auch andere Dinge wie Klasse, Rasse, Geschlecht, Beruf und politische Einstellung spielen eine manchmal ganz beträchtliche Rolle.

Zweitens ist Kultur kein homogenes Attribut – auch innerhalb ein und desselben allgemeinen kulturellen Milieus kann es große Abweichungen geben. [...]

Drittens steht Kultur nicht still. [...] Die explizite oder implizite Annahme, Kultur sei etwas Gleichbleibendes, kann völlig in die Irre führen. [...]

Viertens besteht eine Wechselbeziehung zwischen der Kultur und anderen Determinanten des gesellschaftlichen Wahrnehmens und Handelns. So führt die wirtschaftliche Globalisierung nicht nur zu mehr Handel, sondern auch zu globalen Formen der Musik und des Films. Die Kultur darf nicht als eine isolierte, von anderen Einflüssen unabhängige Größe verstanden werden. Die oft stillschweigende Annahme der Abgeschlossenheit kann sehr trügerisch sein.

Schließlich müssen wir unterscheiden zwischen der Idee der kulturellen Freiheit, bei der es um unsere Freiheit geht, unsere Prioritäten [...] zu bewahren oder zu ändern, und der Idee der bewertenden Kulturbewahrung, um welche der Multikultarismus so viel Aufhebens macht. [...]

Die Wichtigkeit der kulturellen Freiheit bedeutet nicht, daß man jedwede Form kulturellen Erbes feiert, ungeachtet dessen, ob die Betroffenen sich aus freien Stücken für die entsprechenden Praktiken entscheiden würden, wenn sie die Möglichkeit hätten, diese kritisch zu prüfen, und über andere Optionen und die tatsächlich vorhandenen Wahlmöglichkeiten hinreichend informiert wären. [...] Kulturelle Freiheit kann unter anderem auch die Freiheit einschließen, die automatische Billigung alter Traditionen in Frage zu stellen, wenn Menschen, besonders junge Menschen, einen Grund sehen, eine andere Lebensweise zu wählen.

Wenn die Entscheidungsfreiheit der Menschen wirklich etwas gilt, dann müssen die Ereignisse einer wohlerwogenen Ausübung dieser Freiheit geachtet werden, und man darf sie nicht dadurch negieren, daß man der Kulturbewahrung unbesehen den Vorrang einräumt. [...]

Es muß natürlich anerkannt werden, daß die kulturelle Freiheit beeinträchtigt sein könnte, wenn eine Gesellschaft einer bestimmten Gemeinschaft nicht erlaubt, an einer traditionellen Lebensweise festzuhalten, für die sich die Mitglieder dieser Gemeinschaft aus freien Stücken entscheiden würden. In vielen Ländern der Welt werden ja bestimmte Lebensweisen [...] unterdrückt. [...]

Es kann der kulturellen Vielfalt nur förderlich sein, wenn man den Menschen erlaubt, ja wenn man sie ermutigt, so zu leben, wie es ihnen gefällt (statt sie durch das Beharren auf der Tradition einzuengen). [...] Die kulturelle Vielfalt ergibt sich in diesem Fall als unmittelbare Konsequenz aus der Wertschätzung der kulturellen Freiheit.

Amartya Sen: Die Identitätsfalle. Warum es keinen Krieg der Kulturen gibt. C. H. Beck, München 2007, S. 54 f., 122–125, übers. v. Friedrich Griese.

Kulturwandel

Wenn unterschiedliche Kulturen intensiver aufeinandertreffen, kommt es zwangsläufig zu Wandlungsprozessen der beteiligten Kulturen. Abhängig von der jeweiligen Situation gibt es dabei immer auch Gewinner und Verlierer. Welche Deutungsmuster gibt es für kulturelle Transformationsprozesse?

Der Darstellungstext gibt eine Einführung in die Grundlagen, auf denen Historikerinnen und Historiker kulturelle Transformationsprozesse untersuchen, und stellt ausgewählte Erklärungsmodelle vor. Das soll Ihnen Möglichkeiten eröffnen, kulturelle Wandlungen – ganz gleich welcher Art und in welcher Zeit – zu deuten und zu werten.

1 Erläutern Sie die Motivation der Annales, eine Alternative zu der traditionellen Sichtweise zu erarbeiten, dass Geschichte das Ergebnis des Handelns bedeutender Persönlichkeiten sei (ZZ. 2–32).

2 Zeichnen Sie ein Schema, das zeigt, wie Kulturwandel nach dem Erklärungsmodell von Fernando Ortiz (ab ZZ. 88–145) abläuft.

3 Interpretieren Sie die Karikatur D 1 unter dem Gesichtspunkt kultureller Wandlungsprozesse.

Eine neue Sicht auf die Geschichte?

In den 1920er-Jahren entwickelten französische Historiker ein Erklärungsmodell für Geschichte, das bis dahin ungewöhnlich war. Sie vertraten die Auffassung, dass Geschichte nicht vorrangig das Ergebnis des Handelns bedeutender Persönlichkeiten sei. Vielmehr müsse man sämtliche Strukturen und Prozesse, die dem jeweiligen menschlichen Handeln vorausgesetzt sind, untersuchen. Zu diesem Zweck nutzten sie zunehmend Forschungsmethoden anderer Wissenschaften wie der Geografie, der Soziologie, der Klimaforschung, der Wirtschaftswissenschaften oder der Psychologie. Damit gerieten bislang wenig untersuchte Dimensionen der Geschichte ins Blickfeld der historischen Forschung, zum Beispiel die Geschlechtergeschichte, die Alltagsgeschichte, die Umweltgeschichte, die Mentalitätsgeschichte und auch die Kulturgeschichte. Außerdem wurde größerer Wert darauf gelegt, nicht nur vorrangig solche Ereignisse zu untersuchen, die unmittelbare Veränderungen der Gesellschaft nach sich zogen, wie es zum Beispiel passiert, wenn in Krisenzeiten entschlossenes Handeln zu revolutionären Umbrüchen führt. Vielmehr wurden Entwicklungen in den Blick genommen, deren dauerhaftes Wirken Anpassungsleistungen hervorriefen, die eine Gesellschaft langfristig und von den Zeitgenossen oft unbemerkt veränderten. Historiker, die diese Forschungsgrundsätze vertraten, gaben seit 1929 die Zeitschrift „Annales d'histoire économique et sociale" heraus. Danach wird dieser Theorieansatz als Schule der Annales bezeichnet. Wenngleich die Annales-Historiker auch Kritik erfuhren, insbesondere für eine teilweise Vernachlässigung der Politikgeschichte, so hatten ihre Arbeiten doch weitreichende Wirkungen.

Die Globalgeschichte

Beeinflusst durch die Annales-Schule und als Reaktion auf die fortschreitende Globalisierung erarbeiteten Historiker Ende des 20./Anfang des 21. Jahrhunderts das Forschungskonzept der Globalgeschichte. Ausgangspunkt ihrer Überlegungen war, dass sich menschliche Gesellschaften, Kulturen und Zivilisationen weder räumlich noch zeitlich isoliert entwickeln, sondern grenzüberschreitend und großräumig sowie über lange Zeiträume hinweg. Daraus folgte, dass die Vertreter der Globalgeschichte die traditionelle nationale und eurozentristische Perspektive verließen. Stattdessen erforschen sie die vielfältigen Verbindungen und Verflechtungen historischer Prozesse, die Erklärungsmuster für weltgeschichtliche Phänomene liefern können.

Ein Beispiel für dieses Forschungskonzept ist die Untersuchung des atlantischen Großraumes mit seinen Küstenländern, Inselwelten, Schifffahrtswegen und Handelsrouten. Natürliche Einflüsse wie Meeresströmungen und vorherrschende Winde werden ebenso berücksichtigt wie kulturübergreifende Zusammenhänge. So kommt beispielsweise fast zwangsläufig der Sklavenhandel von Afrika nach Brasilien und in die Karibik in den Blick. Auch solche Fragestellungen wie der Aufstieg und Niedergang von Imperien oder die Ausbildung und Verlagerung politischer, wirtschaftlicher und kultureller Zentren bestimmen die globalgeschichtliche Forschung. Daneben sind weltweite demografische und kulturelle Anpassungsprozesse oder auch die weiträumige Verbreitung von Tieren, Pflanzen sowie Krankheitserregern von Interesse der globalgeschichtlichen Forschung.

Kulturelle Transformationsprozesse

Kulturen sind keine in sich abgeschlossenen, gleichförmigen und unveränderlichen Systeme. Sie befinden sich im ständigen Austausch mit anderen Kulturen, bilden mit diesen mehr oder weniger große Schnittmengen und wandeln sich mit der Zeit. Das trifft auf jede Kultur zu. Betrachtet man zum Beispiel die deutsche Kultur von etwa 1500 bis heute, sind die Veränderungen ganz offensichtlich. Der Wandel vollzog sich sowohl aus sich selbst heraus als auch durch Einflüsse aus anderen Kulturen. Derartige komplexe Mischprozesse werden als kulturelle Transformation bezeichnet. Für deren Deutung haben Wissenschaftler zahlreiche Modelle entwickelt. Zwei davon sollen hier näher betrachtet werden: das Modell der Hybridisierung und die sogenannte Transkulturation.

Hybridisierung und Transkulturation

Das Modell der Hybridisierung bezieht sich verstärkt auf den Aspekt der Vermischung von Menschen mit unterschiedlicher ethnischer Herkunft, der vor allem in Hispanoamerika eine große Rolle spielte. Es wird untersucht, welchen Einfluss das (oft unfreiwillige) Zusammenleben von indigenen Amerikanern, Europäern und Nachkommen von Afrikanern auf die kulturellen Wandlungsprozesse nahm.

Das Erklärungsmuster der Transkulturation entwickelte der kubanische Anthropologe Fernando Ortiz um 1940. Er untersuchte, wie sich der Kulturwandel auf Kuba durch das Aufeinandertreffen von Indigenen, Afrikanern und Spaniern vollzog. Auf dieser Grundlage arbeitete er verschiedene, seiner Ansicht nach allgemeingültige Phasen der durch Kulturkontakt angestoßenen Wandlung heraus:

Am Anfang steht der gewaltsame Zusammenstoß unterschiedlicher Kulturen. Dieser ist mit einer „Dekulturation", also einem Kulturverlust und einer kulturellen „Entwurzelung" der Beteiligten verbunden: Die Spanier mussten oder wollten eine neue Lebensweise entwickeln, weil die Bedingungen ganz anders waren als die im fernen Mutterland. Die indianische Kultur erlitt durch die Unterdrückung bis hin zur Ausrottung der einheimischen Bevölkerung Verluste und die aus Afrika verschleppten Sklaven gerieten in eine völlig ungewohnte kulturelle Umgebung.

Dieser Dekulturation folgt die Neokulturation, das heißt die Ausbildung neuer kultureller Phänomene. Diese weisen zwar Ähnlichkeiten mit denen der Ausgangskulturen auf, sind mit ihnen jedoch nicht identisch und existieren neben weiterhin bestehenden Traditionen. Die derart entstandene „neue" Kultur bleibt ebenfalls der Dynamik der Transkulturation unterworfen. So können immer neue kulturelle Formen entstehen, die nebeneinander auftreten.

Das Erklärungsmodell von Fernando Ortiz weist zusammengefasst folgende Merkmale auf:

1. Transkulturation ist ein dynamischer Prozess, in dem alle beteiligten Kulturen aktiv sind, d.h. keine Kultur nimmt nur passiv auf.

2. Transkulturation bewegt sich ständig zwischen „Verlust" und „Gewinn", „alt" und „neu". Transkulturelle Gesellschaften sind keine kulturell homogenen Gebilde.

3. Kulturkontakt ist fast immer an ungleiche Machtverhältnisse gebunden, die ungleiche Möglichkeiten der kulturellen Einflussnahme nach sich ziehen. Auch in kolonialen Verhältnissen haben die Kolonisierten durch Widerstand oder Aushandlung jedoch Einflussmöglichkeiten.

4. Kultureller, gesellschaftlicher und wirtschaftlicher Wandel bedingen sich gegenseitig. Daraus folgt die Notwendigkeit, Kultur- mit Sozial- bzw. Wirtschaftsgeschichte in ihren Zusammenhängen zu betrachten.

Dieses Erklärungsmodell hat allerdings aus heutiger Sicht einige Schwächen und muss aktualisiert werden. Einerseits laufen Transkulturationsprozesse selten in klar voneinander unterscheidbaren Phasen wie „Dekulturation" und „Neokulturation" ab. Andererseits sind sie nicht zwangsläufig an Machtverhältnisse gekoppelt. So vollziehen sich heute unter dem Einfluss der Globalisierung vielfältige kulturelle Wandlungsprozesse, die durchaus friedlich und auf freiwilliger Basis verlaufen. Dabei darf natürlich auch nicht übersehen werden, dass wirtschaftlich starke Kräfte durchaus großen Einfluss auf Kulturentwicklungen nehmen können. Dies geschieht vor allem über die Medien Film, Fernsehen und Internet.

D 1

„Civilisations-Dampf-Maschine.
Die wilden Völkerstämme werden oben in die Maschine geworfen und erscheinen nach zwei Minuten vollständig civilisiert als gebildete Europäer!", Karikatur, Kladderadatsch; 1851

Text D 2 gibt einen Überblick über verschiedene Modelle zu kulturellen Transformationsprozessen. Die Darstellung D 3 versucht Kultur nicht als abgegrenzte Einheit zu bestimmen, sondern als immer schon „gemischte" Eigenheit. Q 3 ist ein Beispiel dafür, wie die Frage nach dem Miteinander von unterschiedlichen Kulturen in die Literatur Eingang gefunden hat. Die Bildquellen Q 1 und Q 2 laden zur Auseinandersetzung mit einer außereuropäischen Perspektive auf Kulturbegegnung ein, Q 4 zeigt einen europäischen Blick auf Kulturtransformation. D 4 bis D 6 erlauben Ihnen abschließend die Auseinandersetzung mit der Frage, welche Faktoren überhaupt bestimmend auf kulturelle Veränderungen einwirken.

1 Erarbeiten Sie anhand von D 2 eine Tabelle, in der Sie die genannten Formen von Transformationsprozessen mit ihrem Fachbegriff benennen und in einer zweiten Spalte stichpunktartig beschreiben. Notieren Sie in einer dritte Spalte historische Beispiele, auf die das jeweilige Modell besonders gut passt.

2 Erläutern Sie Welschs (D 3) Aussage, Transkulturalität sei immer schon die Regel gewesen (ZZ. 90 ff.) an einem Beispiel aus der römischen Antike oder der Völkerwanderungszeit.

3 Ordnen Sie Zuckmayers Sichtweise (Q 3) einem in diesem Kapitel genannten Erklärungsmuster von kulturellem Wandel zu. Begründen Sie Ihre Zuordnung.

4 Schreiben Sie aus der Sicht der Dargestellten zu jedem Bild einen Kommentar zu der Perspektive, die gegenüber der jeweils anderen Kultur eingenommen wird (Q 1, Q 2, Q 4).

5 Erläutern Sie, inwiefern natürliche Gegebenheiten laut George Duby Einfluss auf kulturelle Transformationsprozesse haben. Nehmen Sie dazu kritisch Stellung. (D 5)

6 Erarbeiten Sie aus den Texten der Annales-Schule (D 5, D 6), inwieweit es hier überhaupt um kulturellen Wandel geht.

7 Vergleichen Sie D 5 und D 6 mit dem Ansatz Wolfgang Merkels (D 7).

8 Erläutern Sie, inwieweit strukturelle (D 4, D 5, D 6) und akteursbezogene Erklärungsansätze (D 7) einander ergänzen können bzw. inwieweit sie sich widersprechen.

D 2

Formen kulturellen Austausches

Der britische Kulturhistoriker Peter Burke (vgl. auch S. 12 f.) schreibt im Jahr 2000:

Zumindest das Englische kennt keinen Mangel an Ausdrücken, wenn es darum geht, den Prozess kulturellen Austausches und seine Konsequenzen zu beschreiben. Zu acculturation und transculturation sind enculturation, inculturation und interculturation hinzugetreten. Ebenso finden wir appropriation, domestication, reception, negotiation, transfer, translation, resistance, indigenisation, syncretism, hybridization, creolization und zahlreiche weitere Bezeichnungen vor. Sicherlich sind das zu viele Ausdrücke sowohl unter dem Gesichtspunkt der Bequemlichkeit als auch unter dem der Angemessenheit. […]

In der Frühen Neuzeit, derjenigen Phase europäischer Geschichte, mit der ich mich vornehmlich befasst habe, war man sich des kulturellen Austausches bereits auf bemerkenswerte Weise bewusst. Beispielsweise wurde im Frankreich des 17. Jahrhunderts die Ansicht vertreten, dass sowohl die gotische Architektur als auch der Roman im Laufe des langwierigen kulturellen Zusammenstoßes, den wir heute als Kreuzzüge bezeichnen, aus der arabischen Welt in den Westen gekommen seien. […]

Ein Zentralbegriff jener Zeit ließ dem des Austausches allerdings wenig Raum: der Begriff der „Tradition", der Grundgedanke, dass Gegenstände, Praktiken und Werte unverändert von einer Generation zur nächsten weitergegeben würden. […]

Das Gegenstück zur Tradition war die neuartige Idee der „Rezeption", mit deren Hilfe etwa die Aufnahme des römischen Rechts oder der Renaissance außerhalb Italiens von Gelehrten des 19. Jahrhunderts beschrieben wurde. Ob nun der Schwerpunkt auf Tradition oder auf Rezeption gelegt wurde, stets setzte man voraus, dass dasjenige, was aufgenommen wird, dasselbe sei wie das Abgegebene. Eine noch heute gebräuchliche Metapher ist die eines kulturellen „Erbes" […].

Indes wurden schon seit Längerem Alternativen zu dieser Vorstellung von Erbschaft entworfen. An dieser Stelle möchte ich zumindest sechs dieser Alternativen erwähnen:

1. Es war ein Grundsatz der scholastischen Philosophie [philosophische Richtung auf Grundlage einer Methode der Beweisführung, die im 11. Jh. entwickelt wurde], dass das, „was auch immer empfangen wird, nach Maßen des Empfängers empfangen wird" […].

2. Eine zweite Art, die Transformation von Überlieferung zu denken, stellt die Idee der Nachahmung dar, sei es nun im positiven wie im negativen Sinne. Der positive Aspekt ist in der Literaturtheorie der Klassik und der Renaissance entwickelt worden, für die eine schöpferische Imitation [Nachahmung]

dann vorliegt, wenn […] geschätzten Vorbildern nachgeeifert wird. Zuweilen jedoch denunzierten die Humanisten, die für ihre eigenen Arbeiten den Status einer schöpferischen Imitation beanspruchten, das Tun ihrer Kollegen als sklavische Nachahmung, als „Nachäffen". […]

3. Eine weitere Alternative zur Vorstellung, die kulturelle Erbschaft sei passiv, ist der Gedanke der Aneignung oder, deutlicher, der „Plünderung" [der Fachausdruck heißt hier „Approbation"]; seinen ursprünglichen Kontext bilden die Debatten, die die nun als Kirchenväter verehrten Theologen über den christlichen Umgang mit heidnischen Kulturen führten. Basilius von Caesarea etwa befürwortete eine selektive Aneignung der heidnischen Antike nach dem Beispiel der Bienen, die „sich weder allen Blumen im gleichen Maß zuwenden noch die ausgewählten vollständig mitzunehmen suchen, sondern nur das nehmen, was für ihr eigenes Werk von Interesse ist, und das übrige unberührt zurücklassen". […]

4. Die drei bislang erwähnten Begriffe übernehmen die Perspektive des Empfängers. Vom Standpunkt des Entleihenden oder Gebenden aus wurde der Austausch mit Hilfe des Begriffs der „Akkomodation", der Anpassung, untersucht. Cicero [röm. Politiker und Redner, 106–43 v. Chr.] hat den Ausdruck im Kontext der Rhetorik gebraucht, um den Redner auf die Notwendigkeit hinzuweisen, dass er seinen Stil auf die Zuhörerschaft einzustellen habe. […]

5. Eine weitere Möglichkeit, über kulturellen Austausch zu sprechen, bestand darin, die Sprache des Mischens oder des Synkretismus zu gebrauchen. […] Im 19. Jahrhundert erlangte […] „Synkretismus" eine positive Konnotation, und zwar im Kontext religionswissenschaftlicher Studien zur Antike, insbesondere für die Identifikation von zweien oder mehreren Göttern […]. Von der Altertumswissenschaft ging der Begriff dann auf die ethnologische Forschung […] über. […]

6. Eine Alternative zum Synkretismus […] stellt die anschaulichere botanische bzw. rassenkundliche Metapher der „Hybridität" oder „Hybridisierung" dar, wie sie im 19. und 20. Jahrhundert besonders populär war […]. „Alle Kulturen sind", schreibt Said [palästinensischer Kulturtheoretiker, 1935–2003] über unsere gegenwärtige Lage, „ineinander verstrickt; keine ist vereinzelt und rein, alle sind hybrid, heterogen."

Peter Burke: Kultureller Austausch. Suhrkamp, Frankfurt a. M. 2000, S. 14–24. Übers. Burkhardt Wolf.

Q 1

Amerikaner mit seiner Familie, japanischer Farbholzschnitt von Utagawa Yoshifuji, um 1860, 35,5 × 24,2 cm

Q 2

Warnung vor gemischter Heirat, japanischer Holzschnitt, um 1890

D 3

Das Kugelmodell

Der Philosoph Wolfgang Welsch (1946) schreibt im Jahr 2010:*

Am überkommenen Kulturverständnis – wie es gegen Ende des 18. Jahrhunderts maßgeblich durch Herder [deutscher Philosoph] geprägt wurde – ist insbesondere die extensionale [auf die Ausdehnung bezogene] Bestimmung von Kultur zu kritisieren. Kulturen werden nach dem Modell von Kugeln verstanden. So erklärt Herder paradigmatisch: „Jede Nation hat ihren *Mittelpunkt* der Glückseligkeit *in sich* wie jede Kugel ihren Schwerpunkt!" Zu diesem Kugelmodell gehört ein internes Homogenitätsgebot und ein externes Abgrenzungsgebot. [...] Kulturen, die wie Kugeln aufgefasst sind, können nicht wirklich miteinander kommunizieren, etwa einander durchdringen, sondern können [...] einander nur „stoßen". Das ist die Crux [das Problem] des Kugelkonzepts der Kulturen: Kulturen, die im Stil von Kugeln verfasst oder verstanden sind, *müssen* einander abstoßen und bekämpfen.

Wären die zeitgenössischen Kulturen also tatsächlich kugelartig verfasst, dann ließen sich die Schwierigkeiten ihrer Koexistenz und Kooperation – bei allen gut gemeinten Bemühungen – aus systematischen Gründen nicht loswerden oder lösen. Aber mein Punkt ist, dass die Beschreibung zumindest heutiger Kulturen als Kugel deskriptiv falsch ist. Unsere Kulturen haben de facto längst nicht mehr die Form und Homogenität [innere Gleichförmigkeit] und Separiertheit [Getrenntheit], sondern sie durchdringen einander, sie sind weithin durch Mischungen gekennzeichnet. Diese neue Struktur suche ich durch das Konzept der „Transkulturalität" zu fassen. „Transkulturalität" will, dem Doppelsinn des lateinischen trans- entsprechend, darauf hinweisen, dass die heutige Verfassung der Kulturen *jenseits* der alten (der vermeintlich kugelhaften) Verfassung liegt und dass dies eben insofern der Fall ist, als die kulturellen Determinanten [Faktoren] heute quer durch die Kulturen *hindurchgehen*, sodass diese nicht mehr durch klare Abgrenzung, sondern durch Verflechtungen und Gemeinsamkeiten gekennzeichnet sind. [...] Das neue Leitbild sollte nicht das von Kugeln, sondern das von Geflechten sein. [...]

Verschiedentlich wird das Transkulturalitätskonzept mit den Konzepten von Multikulturalität und der Interkulturalität in Verbindung gebracht. Oft werden die entsprechenden Ausdrücke geradezu synonym verwendet.

Aus Sicht meines Transkulturationskonzepts bestehen jedoch große Unterschiede. Die Konzepte der Multi- und der Interkulturalität halten noch immer am alten Kugelmodell fest. Der Unterschied zwischen beiden ist nur, dass die Multikulturalisten dies im Blick auf Verhältnisse *innerhalb* von Gesellschaften, die Interkulturalisten hingegen im Blick auf die Verhältnisse *zwischen* Gesellschaften tun. Das Kugelmodell ist dann aber auch für die Defizite beider Konzepte verantwortlich.

Der Multikulturalismus sieht die Partialkulturen innerhalb einer Gesellschaft noch immer wie Kugeln oder Inseln an und befördert dadurch tendenziell Ghettoisierung. [...] Das Konzept der Interkulturalität geht ebenfalls weiterhin von der alten Kugelvorstellung aus und ist dann bemüht, einen interkulturellen Dialog in Gang zu bringen, der zu einem gegenseitigen Verstehen zwischen den im Ansatz als hochgradig verschieden, ja inkommensurabel [nicht vergleichbar] angesehenen Kulturen führen soll. [...]

Transkulturalität ist historisch keineswegs neu. Geschichtlich scheint sie eher die Regel gewesen zu sein. Viele Kulturen waren weitaus weniger rein, waren beträchtlich transkultureller, als die romantische und historische Fiktion der Kulturkugeln das sehen mochte.

Wolfgang Welsch: Was ist eigentlich Transkulturalität? In: Hochschule als transkultureller Raum? Beiträge zu Kultur, Bildung und Differenz. Hrsg. von Lucyna Darowska und Claudia Machold, transscript, Bielefeld 2010, S. 40–50. Kursivsetzung im Original.

Q 3

„Vermischung der Völker"

Aus dem Drama „Des Teufels General" des deutschen Schriftstellers Carl Zuckmayer:

Stellen Sie sich doch mal Ihre Ahnenreihe vor – seit Christi Geburt. Da war ein römischer Feldhauptmann, ein schwarzer Kerl, braun wie ne reife Olive, der hat einem blonden Mädchen Latein beigebracht. Und dann kam ein jüdischer Gewürzhändler in die Familie, das war ein ernster Mensch, der ist noch vor der Heirat Christ geworden und hat die katholische Haustradition begründet. – Und dann kam ein griechischer Arzt dazu, oder ein keltischer Legionär, ein Graubündner Landsknecht, ein schwedischer Reiter, ein Soldat Napoleons, ein desertierter Kosak, ein Schwarzwälder Flözer, ein wandernder Müllerbursch vom Elsaß, ein dicker Schiffer aus Holland, ein Magyar, ein Pandur, ein Offizier aus Wien, ein französischer Schauspieler, ein böhmischer Musikant – das hat alles am Rhein gelebt, gerauft, gesoffen und gesungen und Kinder gezeugt – und – und der Goethe, der kam aus demselben Topf und der Beethoven, und der Gutenberg, und der Matthias Grünewald, und – ach was, schau im Lexikon nach. Es waren die Besten, mein Lieber! Die Besten der Welt! Und warum? Weil sich die Völker dort vermischt haben. Vermischt – wie die Wasser aus Quellen und Bächen und Flüssen, damit sie zu einem großen, lebendigen Strom zusammenrinnen.

Carl Zuckmayer: Des Teufels General. In: Werkausgabe in zehn Bänden, Bd. 8, S. Fischer, Frankfurt a. M. 1978, S. 149.

Q 4

Preiskegeln, koloniales Werbesammelbildchen der Firma Liebig, 1900

D 4

Produktivkräfte und Produktionsverhältnisse

Der Philosoph und Gesellschaftstheoretiker Karl Marx (1818–1883) schreibt 1847 in seiner gegen den Frühsozialisten Pierre-Joseph Proudhon gerichteten Schrift „Das Elend der Philosophie“:

Alles, was existiert, alles, was auf der Erde und im Wasser lebt, existiert nur, lebt nur vermittelst irgendwelcher Bewegung. So erzeugt die Bewegung der Geschichte die sozialen Beziehungen, die industrielle Bewegung gibt uns die industriellen Produkte etc. […]

Herr Proudhon, der Ökonom, hat ganz gut begriffen, daß die Menschen Tuch, Leinwand, Seidenstoffe unter bestimmten Produktionsverhältnissen anfertigen. Aber was er nicht begriffen hat, ist, daß diese bestimmten sozialen Verhältnisse ebensogut Produkte der Menschen sind wie Tuch, Leinen etc. Die sozialen Verhältnisse sind eng verknüpft mit den Produktivkräften. Mit der Erwerbung neuer Produktivkräfte verändern die Menschen ihre Produktionsweise, und mit der Veränderung der Produktionsweise, der Art, ihren Lebensunterhalt zu gewinnen, verändern sie alle ihre gesellschaftlichen Verhältnisse. Die Handmühle ergibt eine Gesellschaft mit Feudalherren, die Dampfmühle eine Gesellschaft mit industriellen Kapitalisten.

Aber dieselben Menschen, welche die sozialen Verhältnisse gemäß ihrer materiellen Produktivität gestalten, gestalten auch die Prinzipien, die Ideen, die Kategorien gemäß ihren gesellschaftlichen Verhältnissen. Somit sind diese Ideen, diese Kategorien, ebensowenig ewig wie die Verhältnisse, die sie ausdrücken. Sie sind historische, vergängliche, vorübergehende Produkte. Wir leben inmitten einer beständigen Bewegung des Anwachsens der Produktivkräfte, der Zerstörung sozialer Verhältnisse, der Bildung von Ideen […].

Karl Marx/Friedrich Engels: Das Elend der Philosophie. In: Dies.: Werke, Band 4. Dietz, Berlin 1959 S. 129 f.

D 5

Die Transformation der Kulturen durch natürliche Gegebenheiten

Georges Duby (1919–1996), Vertreter der Schule der Annales, erläutert anhand des Mittelmeeres, welche Einflüsse Klima und Geografie auf kulturelle Transformationsprozesse haben können:

Wir haben die Quelle, wir haben sie im Mittelmeerraum, die innerste Quelle der Kultur, aus der unsere Zivilisation sich speist. Ich berufe mich hier nicht auf jenen allgemeinen Rahmen, den unser Weltbild, die monotheistische Glaubenslehre, auferlegt, die im Umkreis des Binnenmeeres sich ausprägte und von seinen Gestaden aus Verbreitung fand. Ich spreche von jener profanen Kultur, in deren Schoße sich die Glaubensbekenntnisse unmittelbar ausbreiteten, und die nun, da die Fluten des Glaubens abebben, als Gegenstand der Verehrung zurückbleibt [...]. Wenn man in Cleveland oder in Stockholm, in Krakau oder in Kiew an Venedig, Istanbul, Alexandria, an Rom oder an Athen denkt, dann ist gewiß der Wunsch, auszubrechen, an die sonnigen Strände eines glücklichen Meeres zu verreisen, im Spiel, aber auch, bewußt oder unbewußt, das Verlangen, für einen Augenblick an diese Quelle, an diese fruchtbaren Orte zurückzukehren, von denen man seit seiner Kindheit weiß, daß Halbgötter dort ein minder dumpfes, minder gemeines Dasein führten [...].

Und nach dem Mittelmeerraum haben seit dem Anbruch der Geschichte alle Binnenvölker geblickt. Immer wieder hat dieser generöse Wurzelstock verführerische Schößlinge getrieben, deren Zauber dazu reizte, zu den Wurzeln hinabzusteigen. [...] Den unaufhaltsamen Tropismus, der heute Millionen von Menschen zu keinem anderen Zwecke, als einige Tage in Zadar, Alicante oder Dscherba zu verbringen, dazu treibt, sich abzuhetzen, sich in Massen über die Straßen zu wälzen, die allsommerliche ungeheure Völkerwanderung, [...] diese Wanderung gilt es als äußerste Spitze einer Bewegung zu sehen, die vor Jahrhunderten einsetzte, als Verlängerung jener Antriebe, die vor über fünfzehnhundert Jahren zur Unterminierung der Grundlagen des Römischen Reiches führten und die staatliche Einheit des Mittelmeerraumes endgültig sprengten. [...] Dasselbe Verlangen, sich in minder barbarischen Landstrichen niederzulassen, von denen die den Ölbaum, die Pinie und die Taten des Guillaume d'Orange [eine mittelalterliche literarische Figur, Anm. F. H.] preisenden Heldenlieder schwärmten, löste im Hochmittelalter die mutwilligen Züge gen Süden aus, verleitete kurz nach der Jahrtausendwende burgundische Ritter sowie solche aus der Champagne dazu, das Abenteuer in Aragon, Kastilien und Portugal fortzusetzen, königstreue Deutsche, sich in die Emilia, die Toskana und nach Latium zu wagen [...]. Es beflügelte die Kreuzzüge, die nach Jerusalem und Tunis führten [...]. In den meisten Fällen kehrten die Eroberer in ihre Heimat zurück, freilich verführt, erlegen. [...]

So ließ die mediterrane Wurzel ihre Säfte jahrhundertelang in neue Blüten aufgehen. Zu gewissen Zeiten schlug sie heftiger aus. [...] Seit nahezu einem Jahrhundert zeigt das Mittelmeer denen, die es auf dem Vorposten der Hoffnung belauern, ein gewaltsames Antlitz. Prallheit der die Farben versengenden Sonne, Ungestüm der Düfte des Adonisgartens, Heftigkeit des Windes und des Gewitters, das auf das trockene Gestein und die schwarzen Büsche niedergeht – ein hartes, graues und weißes Land, das seine Stelen in der Einsamkeit und Stille am Rande eines dunklen und kargen Meeres aufragen läßt und das die Not lehrt. [...] Wir haben das alte Erbe keineswegs ausgeschlagen, aber wir haben uns aus freien Stücken in seiner finsteren Hälfte festgesetzt. [...] Jenes fesselt uns, das den Geruch von Blut und Tod an sich hat, das dionysische, das Griechenland der Unterwelt und Mythen [...].

Georges Duby: Das Erbe. In: F. Braudel, G. Duby u. M. Aymard: Die Welt des Mittelmeeres. S. Fischer, Frankfurt/M 1987, S. 173–189., übers. v. Markus Jakob.

D 6

Die Transformation der Zivilisation durch ihre Wirtschaftsformen

Fernand Braudel (1902–1985), Vertreter der Schule der Annales, legt in seiner „Geschichte der Zivilisation" 1967 exemplarisch einige seiner strukturgeschichtlichen Ideen dar:

Jede Wirtschafts- und Gesellschaftsform, jede Zivilisation ist auch in sich gespalten und verschiedenartig gegliedert. Jede dieser [...] Erscheinungsformen muß daher in ihren Bestandteilen auf Ähnlichkeiten, „Regelmäßigkeiten" und eventuelle Unterschiede hin untersucht und analysiert werden. [...] Zum weiteren Verständnis bedarf es zunächst der Klärung einiger Begriffe. Überall auf der Welt gibt es als unterste Entwicklungsstufe eine materielle Kultur, bestehend aus gewohnheitsmäßigen Tätigkeiten und uralten Errungenschaften. [...] Unter *materieller Kultur* verstehen wir also [...] Tätigkeiten, die zur Routine geworden sind, sehr alte, aus der Erfahrung gewonnene Tatsachen, Errungenschaften und Entwicklungen, wie zum Beispiel die Entstehung des Münzwesens oder die Absonderung der Städte vom Land [...].

Mit *Wirtschaftsleben* bezeichnen wir im allgemeinen eine höhere Stufe des täglichen Lebens: Kalkulation und Planung sind seine wichtigsten Faktoren. Es entwickelt sich ein beinahe eigenständiges Wirtschaftssystem mit Warenaustausch, differenzierten Beziehungen zwischen bereits industrialisierten und sogenannten unterentwickelten Ländern, zwischen Armen und Reichen, Gläubigern und Schuldnern, zwischen Ländern mit Naturalwirtschaft und solchen mit Geldwirtschaft.

Läßt sich die dritte Entwicklungsstufe mit dem so komplexen Begriff *Kapitalismus* kennzeichnen? Dieser in neuerer Zeit – spätestens um 1870 – geprägte Begriff wird erst zu Beginn des 20. Jahrhunderts in den politischen und gesellschaftspolitischen Auseinandersetzungen und später auch in den wissenschaftlichen Diskussionen gebräuchlich. [...] Der Kapitalismus ist bereits in seinen Anfängen [...] flexibel, rational, er besitzt seine eigenen Regeln, taktiert vorsichtig, überlegen und risikofreudig und stellt die am höchsten entwickelte Wirtschaftsform der früheren Zeit dar. [...]

Jede Zeit, auch die unsere, hat ihre eigene Grenze, sie trennt das Mögliche vom Unmöglichen. In früherer Zeit ergab sich diese Grenze, weil die Nahrungsmittel nicht ausreichten, die Bevölkerungszahl zu groß oder zu klein, ihre Arbeit zuwenig produktiv oder das Land nicht ausreichend kultiviert war. [...]

Eine Verschiebung der Grenze des Möglichen allein zieht nicht unmittelbar einen Fortschritt nach sich. So wurde zum Beispiel erst kurz vor der Erfindung der Eisenbahn um 1830 eine Perfektion des Straßennetzes erreicht, die darin bestand, die bis dahin hinter den technischen Möglichkeiten zurückgebliebenen Transportwege auf dem Land planmäßig anzulegen, den Verkehr zu beschleunigen und die Straßen allen zugänglich zu machen.

Aus diesen und anderen Gründen hat sich die Grenze zwischen dem Möglichen und dem Unmöglichen zwischen dem 15. und dem 18. Jahrhundert kaum verschoben. Erst Ende des 18. Jahrhunderts und auch da nur an einigen Stellen sollte es gelingen, sie hinter sich zu lassen, und erst ein Jahrhundert später erfolgte dann die große Wende, eine Revolution, eine totale Umgestaltung der Welt.

Fernand Braudel: Die Geschichte der Zivilisation. 15. bis 18. Jahrhundert. Kindler, München 1971, S. 6–12, übers. v. Renate Nickel u. Thurid Piebler.

D 7

Die Transformation der Staatsform durch die Macht der Akteure

Der Politologe Wolfgang Merkel (*1952) erklärt in seinem Handbuch zur Systemtransformation u. a. den akteurstheoretischen Ansatz – hier in Bezug auf den Prozess der Demokratisierung:

Die zeitliche und politisch-kontextuelle Unbestimmtheit von Modernisierungs-, Kultur- und Strukturtheorien in Hinblick auf die konkreten Realisierungschancen der Demokratie zeigen die bedeutenden zusätzlichen Erkenntnismöglichkeiten, die uns Akteurs- und Handlungstheorien eröffnen können. Man könnte gar argumentieren, wenn ein notwendiges Minimum ökonomischer, kultureller und struktureller Voraussetzungen gegeben ist, sind politische Strategien, Allianzen und Handlungen umso wichtiger, je weiter diese notwendigen von den hinreichenden Bedingungen erfolgreicher Demokratisierung entfernt sind.

Im Gegensatz zu den Modernisierungstheorien, zu Kulturalisten und Strukturalisten setzen *Akteurstheorien* auf der Mikro- und Mesoebene [der mittleren Ebene] der handelnden Akteure an. Damit durchbrechen sie die bisweilen statische Betrachtung der strukturellen Voraussetzungen und Hindernisse erfolgreicher Demokratisierung. Sie negieren deren Erkenntnisse jedoch keineswegs, sondern betrachten sie vielmehr als Strukturen, die den Handlungsrahmen für die demokratisierungswilligen Akteure und ihre Opponenten abstecken.

Im Unterschied zum ökonomischen, kulturellen und sozialstrukturellen Determinismus betonen Akteurstheorien die Unbestimmtheit politischen Handelns in Hinblick auf Verlauf und Ausgang von Systemwechseln. Die Entscheidung für oder gegen die Demokratie [zum Beispiel] wird von ihnen letztlich als Ergebnis einer situationsgebundenen, kontinuierlichen Neudefinition wahrgenommener Präferenzen, Strategien und Handlungsmöglichkeiten durch die relevanten Akteure angesehen [...].

Der Ausgang von Transformationsprozessen ist deshalb aus dieser handlungstheoretischen Perspektive weniger von objektiven Umständen (Strukturen) oder Machtkonstellationen abhängig als vielmehr von den subjektiven Einschätzungen, Strategien und Handlungen relevanter Akteure. Sie prägen die Entscheidungen, die wechselnden Allianzen, die Prozesse der Verlaufsmuster der Transformation [...]. Akteurshandeln wird dabei primär als Elitenhandeln verstanden: Massenbeteiligung ist nur ein kurzfristiges, vorübergehendes Phänomen zu Beginn der Transition. Die Eliten sind die beherrschenden Akteure. Sozioökonomische Strukturen, politische Institutionen, internationale Einflüsse und historische Erfahrungen bilden lediglich den Handlungskorridor, innerhalb dessen demokratisch und autokratisch gesinnte Eliten ihre politische Zukunft verfolgen.

Akteurstheorien unterscheiden sich aufgrund ihrer Ausgangsprämissen und der Bedeutung, die sie den individuellen Kosten-Nutzen-Kalkülen handelnder Akteure beimessen. [...]

Die Entscheidung für eine akteurstheoretische Perspektive bedeutet [...] keineswegs die Annahme, daß Akteure immer die wichtigste Rolle in allen Phasen des Systemwechsels spielen. Dies hängt neben [...] Kontextbedingungen auch von der Art des Systemwechsels und der jeweiligen Systemwechselphase ab. Die Frage, ob Strukturen, Kulturen oder Akteure die wichtigste Rolle spielen, läßt sich also nicht kontextunabhängig a priori [im Vorhinein] entscheiden, sondern variiert von Transformationsfall zu Transformationsfall.

Wolfgang Merkel: Systemtransformation. Eine Einführung in die Theorie und Empirie der Transformationsforschung. 2. erw. Aufl., VS Verlag, Wiesbaden 2010, S. 84, S. 108.

Wandlungsprozesse durch Migration

Seit der Entstehung des Menschen prägen Wanderungsprozesse seine Geschichte. Wann sprechen wir von „Migration"? Welche Ursachen und Formen von Migration gab und gibt es? Wer ist daran beteiligt und welche Auswirkungen kann sie auf die Beteiligten haben?

Ausgehend von einer Definition der Begriffe „Migration" und „Wanderung" umreißt der Darstellungstext geschichtswissenschaftliche und soziologische Konzepte zur Erklärung von Migration. Zum Abschluss wird auf die Folgewirkungen von Migration aufmerksam gemacht und damit der Zusammenhang mit den Themen „Kulturbegegnung" und „kulturelle Transformationen" hergestellt.

1. Schreiben Sie für ein Schülerlexikon Artikel für die Begriffe Migration, Migrationsregime und Migrationssystem.
2. Überprüfen Sie auf der Grundlage eigener Erfahrungen und aktueller Berichterstattungen, ob und in welchem Maße Ravensteins Wanderungsgesetze (ZZ. 76 – 103) weiterhin Gültigkeit haben.
3. Führen Sie in Ihrer Familie Interviews zum Thema „Kulturwandel durch Migration" und berichten Sie in Ihrem Kurs. Thema können sowohl Flucht und Vertreibung nach 1945 sein, Arbeitsmigration der 1980er, Ost-West-Wanderung nach 1989 oder jüngere Migrationsprozesse. Ein Schwerpunkt der Interviews kann auf der Frage liegen, welche kulturellen Differenzen und Anpassungs-/Wandlungsprozesse auf Seiten der Ankömmlinge und/oder der „Altbevölkerung" erinnert werden.

Was ist Migration?

Im Gegensatz zum Verkehr oder der Reise bedeutet Migration die langfristige Verlagerung des Lebensmittelpunktes von Menschen von einem Ort zu einem anderen. Sie kann Individuen, kleinere Gruppen, aber auch ganze Bevölkerungen betreffen und ist ein Phänomen, das den Menschen prägt seit seiner Ausbreitung von Afrika aus über den gesamten Globus. Migration ist daher keiner menschlichen Kultur unbekannt. Allerdings ist es nur sinnvoll, den Begriff auf solche Kulturen anzuwenden, die grundsätzlich sesshaft sind und für die Migration die Ausnahme von der alltäglichen Regel darstellt. Die Wanderungsbewegungen von Nomadenvölkern gehören also nicht dazu.

Begrifflich unterscheidet man bisweilen zwischen Wanderungen in der Vormoderne (z. B. Völkerwanderung; vgl. S. 84 – 131), bei denen in der Regel nicht alle Voraussetzungen bekannt sind, und Migration in der Moderne, d. h. meist ab der beginnenden Industrialisierung des 19. Jahrhunderts unter der Bedingung existierender Staatsgrenzen.

Bedingungen und Formen von Migration

Wanderungsbewegungen und Migration konnten und können aufgrund unterschiedlicher Bedingungen sehr vielfältige Formen annehmen. Besonders deutlich wird dies, wenn man sich typische Motive für Migration verdeutlicht:

Eine besonders häufige Form war und ist die Arbeitsmigration. Menschen ziehen dorthin, wo sie eine Ausbildung oder eine Arbeitsstelle erhalten können (vgl. Urbanisierung im 19. Jahrhundert, S. 30). Eng damit verbunden ist die sogenannte „Wohlstandsmigration", bei der Menschen ihren alten Wohnort verlassen, um andernorts mehr Geld zu verdienen und ein besseres Leben zu führen. In diese Kategorie fallen z. B. jene Spanier, die während der Frühen Neuzeit ihr Heimatland verließen, um in den spanischen Überseegebieten zu Reichtum zu gelangen. Viele Menschen wanderten aus, weil sie hofften, in der Fremde mehr politische Rechte zu genießen oder ihre Religion freier ausüben zu dürfen. Andere Menschen wechseln den Ort eher aus Neugierde und um woanders mehr geistige und kulturelle Anreize zu erhalten. Auch eine Heirat kann ein Motiv sein, den Wohnort zu wechseln.

Die genannten Migrationsformen wurden meist als Einzelwanderungen oder in kleinen Gruppen durchgeführt. Siedlungswanderungen hingegen fanden meist in geschlossenen Großgruppen statt, die gemeinsam auf die Suche nach neuen Wohngebieten gingen (vgl. Die „Völkerwanderung“, S. 84 – 131). Derartige Massenwanderungen waren und sind selten ganz freiwillig, denn Migration bedeutet immer auch Anstrengung, Verlust und Unsicherheit, und meist sind nur wenige Menschen bereit, diese Begleiterscheinungen freiwillig in Kauf zu nehmen. Hinter Siedlungswanderungen stand daher in vielen Fällen wirtschaftliche Not, die so groß war, dass größere Gruppen sich entschlossen, das Risiko der Migration einzugehen. Auch die Benachteiligung oder Verfolgung aus religiösen Gründen führte zur Migration ganzer Glaubensgemeinschaften. Gänzlich unfreiwillig ist Migration in der Form von Flucht und Vertreibung. Bisweilen sorgen Kriege dafür, dass bestimmte Gebiete so unsicher für die Bevölkerung wurden, dass eine Abwanderung mehr Sicherheit verheißt als das Bleiben. Unter Vertreibung versteht man eine staatlich sanktionierte Zwangsmaßnahme zur Umsiedlung bestimmter Bevölkerungsgruppen (vgl. Flucht, Vertreibung und Umsiedlung im Umfeld des Zweiten Weltkrieges, S. 31). Eine besondere durch Zwang und Gewalt gekennzeichnete Form der Migrationsbewegung war der transatlantische Sklavenhandel von Afrika nach Brasilien und in die Karibik.

Abgesehen von den Motiven, die zur Migration führen, der Gruppengröße und dem Grad an Freiwilligkeit, unter dem Migration stattfindet, können weitere Aspekte unterschieden werden. Dazu zählen die überwundene Distanz, die eingeschlagene Richtung, die Dauer des Aufenthalts sowie die gesellschaftliche oder wirtschaftliche Stellung der Migranten.

Die systematische Migrationsforschung begann mit dem Geografen und Demografie-Forscher Ernst Georg Ravenstein. Er untersuchte die Migrationsbewegungen, die durch die Industrialisierung ausgelöst wurden (vgl. S. 30). Anhand von Datenmaterial aus Volkszählungen entwickelte er in der zweiten Hälfte der 1880er-Jahre Wanderungsgesetze, die bei anderen Wissenschaftlern auf großes Interesse stießen und von diesen für andere Migrationen weiterentwickelt wurden. Ravensteins Gesetze lauten zusammengefasst:

Die Mehrzahl der Wanderungsvorgänge erfolgt über kurze Distanzen.

Wanderungen über größere Distanzen verlaufen häufig als „Kettenwanderung“ in Etappen.

Bei Wanderungen über größere Distanzen werden große Industrie- und Hafenstädte als Zielorte bevorzugt.

Wanderungsströme bestehen stets aus zwei gegenläufigen Komponenten: Ab- und Zuwanderung.

Die Landbevölkerung ist in Wanderungsströmen überrepräsentiert.

Frauen wandern eher über kürzere, Männer eher über längere Distanzen.

Die Mehrzahl der Migranten sind Alleinstehende.

Die Bevölkerungszunahme in Städten ist mehr durch Wanderungsgewinne als durch natürliche Bevölkerungsbewegungen bedingt.

Das Wanderungsvolumen steigt gleichzeitig mit der industriellen und verkehrstechnischen Entwicklung.

Die meisten Wanderungsvorgänge sind wirtschaftlich motiviert.

Migrationsregime und Migrationssysteme

Unter Migrationsregimen versteht man die Rahmenbedingungen, unter denen Migration abläuft. Bestimmte Arten von Migration wurden stets durch gesellschaftliche Regeln und Normen beeinflusst. Ein Beispiel hierfür sind Grenzregelungen zwischen verschiedenen Staaten: Nicht jeder Mensch kann unter allen Bedingungen jede Grenze passieren. Hier spielen beispielsweise Arbeitsgenehmigungen oder das Asylrecht eine Rolle. Jedoch werden bestimmte Migrationen auch staatlich gefördert, zum Beispiel wenn bestimmte Facharbeiter im Ausland angeworben werden.

In vielen Fällen fügen sich Einzelmigrationen in einen größeren gesellschaftlichen Gesamtprozess ein. Man spricht dann von Migrationssystemen. Sie führen zu länger anhaltenden Migrationsströmen, die einem bestimmten Muster folgen. Ein Beispiel hierfür ist die Deutsche Überseeauswanderung. Seit dem 19. Jahrhundert bis 1945 schifften sich insgesamt ungefähr 5,5 Millionen Auswanderer vornehmlich in Bremerhaven und Hamburg nach Nordamerika ein. Für ihre Abfertigung wurde dort eigens eine entsprechende Infrastruktur entwickelt, und ihre Ausreise mit allen verbundenen Stationen und Formalitäten verlief nach einem einheitlichen Muster. Aus Amerika schrieben die Ausgewanderten insgesamt circa 100 Millionen Briefe zurück in die Heimat, wo diese zirkulierten und Informationen über den Ablauf und den Erfolg der Auswanderung verbreiteten. Wenn sich daraufhin weitere Menschen entschlossen auszuwandern, waren ihre zuvor weggezogenen Verwandten oder Bekannten in den meisten Fällen wiederum ihre erste Anlaufstation in der Fremde. Auf diese Weise konnten Migrationssysteme Wanderungsbewegungen verstärken und auch lenken.

Folgen von Migration

Heute betrachtet man in der Migrationsforschung nicht nur die unterschiedlichen Formen des Wanderungsprozesses selbst, sondern auch seine gesellschaftlichen und wirtschaftlichen Folgen. Hier nähert sich die Migrationsforschung den Themen „Kulturbegegnung“ und „kulturelle Transformationsprozesse“ an. Denn wenn sich Migranten in größerer Zahl an einem neuen Ort niederlassen, finden dort Kulturbegegnungen und entsprechende Wandlungsprozesse statt. Zudem hat die Abwanderung z. T. gravierende Auswirkungen in den Herkunftsgesellschaften.

Anhand der Tabellen D 1 und D 2 können Sie historische Beispiele von Migration in entsprechende Typologien einordnen und untereinander vergleichen. Aufbauend auf den Vorgaben des Darstellungsteils wird Ihnen mit D 3 ein chronologischer Abriss über die Entwicklung von Migration in Deutschland geboten. D 4 bietet einen statistischen Überblick über die aktuelle Bedeutung des Themas in Deutschland.

1 Ordnen Sie die „Völkerwanderung“ germanischer Völker ab dem 4. Jahrhundert in die Tabellen D 1 und D 2 ein. Beurteilen Sie, wie praktikabel die Typologie ist, und diskutieren Sie mögliche Änderungen.

2 Arbeiten Sie anhand von D 3 die Besonderheiten der deutschen Migrationsgeschichte heraus.

3 Analysieren Sie die in D 3 beschriebenen Migrationsprozesse mithilfe von D 1 und D 2.

4 Beurteilen Sie ausgehend von D 4 und dem Online-Material, ob Migration in Deutschland gegenwärtig zu einem Kulturwandel beiträgt.

D 1

Migration: zentrale Begriffe

Migration (komplementäre Begriffe: Wanderung, räumliche Bevölkerungsbewegung, regionale Mobilität)	Auf einen längerfristigen Aufenthalt angelegte räumliche Verlagerung des Lebensmittelpunktes von Individuen, Familien, Gruppen oder auch ganzen Bevölkerungen
Abwanderung und Zuwanderung	Übergeordnete Begriffe für räumliche Bevölkerungsbewegung, unabhängig von Hintergründen, Distanzen, Zielen und Ergebnissen. Beide Begriffe verweisen sowohl auf intra- und interregionale wie auf grenzüberschreitende Bewegungen.
Auswanderung und Einwanderung	Landesgrenzen überschreitende und nach Wanderungsabsicht oder Wanderungsergebnis mit einer dauerhaften Niederlassung im Zielland verbundene Migration

D 2

Migrationstypologie

Hintergrund	– Chancenwahrnehmung (Arbeits- und Siedlungswanderungen) – Zwang (Flucht, Vertreibung, Deportation, meist politisch und weltanschaulich bedingt oder Folge von Kriegen) – Krise (z. B. umweltbedingte Zwänge aufgrund menschlicher oder natürlicher Umweltzerstörung; Abwanderung aufgrund akuter wirtschaftlicher und sozialer Notlagen) – Bildung/Ausbildung (Erwerb von beruflichen oder akademischen Qualifikationen) – Kultur und Wohlstand (Kulturwanderungen, Wohlstandswanderungen)
Raum	– intraregional (Nahwanderungen) – interregional (mittlere Distanz) – grenzüberschreitend (muss keine großen Distanzen umfassen, der Grenzübertritt hat aber in der Regel erhebliche rechtliche Konsequenzen für das Individuum) – interkontinental (große Distanzen mit in der Regel relativ hohen Kosten)
Richtung	– unidirektional (Wanderung zu einem Ziel) – etappenweise (Zwischenaufenthalte werden eingelegt, v. a. um Geld für die Weiterreise zu verdienen) – zirkulär (mehr oder minder regelmäßiger Wechsel zwischen zwei Räumen) – Rückwanderung
Dauer des Aufenthalts	– saisonal – mehrjährig – Arbeitsleben – Lebenszeit und intergenerationell

D 3

Migration in Deutschland

Der Historiker Jochen Oltmer schreibt 2010:

Im Wanderungsgeschehen Deutschlands vom Ende des 18. bis zum Beginn des 21. Jahrhunderts lassen sich markante und grundlegende Prozesse ausmachen […]:

1. Langfristige Verlagerung der Ausrichtung der grenzüberschreitenden Fernwanderungen von den Siedlungswanderungen nach Ost-, Ostmittel- und Südosteuropa, die bis in das frühe 19. Jahrhundert überwogen, zu den transatlantischen Massenauswanderungen, die in der Folge bis zum Ende des Jahrhunderts dominierten.

2. Der fundamentale Wandel der Migrationsverhältnisse durch Industrialisierung, Urbanisierung und Agrarmodernisierung im 19. Jahrhundert: Traditionsreiche agrarische Arbeitswanderungssysteme verloren sukzessive [nach und nach] an Bedeutung, veränderten ihre Bewegungsrichtung oder gingen in neue Formen über. […] Neue und rapide aufstrebende industriell-urbane Zentren boten unterbürgerlichen und unterbäuerlichen Gruppen, aber auch (neuen) Mittelschichten Erwerbschancen, die zu – für Wirtschaft und Gesellschaft folgenreichen – millionenfachen internen und grenzüberschreitenden Wanderungen führten.

3. Aus dem grundlegenden Umbau von Staatlichkeit im 19. Jahrhundert resultierten vielfältige Veränderungen der Rahmenbedingungen von Migration und Integration mit weitreichenden Folgen im 20. Jahrhundert: Nationsbildung zur Absicherung der Legitimität staatlicher Herrschaft […] wirkte dabei Ende des 19. Jahrhunderts zusammen mit „weltpolitischen" Bestrebungen und dem Auf- und Ausbau des […] Sozialstaates […]. Aus diesem Gefüge resultierten neue Muster der staatlichen Perzeption [Wahrnehmung] grenzüberschreitender und interner Migration bzw. Zuwanderergruppen. Sie mündeten zum Teil in die Errichtung gesetzlicher und administrativer Zugangsbarrieren gegenüber jenen Gruppen, denen ein hohes Maß an Fremdheit zugeschrieben wurde, aber auch in die Öffnung privilegierter Zugänge für andere Gruppen, die als national zugehörig galten. […]

4. Die beiden Weltkriege des 20. Jahrhunderts und deren politische Folgen führten zu einer enormen Zunahme der Zwangswanderungen. Das galt für Deportation und Zwangsarbeit in den Kriegswirtschaften, für Evakuierung und Flucht aus den Kampfzonen sowie für Massenausweisung und Vertreibung nach Kriegsende. Deutschland war sowohl im und nach dem Ersten Weltkrieg als auch nach und im Zweiten Weltkrieg ein Zentrum des europäischen Zwangswanderungsgeschehens.

5. Die Migrationsverhältnisse in der Bundesrepublik sind ein Beispiel für die Etablierung eines neuen „Migrationsregimes" […] in Rechts- und Wohlfahrtsstaaten seit Mitte des 20. Jahrhunderts: Eine weitreichende Zulassung von ausländischen Arbeitskräften seit den 1950er-Jahren mithilfe zwischenstaatlicher Anwerbeabkommen in einer Situation hohen wirtschaftlichen Wachstums korrespondierte bei zunehmender Aufenthaltsdauer mit einer sukzessiven Verfestigung des Aufenthaltsstatus der Zuwanderer. Damit schrumpften zugleich staatliche Spielräume zum Abbruch von Prozessen dauerhafter Niederlassung und Nachwanderung, selbst nach dem Ende der Anwerbephase [von Gastarbeitern] 1973. In der DDR, wo Ausländerbeschäftigung ein wesentlich niedrigeres Niveau hatte, wurde demgegenüber dauerhafte Zuwanderung und Integration in der Regel verhindert. Nach den Grenzöffnungen 1989/90 gewann die im Kalten Krieg auf ein Minimum beschränkte Ost-West-Wanderung erneut erheblich an Bedeutung, zum Teil knüpften die europäischen Migrationsverhältnisse wieder an die Situation vor dem Zweiten Weltkrieg an.

Jochen Oltmer: Migration im 19. und 20. Jahrhundert. De Gruyter Oldenbourg, München 2010, S. 7–9.

D 4

Bevölkerung mit Migrationshintergrund wächst

Vera Hanewinkel fasst in einem Dossier der Bundeszentrale für politische Bildung zusammen:

2017 hatten laut Mikrozensus des Statistischen Bundesamtes 19,3 Millionen in Deutschland lebende Menschen einen Migrationshintergrund. Das entspricht 23,6 Prozent der Gesamtbevölkerung des Landes und damit fast jeder vierten in der Bundesrepublik lebenden Person. 2016 hatte der Anteil der Bevölkerung mit Migrationshintergrund an der Gesamtbevölkerung bei 22,6 Prozent gelegen. 2017 waren 51 Prozent der Bevölkerung mit Migrationshintergrund deutsche Staatsangehörige, 49 Prozent Ausländerinnen bzw. Ausländer. Durch die hohe Zuwanderung der vergangenen Jahre ist der Anteil ausländischer Staatsangehöriger an allen im Land lebenden Menschen mit Migrationshintergrund deutlich gestiegen. 2011 hatte er bei 42 Prozent gelegen. Ihre Wurzeln haben Personen mit Migrationshintergrund vor allem in der Türkei (2,8 Millionen), in Polen (2,1 Millionen) und in Russland (1,4 Millionen). 13,2 Millionen der 19,3 Millionen Menschen mit Migrationshintergrund waren selbst nach Deutschland zugewandert. Als wichtigstes Motiv wurden im Mikrozensus 2017 familiäre Gründe genannt. Eine Person hat einen Migrationshintergrund, wenn sie selbst nach Deutschland zugewandert ist oder mindestens ein Elternteil bei seiner Geburt nicht im Besitz der deutschen Staatsangehörigkeit war.

Vera Hanewinkel: Migrationspolitik – Juli 2018. Zit. nach: www.bpb.de/gesellschaft/migration/flucht/274618/migrationspolitik-juli-2018, Zugriff 08.04.2019.

Wechselwirkungen und Anpassungsprozesse in der Geschichte – ein Überblick

Gesellschaftliche Wandlungsprozesse, die durch das Zusammentreffen von Menschen aus unterschiedlichen Kulturen in Gang gesetzt werden, gab es schon immer. Die folgenden Beispiele zeigen das im Überblick.

Der Hellenismus

Als Hellenismus wird die Zeit von den Eroberungszügen Alexanders des Großen (ab 336 v. Chr.) bis zur Herrschaftsablösung des letzten Nachfolgereiches in Ägypten durch die Römer (30 v. Chr.) bezeichnet. Als Kulturepoche reichte der Hellenismus jedoch noch weit in spätere Zeiten hinein.

Auf seinen Eroberungszügen traf Alexanders griechisch-makedonische Armee auf eine Vielzahl von Völkern, Kulturen und Religionen. Diese Vielfalt in einer Monarchie zu vereinigen, stellte eine große Herausforderung dar. Seine Nachfolger, die Diadochen, teilten das Riesenreich in vier Reiche auf. Diese Reiche waren durch den starken Gegensatz zwischen Griechen („Hellenen") und Orientalen geprägt. Alexander hatte noch alle Untertanen gleich behandelt. Die Diadochen hingegen begünstigten die Griechen gegenüber den Orientalen: So wurden nach und nach wichtige Verwaltungsämter und militärische Posten nur noch mit Griechen bzw. Makedonen besetzt und Mischehen wurden verboten. Zu Beginn lag der griechische Bevölkerungsanteil in den Diadochenreichen bei unter einem Prozent. Allerdings erhielten die Griechen aus allen Gegenden des Mutterlandes stetigen Zuwachs. Die zwischen ihnen anfangs noch bestehenden lokalen Unterschiede verschwanden bald. So bildete sich anstelle verschiedener griechischer Mundarten eine gesamtgriechische Verkehrssprache heraus, die später wiederum die Ausbreitung des Christentums im kleinasiatischen Raum begünstigte. In Syrien, Kleinasien und Ägypten war Griechisch noch Jahrhunderte später Hauptverkehrssprache.

Auch die griechischen, makedonischen und orientalischen Religionen beeinflussten sich wechselseitig, bestanden aber weiterhin nebeneinander fort. Im ägyptischen Alexandria bildete sich unter diesen Bedingungen die größte jüdische Gemeinschaft außerhalb Jerusalems. Neue kleinasiatische Religionen wurden in den Diadochenreichen immer wichtiger, während die olympischen Götter der Griechen an Bedeutung verloren. Lediglich der Herrscherkult blieb als verbindliches Element erhalten. Zudem wurden vermehrt griechische und orientalische Götter explizit gleichgesetzt.

Viele Orientalen strebten danach, an der griechischen Kultur teilzuhaben. Langfristig wurde daher trotz der rigiden Trennung ethnischer Gruppen eine Vermischung von Griechen und Orientalen zugelassen. Im Niltal beispielsweise wurden die Griechen ägyptisiert und die Ägypter hellenisiert. Auf diese Weise entwickelte sich auf dem Gebiet des ehemaligen Alexanderreiches eine griechisch geprägte Kultur. Kaum zu überschätzen ist auch der griechische Einfluss auf die römische Kultur. Zwar gewann Rom nach und nach die politische Vorherrschaft über die hellenistische Welt, öffnete sich aber gleichzeitig der griechischen Kultur. Die Kenntnis der griechischen Sprache und Literatur wurde zum Kennzeichen des gebildeten Römers.

Die Romanisierung

Unter Romanisierung (vgl. S. 46 – 53) versteht man die Übernahme der lateinischen Sprache und der römischen Kultur. Sie erfolgte mit Ausbreitung der römischen Herrschaft in denjenigen Provinzen, die keine eigene Schriftkultur ausgebildet hatten. Das waren vor allem die keltischen und germanischen Gebiete des römischen Imperiums. Im hellenistisch geprägten Gebiet des östlichen Mittelmeerraumes hingegen übernahmen die Römer mehr Elemente, als sie weitergaben.

Hauptsächlicher Motor der Romanisierung war die römische Armee. Diese bot Männern jeglicher ethnischer Herkunft die Möglichkeit, sich in den Hilfstruppen ausbilden zu lassen und nach abgeleistetem Militärdienst das römische Bürgerrecht zu erwerben. Da die Dienstzeit zwischen 16 und 20 Jahren dauerte und die römische Armee nicht nur für militärische Zwecke eingesetzt wurde, sondern auch zum Ausbau der Infrastruktur (Straßen- und Brückenbau), lernten die Soldaten nicht nur die lateinische Sprache, sondern wurden auch mit römischer Technik und römischen Lebensformen vertraut. Altgediente Legionäre bekamen nach ihrer Dienstzeit oft Land in den Provinzen zugewiesen. Diese Veteranenkolonien sicherten nicht nur das Gebiet militärisch, sondern verbreiteten auch die römische Kultur im Umland.

Sowohl die Männer der Hilfstruppen als auch die Legionäre hingen je nach ihrer Herkunft unterschiedlichen

Religionen an. Da der römische Staat keine Vorschriften machte, solange die Staatstreue als gesichert galt, herrschten in der römischen Armee stets eine große religiöse Heterogenität und Toleranz. Diese Toleranz galt auch im zivilen Bereich. Konflikte entstanden allerdings mit dem Juden- und Christentum, da diese monotheistischen Religionen den römischen Kaiserkult ablehnten (vgl. S. 66 – 71). Während es bereits seit den 50er-Jahren n. Chr. vereinzelte Christenverfolgungen durch die römischen Kaiser gab, wurden diese Mitte des 3. Jahrhunderts gesamtstaatlich und systematisch durchgeführt. Erst im Laufe des 4. Jahrhunderts erfolgte unter Kaiser Konstantin eine Wende in der Christenpolitik. Anstatt die Religion weiter zu verfolgen, wurde das Christentum römische Staatsreligion. Es erfuhr hierdurch eine starke Romanisierung, die sich beispielsweise dadurch ausdrückte, dass das Lateinische zur tragenden Sprache der Kirche wurde und der Bischof von Rom nach und nach durchsetzte, als Oberhaupt der Kirche anerkannt zu werden.

Die „Völkerwanderung"

Der Begriff „Völkerwanderung" bezeichnet umfangreiche Wanderungsprozesse germanischer und slawischer Gruppen, die im 5. Jahrhundert die Grenze des Römischen Reiches überschritten, um sich neue Siedlungsgebiete zu suchen. Die Gründe der „Völkerwanderung" waren vielfältig. Im Zuge dieses Prozesses bildeten sich aus diesen anfangs sehr heterogenen Großgruppen Ethnien heraus, die rund um das westliche Mittelmeer neue Staaten gründeten und damit das Weströmische Reich politisch beerbten. Auch wenn den meisten germanischen Staatsgründungen auf Dauer kein Erfolg beschieden war, so legten sie doch den Grundstein für die sich im frühen Mittelalter herausbildende europäische Staatenwelt. Dieser lange Entwicklungsprozess war geprägt von Anpassung und Wechselwirkungen zwischen den lange bestehenden römisch-antiken Gesellschaften und germanischen Traditionen. Davon betroffen waren alle gesellschaftlichen Bereiche – von der Lebensweise bis zu rechtlichen Bestimmungen, von den kulturell-religiösen bis zu den politisch-strukturellen Prägungen der neuen Staaten. Das Modul „Völkerwanderung" in diesem Heft (S. 84 – 131) befasst sich ausführlich mit den Wandlungsprozessen, die durch diese Bevölkerungsverschiebungen in Gang gesetzt wurden.

Pilgerfahrten und Kreuzzüge

Pilgerreisen sind in fast allen Kulturen und Religionen zu finden. Neben der religiösen Bedeutung sind Pilgerfahrten auch als wirtschaftliche und kulturelle Phänomene zu betrachten. Diese besondere Form von Wanderungsbewegung hat in der Geschichte immer auch zu Kontakten und Austausch zwischen unterschiedlichen Gesellschaften geführt. Insofern können Pilgerreisen zu Wandlungsprozessen beitragen. In diesem Zusammenhang gewinnen heilige Stätten an Bedeutung. Die drei großen monotheistischen Weltreligionen Judentum, Christentum und Islam beanspruchen Jerusalem als heiligen Ort. Das führte und führt bis heute einerseits zu zahlreichen Kulturkontakten sowie einer Durchdringung und Vermischung kultureller Traditionen, andererseits aber auch zu Konflikten und gewaltsamen Auseinandersetzungen. Das zeigen die Kreuzzüge in ganz besonderer Weise.

Q 1

Einschiffung der Kreuzfahrer

Französische Buchmalerei aus dem 14. Jahrhundert, aus: Statutes de l'Ordre du Grand Esprit au Droit-Desir, Paris, Bibliothèque Nationale

Den Kreuzzügen des Mittelalters lagen neben dem religiösen Motiv, Vergebung der Sünden und das Seelenheil zu erlangen, von Anfang an auch politische und wirtschaftliche Motive zugrunde: Die römisch-katholische Kirche strebte die Anerkennung des Papstes durch die orthodoxe Christenheit ebenso an wie die Ausdehnung ihrer weltlichen Macht in Europa. Von politischem Interesse war auch das Eindämmen bzw. Zurückdrängen muslimischer Herrschaft am Rande des Byzantinischen Reiches. Europäische Adlige versprachen sich persönlichen Statusgewinn in den zu erobernden Regionen. Wirtschaftliche Interessen verfolgten zudem jene bürgerlichen Kräfte, die am Transport der Kreuzfahrerheere über das Mittelmeer und am Handel mit den Kreuzfahrern und deren Niederlassungen in den eingenommenen Gebieten verdienten. In den eroberten Regionen wurden Kreuzfahrerstaaten gegründet und eine Herrschaftsstruktur nach europäischem Muster aufgebaut. Innerhalb dieser Kreuzfahrerstaaten kam es zu zahlreichen Kulturkontakten zwischen den Neuankömmlingen und der ansässigen Bevölkerung. Auch wenn diese Begegnungen eher zufällig blieben, hatten sie dennoch Auswirkungen. Insbesondere wurden von den Europäern Errungenschaften des Orients übernommen, die so die europäische Kultur beeinflussten.

Der Spanische Kolonialismus

Nach dem erfolgreichen Abschluss der Rückeroberung der iberischen Halbinsel durch christliche Herrscher im Jahr 1492 setzte die spanische Eroberungspolitik außerhalb Europas ein. Wichtige Voraussetzungen dafür waren die Entwicklung des Schiffsbaus, der Nautik und der Kartografie, die die großen geografischen Entdeckungen ermöglichten. Nachdem Kolumbus 1492 den westlichen Seeweg nach Amerika gefunden hatte, begann die spanische Conquista in der Karibik. Sie setzte sich auf dem amerikanischen Festland, aber auch in asiatischen und ozeanischen Gebieten fort. In Amerika trafen die Conquistadoren auf z.T. hoch entwickelte indigene Kulturen. Der Aufbau von kolonialen Herrschaftsstrukturen im Mutterland und in den Überseegebieten diente den Spaniern zur Durchsetzung ihrer Kolonialpolitik. Die Überseegebiete wurden wirtschaftlich ausgebeutet. Die indigene Bevölkerung wurde christianisiert und Elemente der spanischen Kultur wurden auf Hispanoamerika übertragen. Das betraf vor allem die Sprache, die Gesetzgebung, Moralauffassungen, die Arbeits- und Lebensweise und die Architektur. Durch diese Kolonialpolitik wurden Wechselwirkungen und Anpassungsprozesse in Gang gesetzt: Der demografische Wandel war von der Dezimierung der einheimischen Bevölkerung, der Ansiedlung afrikanischer Sklaven und einer zunehmenden Vermischung der verschiedenen Bevölkerungsteile gekennzeichnet. Der Austausch von Nutzpflanzen und Tieren begünstigte natürliche Wandlungsprozesse. Auch kulturelle Wandlungen setzten ein: Auf der Grundlage der spanisch-katholischen Kultur entstanden unter dem Einschluss indigener und afrikanischer Elemente eigenständige lateinamerikanische Kulturen. Diese Wechselwirkungen und Anpassungsprozesse brachten eigene lateinamerikanische Gesellschaften hervor, die sich im Laufe des 19. Jahrhunderts vom politischen Mutterland unabhängig machen.

Industrialisierung und Urbanisierung in Deutschland

Die ländliche Verarmung im 19. Jahrhundert und die Industrialisierung führten dazu, dass viele Menschen ihr Glück in den Städten suchten. Eine starke Binnenmigration setzte ein. Die Zuwanderer stammten nicht nur aus der näheren Umgebung, sondern zum Teil auch aus dem Ausland und vor allem aus den preußischen Ostprovinzen. So vergrößerten sich die bestehendenStädte rasch und aus ländlichen Ansiedlungen entwickelten sich neue Städte. Diese Entwicklung hatte zahlreiche Wandlungen zur Folge: Die vorindustriellen Stadtstrukturen veränderten sich zu modernen urbanen Gebilden. Urbanes Leben entstand bzw. entwickelte sich weiter. Es war insbesondere durch eine städtische Kultur und ein städtisches Lebensgefühl geprägt. Der Abschnitt „Urbanisierung im 19. Jahrhundert" in diesem Heft geht diesen Wandlungsprozessen ausführlich nach.

China und die imperialistischen Mächte

Im 18. Jahrhundert erlangte China den Höhepunkt seiner Macht. Zwischen 1700 und 1800 verdoppelte sich seine Bevölkerung von 160 Millionen auf 300 Millionen. Als wichtigste politische und ökonomische Kraft Asiens leistete China damals etwa die Hälfte der gesamten Weltproduktion. 1759 erreichte das Reich auch seine maximale Ausdehnung, die über die heutige weit hinausging. Um ihre Kontrolle des Gesamtstaates zu stärken, betrieb die herrschende Qing-Dynastie eine straffe Zentralisierungspolitik. Diese führte auch dazu, dass sich das sinozentrische Weltbild des „Reiches der Mitte" verfestigte.

Doch im 19. Jahrhundert erlebte China massive gesellschaftliche Spannungen, die einerseits durch Naturkatastrophen, andererseits durch den wachsenden Druck der westlichen imperialistischen Mächte bedingt waren. Vor allem Großbritannien drängte aufgrund seines erheblichen Handelsdefizits mit China darauf, dass dieses sich für den Weltmarkt öffnete. Im ersten und zweiten Opiumkrieg Mitte des 19. Jahrhunderts erzwangen die Briten sich das Recht, mit Opium zu handeln und dadurch ihre bislang negative Handelsbilanz auszugleichen. Der wirtschaftliche und soziale Schaden für das chinesische Reich war enorm. Massenarmut war die Folge. Da verschiedene schwere Aufstände nur mit Hilfe der imperialistischen Mächte niedergeschlagen werden konnten, geriet das Kaisertum der Qing in eine schwere Krise. Zunehmend wurde China im Sinne einer „Open Door Policy" wie eine Kolonie behandelt, der von den genannten Staaten Verträge diktiert werden konn-

Q 2

Deutscher Feldwebel in Peking mit einheimischem Fahrer, Foto 1901

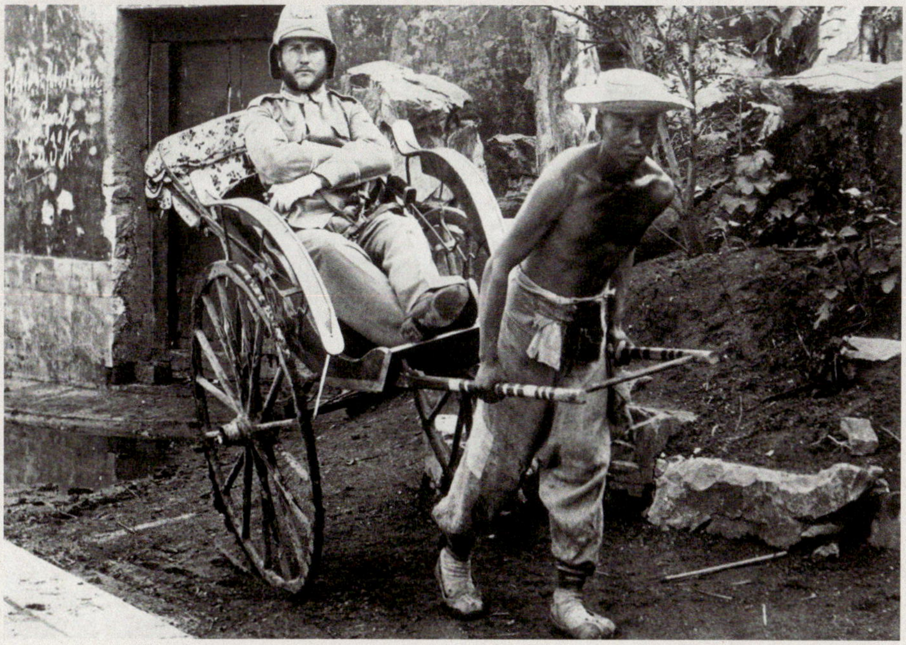

ten. Während dieser Zeit kam China verstärkt mit der westlichen Kultur und durch Missionare mit dem Christentum in Kontakt.

Eine Reihe außenpolitischer Demütigungen riefen Volksaufstände gegen die imperialistische Vorherrschaft hervor, von denen vor allem der „Boxeraufstand“ bzw. die „Bewegung der Verbände für Gerechtigkeit und Harmonie“ von 1900/01 zu nennen sind. Die Aufstände wurden blutig niedergeschlagen. Vergeblich versuchten die Qing-Kaiser den Modernisierungsbestrebungen durch die „Selbststärkungsbewegung“ entgegenzusteuern. Dies führte letztlich dazu, dass revolutionäre Kräfte gestärkt wurden, die beabsichtigten, das Kaisertum aufzulösen und China in eine Republik umzuwandeln.

Flucht, Vertreibung und Umsiedlung im Umfeld des Zweiten Weltkrieges

Während des Zweiten Weltkrieges – und zum Teil schon davor – wurden viele Menschen gezwungen, ihre Heimat zu verlassen. Die Deutschen vertrieben Polen aus Westpreußen und südpolnischen Gebieten, Zwangsarbeiter aus allen besetzten Gebieten wurden im Reichsgebiet festgehalten, politisch Verfolgte und vor allem Juden konnten ihr Leben nur retten, wenn ihnen die Flucht ins Ausland gelang. Die UdSSR siedelte Baltendeutsche und Wolgadeutsche und Polen zwangsweise um.

Noch umfangreichere Vertreibungen fanden nach dem Zweiten Weltkrieg statt. Die Alliierten beschlossen 1945, den polnischen Staat zugunsten der Sowjetunion und auf Kosten des besiegten Deutschen Reiches nach Westen zu verschieben. Dies führte zur Vertreibung von ca. 1,5 Millionen Polen und insgesamt 12–15 Millionen Deutschen aus heute polnischen, tschechischen und auch aus rumänischen und ungarischen Gebieten. Doch schon zuvor hatten Deutsche in den besetzten Ostgebieten und in ehemals deutsch besiedelten Gegenden aus Angst vor der anrückenden Roten Armee die Flucht ergriffen.

Im Westen Deutschlands wurden die Flüchtlinge und Vertriebenen oft nur widerwillig aufgenommen. Ihre Eingliederung gelang erst mit dem wirtschaftlichen Aufschwung ab den 1950er-Jahren. Allmählich vollzog sich auch eine kulturelle Integration. Die kollektive Erinnerung in der Nachkriegszeit war lange davon geprägt, die Geschehnisse zu verdrängen. Erst ab den 1970er-Jahren wurde das Thema zunehmend kritisch aufgearbeitet. Nach dem Zusammenbruch des Ostblocks gelangte es erneut verstärkt in die Öffentlichkeit. Seitdem vollzieht sich auch ein Prozess der Aussöhnung zwischen den betroffenen Völkern und Staaten. Das Kapitel „Flucht, Vertreibung und Umsiedlung im Umfeld des Zweiten Weltkrieges“ befasst sich ausführlich mit dieser Thematik.

Romanisierung und römisches Kaiserreich

Nach seinem Sieg im Jahrzehnte dauernden Bürgerkrieg im Jahr 30 v. Chr. setzte Octavian die endgültige Abschaffung der römischen Republik durch und schuf eine ganz neue Herrschaftsform mit ihm selbst als Princeps, als Kaiser Augustus. Dieses Kaisertum hatte Bestand, bis es in der Zeit der „Völkerwanderung" im fünften Jahrhundert zusammenbrach. Doch in diesen rund 500 Jahren stand die Form der Herrschaft im Imperium Romanum in vielfältigen Wechselbeziehungen mit Faktoren innerhalb und außerhalb des Reiches. Wie sich die römische Politik und Gesellschaft auf dieser Grundlage veränderten, können Sie in diesem Kapitel erarbeiten.

Wie konnte Augustus unter den römischen Bürgern Zustimmung für seine Politik gewinnen?
Was machte das Prinzipat aus?
Wie veränderte sich im Lauf der Zeit das Verhältnis der Zentrale zu den Provinzen?
Welche Krisenerscheinungen traten im Reich ab dem dritten Jahrhundert n. Chr. auf?
Mit welchen Anpassungsprozessen wurde den Krisen begegnet?
Welche Faktoren sorgten dafür, dass das Römische Reich schließlich keinen Bestand hatte?

Bei der Arbeit mit diesem Kapitel werden Sie lernen, Wechselwirkungen und Anpassungsprozesse im Verlauf der Romanisierung zur Zeit des römischen Kaiserreiches zu analysieren, zu deuten und zu bewerten.

Veränderungen der römischen Gesellschaftsordnung

Beschreiben und Bewerten der Entwicklung des römischen Kaiserreichs

→ Darstellung von Vergangenheit analysieren
→ mit Perspektivität umgehen
→ eigene Deutungen vornehmen

Errichtung und Verfassung des Prinzipats

Neuordnung der Provinzen

Grundlagen der Macht im Kaiserreich

Das Amt eines Statthalters/Provinzverwaltung

Bedeutung römischer Kultur und Wirtschaft

Analysieren, Deuten und Bewerten von Assimilation, Integration und Konflikten

→ mit Kategorien und Begriffen arbeiten
→ Sach- und Werturteile formulieren
→ mit Perspektivität umgehen

Der Begriff der Romanisierung und wen/was er einschließt

Römische Städte als Zentren der Romanisierung

Bedeutung des römischen Militärs

Verfolgung und Reformen unter Diokletian

Die „Konstantinische Wende"

Analysieren und Bewerten der römischen Haltung gegenüber Kulten und Religionen

→ mit Perspektivität umgehen
→ Sach- und Werturteile formulieren
→ Darstellung von Vergangenheit analysieren
→ eigene Deutungen von Vergangenheit vornehmen

Entstehung und Verfolgung des Christentums

Vertreibung der Juden aus Jerusalem

Abbildung: Nordtor der Colonia Ulpia Traiana (um 100 n. Chr.). Originalgetreue Rekonstruktion im Archäologischen Park Xanten am historischen Ort. Das Tor war Teil der 3,4 km langen Stadtmauer. Trotz ihres wehrhaften Charakters diente die Mauer weniger als wirkliche Verteidigungsanlage. Sie war vielmehr ein Symbol römischer Macht und Kultur an der germanischen Provinzgrenze.

Das Römische Reich wird eine Monarchie

Der Aufstieg Roms seit dem 4. Jahrhundert v. Chr. war mit Kriegen nach außen und heftigen Machtkämpfen im Inneren des Reiches verbunden. Besonders im 1. Jahrhundert vor Christus kam es zu Bürgerkriegen, in denen Senatoren um Macht und Reichtum kämpften. Mit dem Sieg Octavians 30/31 v. Chr. endete diese Phase. Was bedeutete dieser Sieg für die römische Gesellschaft, die Form der Herrschaft und die Ordnung des Weltreiches?

Der Darstellungsteil gibt einen Überblick über die Herausbildung einer neuen politischen Ordnung unter Octavian, der seit 27. v. Chr. den Beinamen Augustus (= der Erhabene) führte.

1 Nennen Sie fünf Daten aus Verfassertext und D 1, die Sie für wichtig für die Entwicklung des Römischen Reiches halten, und erläutern Sie ihre Bedeutung.

2 Stellen Sie in einem Schaubild die Faktoren dar, die im 1. Jahrhundert v. Chr. zu den grundlegenden Umbrüchen im Römischen Reich führten.

Rom – warum befindet sich ein Weltreich in der Krise?

Nach den Siegen über ihre Rivalen im Mittelmeerraum im 3. und 2. Jahrhundert v. Chr. war die einst kleine römische Republik ein Großreich. Doch mit der Zeit mehrten sich Krisenerscheinungen. Einzelne Nobiles (Adlige) waren im Zuge der Eroberungen immer reicher und mächtiger geworden, dadurch geriet das ursprüngliche Gleichgewicht zwischen den herrschenden Familien zunehmend ins Wanken. Auch die Schere zwischen dem Wohlstand dieser Nobiles einerseits, und der Armut der Bauern und des landlosen Proletariats v. a. in Rom andererseits wurde immer größer. Versuche einiger Adliger wie der Brüder Tiberius und Gaius Gracchus um 130 v. Chr., die Lage der Armen durch Reformen zu verbessern – und diesen Prozess politisch anzuführen – scheiterten am Widerstand der Senatsmehrheit.

Außenpolitische Krisen verschärften die Situation im Innern weiter. Das Verhältnis zu den – eigentlich verbündeten – italischen Nachbarstaaten verschlechterte sich, weil deren Einwohnern das römische Bürgerrecht und die damit verbundenen Einflussmöglichkeiten verwehrt blieben. Es kam zum sogenannten Bundesgenossenkrieg von 91 bis 88 v. Chr., an dessen Ende das römische Bürgerrecht stark ausgeweitet wurde. Dies war ein entscheidender Schritt für die Romanisierung des heutigen Italiens (vgl. zum Begriff Romanisierung S. 46 f.).

Um die Krise zu bewältigen, ernannte der Senat Diktatoren, zunächst Gaius Marius, dann Lucius Cornelius Sulla. Sulla errichtete ein Schreckensregime, während dessen Tausende Adlige anderer Fraktionen getötet wurden. Schritt für Schritt wurde die Republik damit weiter destabilisiert.

Caesar – Gewinner des Dauerbürgerkriegs

Eine Rückkehr zur alten Ordnung gelang auch nach dem Rückzug Sullas ins Privatleben nicht. Konflikte zwischen verfeindeten Gruppierungen in der Stadt Rom förderten vielmehr den Aufstieg neuer Männer, die nach der Macht strebten. Zu diesen gehörten die Konsuln Gnaeus Pompeius und Gaius Julius Caesar. Die Provinzen, die sie zwischenzeitlich erobert hatten – Kleinasien und der Nahe Osten bzw. Gallien –, waren für sie die wirtschaftliche Basis für ehrgeizige Pläne. Nach anfänglicher Zusammenarbeit rivalisierten beide um die Macht. Als Pompeius die Anordnung des Senats, Caesar solle den Befehl über seine Legionen niederlegen, mit Gewalt durchzusetzen drohte, marschierte Caesar in Italien ein. Im folgenden Bürgerkrieg siegte Caesar.

Rettet Caesars Tod die Republik?

Caesars Versuch, eine Alleinherrschaft zu errichten, scheiterte jedoch. Der Senat hatte seiner Forderung nach mehr Macht – notgedrungen – nachgegeben und ihn zunächst auf zehn Jahre, dann auf Lebenszeit zum Diktator ernannt. Im hergebrachten römischen Rechtsverständnis war eine Diktatur jedoch eine vorübergehende Maßnahme in Notzeiten. An diesem Grundsatz wollten einige Senatoren festhalten. Am 15. März des Jahres 44 v. Chr. wurde Caesar auf dem Weg zu einer Senatssitzung von mehreren Senatoren ermordet. Ob er zuvor tatsächlich die Königsherrschaft anstrebte, ist bis heute umstritten. Die Verschwörer, waren jedenfalls überzeugt, dass Caesar sterben müsse, um die Republik zu retten.

Erneuter Bürgerkrieg und Errichtung des Prinzipats

Caesars Tod war der Beginn eines neuen Bürgerkriegs. Zunächst kämpften die ehemaligen Unterstützer Caesars gegen die Fraktion seiner Mörder. Doch nach dem Sieg über diese stritten die Anhänger Cäsars ihrerseits um die Macht. Aus diesen Auseinandersetzungen ging schließlich Caesars Großneffe und Adoptivsohn, Gaius Octavius (= Oktavian), als Sieger hervor. Schritt für Schritt verlieh der Senat Octavian daraufhin Befugnisse, die ihn faktisch zum Alleinherrscher machten.

Was bedeutete das Prinzipat?

Worauf beruhte die Macht Oktavians, der seit 27 v. Chr. den Beinamen Augustus („der „Erhabene") führte? Wichtigste Grundlage seiner Herrschaft war die Armee. Augustus wusste allerdings, dass er nicht dauerhaft gegen den Senat regieren konnte. Dies hätte nicht nur die Gefahr eines neuen Bürgerkriegs heraufbeschworen. Er brauchte die Senatoren und ihre Familien auch, um das Reich zu verwalten, da es keine ausreichend ausgebaute staatliche Bürokratie gab. Der Senat wiederum erkannte, dass er nur zusammen mit dem neuen Herrscher einen Bürgerkrieg vermeiden und mitregieren konnte. So kam es zu einer Form der Zusammenarbeit, die an alte Traditionen anknüpfte, die Senatsherrschaft offiziell beibehielt, tatsächlich aber eine neue Form der Herrschaft etablierte. Augustus galt als princeps civitatis (Erster Bürger) und als princeps senatus (Erster Senator), also als Führender unter Gleichen.

Auch wenn Augustus de facto der alleinige Herrscher war, wurden wieder Volksversammlungen abgehalten, durch die Gesetze beraten und verabschiedet wurden. Dass diese Form der Herrschaft funktionierte, setzte allerdings voraus, dass der Kaiser sich an gewisse Regeln hielt. Augustus beanspruchte z.B. öffentlich keine „naturwüchsige" Vererbung seiner Herrschaft, wie sie bei Königen üblich ist – war aber bestrebt, aus seiner Familie einen Nachfolger auszusuchen. Innerhalb weniger Jahre ordnete Augustus auch die Herrschaft über die Provinzen neu (vgl. S. 40 f.). Die Stadt Rom erhielt darüber hinaus neue Behörden (u. a. eine Feuerwehr). Zudem stellte Augustus die Versorgung der Stadtbevölkerung mit Getreide sicher. Eine Berufsarmee ersetzte das bisherige Milizheer, das nur bei Bedarf einberufen worden war. Zugleich versuchte er, dieses Heer durch die Eroberungen neuer Provinzen zu beschäftigen und zu finanzieren.

D 1

Grunddaten von der Republik zum Kaiserreich

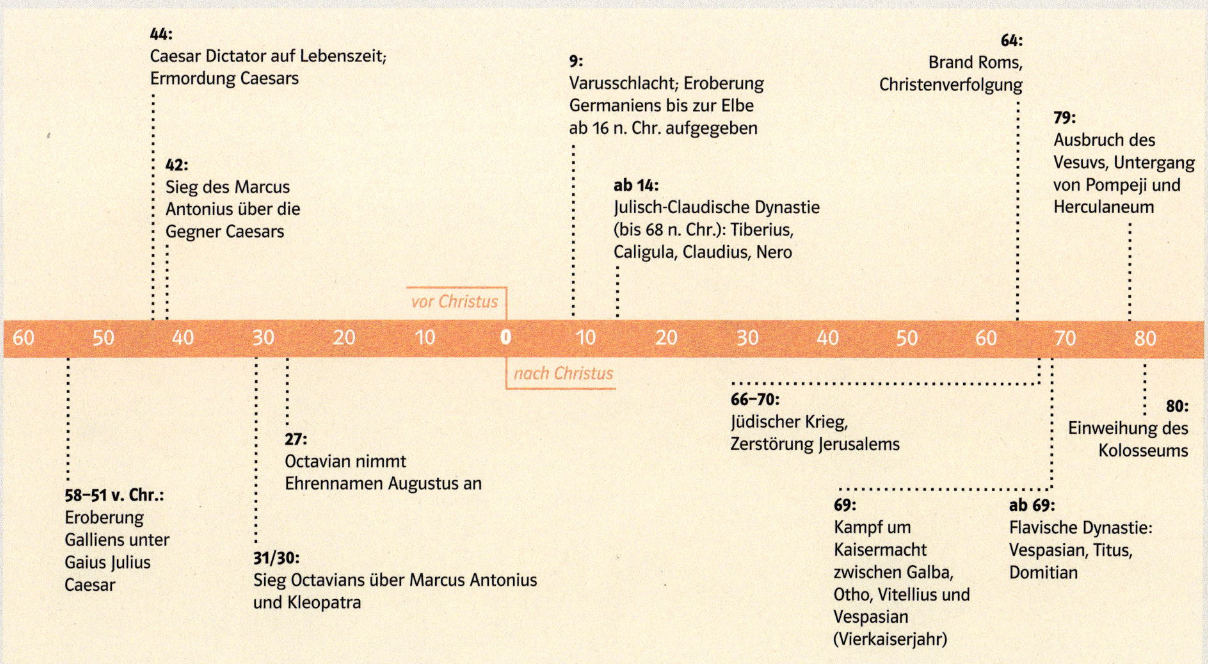

Die Materialien geben Ihnen die Möglichkeit, die Veränderungen unter Augustus vertieft zu untersuchen. Sie geben Ihnen zudem einen Einblick in die Selbstdarstellung des Augustus, aber auch in die Beurteilung durch Zeitgenossen.

1 Beschreiben Sie, wie der Zustand des Römischen Reiches unter Augustus in Q 1 und Q 2 dargestellt wird.
2 Stellen Sie die Grundzüge der republikanischen Ordnung (D 2) und des Prinzipats (D 3) einander gegenüber.
3 Interpretieren Sie Q 3: Was mag Augustus bewogen haben, am Ende seines Lebens einen solchen Text zu verfassen?
4 Charakterisieren Sie Tacitus' Darstellung der Neuordnung des römischen Lebens unter Augustus. (Q 4)
5 Analysieren Sie D4 und erläutern Sie Unterschiede zur Bewertung in Q 4.

Q 1

Vater eines glückseligen Lebens

Weihespruch auf einer Augustus gewidmeten Statue in Halikarnasssos in der heutigen Türkei, 2 v. Chr. Solche Weihesprüche wurden während des Prinzipats zunehmend häufig formuliert:

[...] da die ewige und unsterbliche Natur des Alls das größte Gut aus überschäumender Freundlichkeit den Menschen schenkte, indem sie Caesar Augustus hervorbrachte, den Vater für ein glückseliges Leben bei uns und Vater seiner einheimischen Göttin Roma, den heimischen Zeus und Retter des Menschengeschlechtes, dessen Wünsche in allem die Vorsehung nicht nur erfüllte, sondern übertraf; denn Land und Meer leben in Frieden, Städte glänzen in gesetzlicher Ordnung, Eintracht und Überfluß, es ist ein förderlicher Höhepunkt für jedes Gut, für gute Hoffnungen auf die Zukunft, für guten Mut auf die Gegenwart der Menschen, die mit Festen, Standbildern, Opfern und Liedern [die Städte] erfüllen.

Historische Inschriften zur römischen Kaiserzeit von Augustus bis Konstantin. Hrsg. und übersetzt von Helmut Freis. Wissenschaftliche Buchgesellschaft, Darmstadt 2017 [Nachdruck der 2. Aufl. 1994], S. 17.

Q 2

Relief am „Altar des Friedens des Augustus". Diesen Altar widmete der römische Senat Augustus im Jahr. 13 v. Chr. Da davon auszugehen ist, dass Augustus wesentlichen Einfluss auf die Darstellung nahm, handelt es sich um das erste Beispiel einer öffentlichen politischen Selbstdarstellung eines römischen Herrschers. Auf dem Relief sieht man die Göttin Tellus (die fruchtbare Erde) zwischen den Allegorien der Land- und Meerwinde.

D 2

Das politische System der römischen Republik Ende des 2. Jahrhunderts v. Chr.

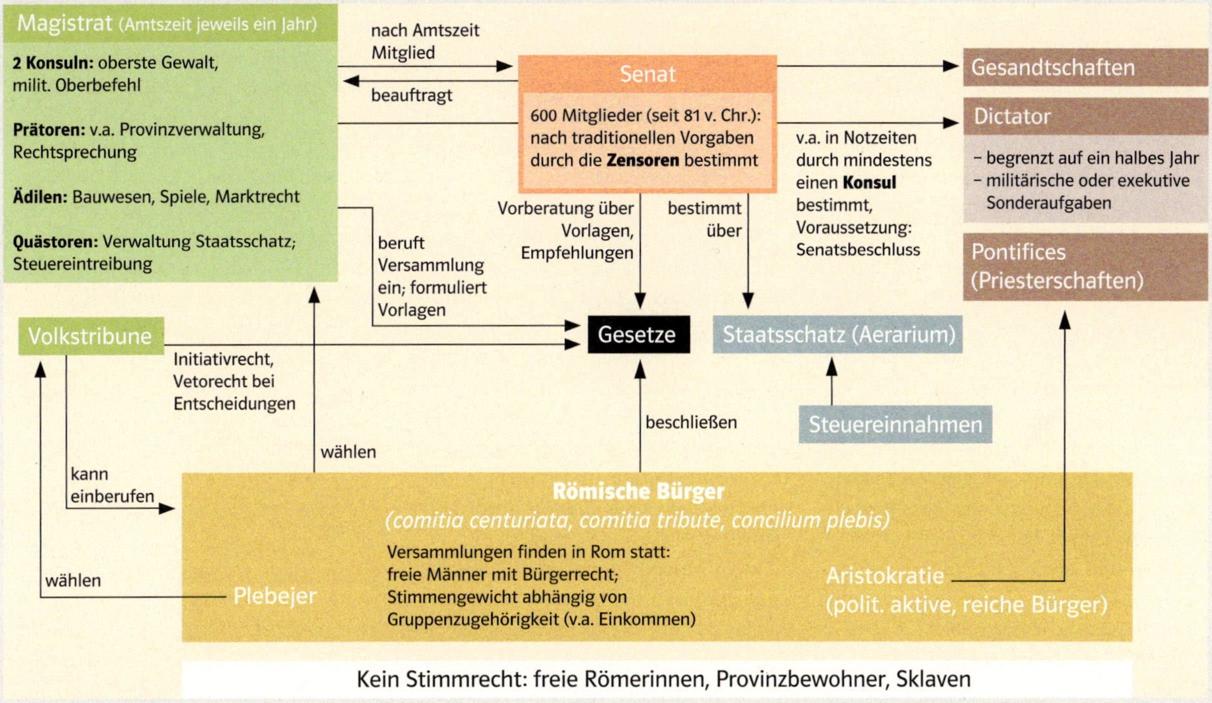

D 3

Das politische System des Prinzipats 14 n. Chr.

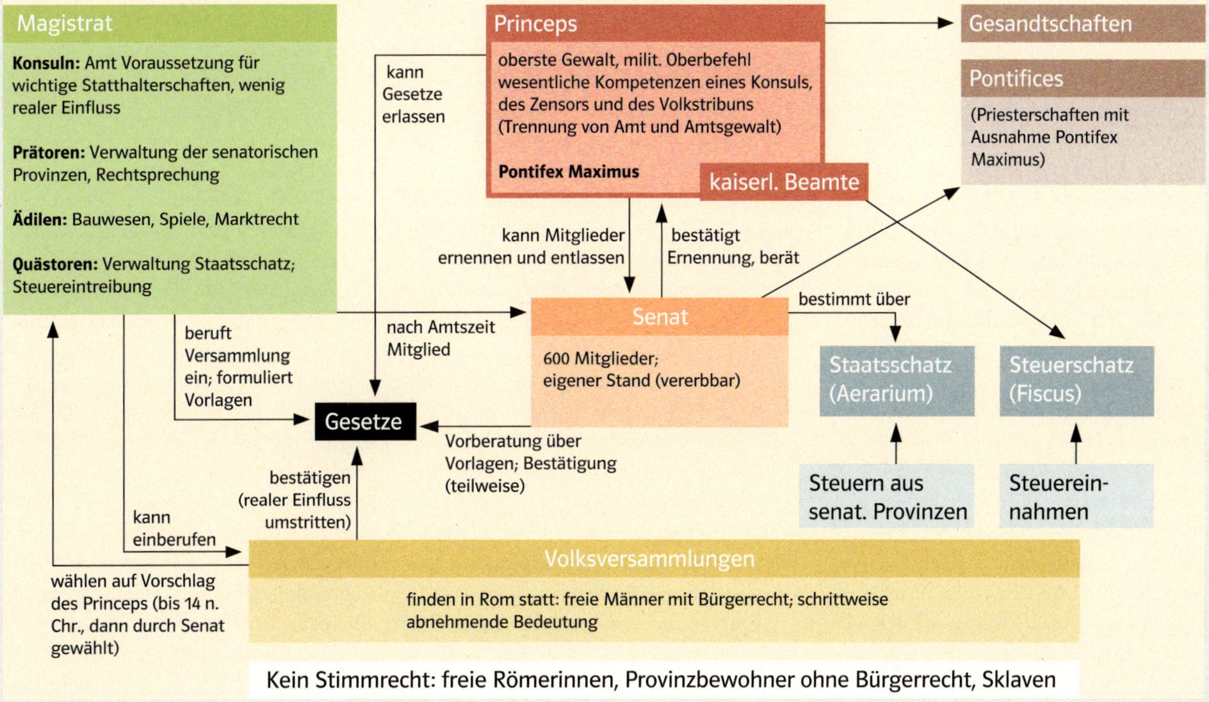

Q 3

Augustus gibt Rechenschaft

In einem Bericht über sein Leben formulierte Augustus kurz vor seinem Tod einen Rechenschaftsbericht (Res Gestae, „Tatenbericht"). Der Text steht auf zwei großen Tafeln am Eingang zu seinem Grabmal in Rom. Kopien wurden in vielen Städten des Reiches aufgestellt.

Die Dictatur, die mir in meiner Abwesenheit und in meinem Beisein sowohl vom Volk als auch vom Senat […] angetragen wurde, habe ich zurückgewiesen. Nicht abgelehnt habe ich aber, als größter Mangel an Getreide herrschte, die Aufsicht über die Getreidebeschaffung, die ich so betrieb, daß ich innerhalb von wenigen Tagen die gesamte Bürgerschaft von Furcht und lastender Gefahr dank meiner Aufwendungen und meiner Fürsorge befreien konnte. Das mir damals angetragene Konsulat auf Lebenszeit habe ich ebenfalls nicht angenommen. […]

(8) Die Zahl der Patrizier vermehrte ich in meinem fünften Konsulat [29 v. Chr.] auf Geheiß von Volk und Senat.
Eine Revision der Liste der Senatsmitglieder habe ich dreimal vorgenommen. […]

(9) Gelübde für meine Gesundheit beschloß der Senat durch die Konsuln und die Priester alle fünf Jahre darbringen zu lassen. Aufgrund dieser Gelübde haben öfters bereits zu meinen Lebzeiten das eine Mal die vier obersten Priesterkollegien, das andere Mal die Konsuln Spiele veranstaltet [gemeint sind Wettkämpfe u. a. mit Gladiatoren]. Auch privat und in Stadtgemeinden hat die gesamte Bürgerschaft einmütig und unablässig bei allen Heiligtümern für meine Gesundheit Bittfeiern abgehalten. […]

(16) Für das Ackerland, das ich in meinem vierten Konsulat [30 v. Chr.] und später im Amtsjahr der Konsuln Marcus Crassus und Gnaeus Lentulus Augur [14 v. Chr.] den Veteranen habe zuweisen lassen, habe ich den Gemeinden Geld bezahlt. Dies ergab eine Summe von ungefähr 600 Millionen Sesterzen, die ich für Grund und Boden in Italien gezahlt habe, und eine solche von ungefähr 260 Millionen, die ich für Ackerland in den Provinzen ausgegeben habe. Das habe ich als erster und einziger von all denen getan, die Veteranen in Italien oder den Provinzen angesiedelt haben, soweit die Erinnerung unseres Zeitalters zurückreicht. […]

(20) Den Tempel auf dem Kapitol und das Pompeiustheater […] ließ ich mit gewaltigem Aufwand wiederherstellen, ohne irgendeine Inschrift mit meinem Namen. Die Wasserleitungen, die an zahlreichen Stellen bereits wegen ihres Alters schadhaft geworden waren, ließ ich wiederherstellen […]. Das Forum Iulium und die Halle, die sich zwischen dem Castor- und dem Saturntempel befindet, Bauten, die von meinem Vater begonnen und fast zu Ende geführt worden waren, habe ich vollendet, und als diese Halle durch einen Brand zerstört worden war, habe ich ihren Grundriß erweitert und unter dem Namen meiner Söhne erneut mit ihrem Bau begonnen. Falls ich sie zu meinen Lebzeiten nicht vollenden kann, habe ich angeordnet, dass sie von meinen Erben fertiggestellt wird. 82 Göttertempel habe ich in Rom in meinem sechsten Konsulat [28 v. Chr.] auf Senatsbeschluß wiederherstellen lassen und keinen ausgelassen, der zu diesem Zeitpunkt erneuerungsbedürftig war. […]

(26) Das Gebiet aller Provinzen des römischen Volkes, die Volksstämme zu Nachbarn haben, die nicht unserem Befehl *(Imperium)* gehorchten, habe ich vergrößert. Die Provinzen Galliens und Spaniens, ebenso Germanien habe ich befriedet, ein Gebiet, das der Ozean von Gades bis zur Mündung der Elbe umschließt. […] Meine Flotte fuhr von der Mündung des Rheins über den Ozean in östliche Richtung bis zum Land der Kimbern. Dorthin war zu Wasser und zu Lande bis zu diesem Zeitpunkt noch kein Römer gekommen. […]

(34) In meinem sechsten und siebten Konsulat [28–27 v. Chr.] habe ich, nachdem ich die Flammen des Bürgerkriegs gelöscht hatte und mit Zustimmung der gesamten Bevölkerung im Besitz der staatlichen Allgewalt war, das Gemeinwesen aus meiner Machtbefugnis wieder der Entscheidungsgewalt des Senats und des römischen Volkes übergeben. Für dieses mein Verdienst wurde mir auf Beschluß des Senats der Name Augustus verliehen. […] Seit dieser Zeit überragte ich alle an sozialem und politischem Gewicht *(auctoritas)*, an Amtsgewalt *(potestas)* aber besaß ich nicht mehr als die anderen, die auch mir im Amt Kollegen waren.

Augustus: Res Gestae (Augustus Tatenbericht). Hrsg. und übersetzt von Marion Giebel. Reclam, Stuttgart 1975, S. 14–22.

Q 4

Keine Spur der reinen Sitte

Der republikanisch gesinnte Senator und Geschichtsschreiber Publius Cornelius Tacitus (um 56/58–120 n. Chr.) schreibt rund 100 Jahre nach den Geschehnissen über die Errichtung des Prinzipats:

Als es nach dem Tod des Brutus und Cassius keine republikanische Heeresmacht mehr gab, als Pompeius bei Sizilien überwältigt war und nach der Ausschaltung des Lepidus und dem Selbstmord des Antonius auch der Partei Caesars kein anderer Führer blieb als Octavianus, da legte dieser den Titel Triumvir ab, wollte nur als Konsul gelten und sich zum Schutze des Volkes mit der Vollmacht des Tribunen begnügen. Sobald er dann die Soldaten durch Geschenke, das Volk durch eine Getreidespende, alle durch den verführerischen Reiz des Friedens gewonnen hatte, schob er sich allmählich empor und zog die Befugnisse des Senats, der Behörden, des Gesetzgebers an sich, ohne daß sich jemand widersetzte; denn die mutigsten Männer waren den Kämpfen oder der Ächtung zum Opfer gefallen, während die übrigen Adeligen, je mehr einer zur Unterwürfigkeit bereit war, durch Reichtum und Ehrenstellen nach oben gelangten und als Günstlinge der neuen Verhältnisse die Sicherheit der Gegenwart den Gefahren der Vergangenheit vorzogen. Auch die Provinzen waren jener Ordnung der Dinge nicht abgeneigt. Verleidet war ihnen Senats- und Volksherrschaft wegen der Machtkämpfe der führenden Männer und der Habsucht der Beamten; schwach war der Schutz der Gesetze, die durch Eigenmächtigkeit, politische Umtriebe, vor allem durch Bestechung unwirksam gemacht wurden.

[...] Krieg war zu dieser Zeit nur noch gegen die Germanen zu führen, mehr um die Schande zu tilgen, die mit dem Verlust des Heeres unter Quintilius Varus verbunden war, als aus dem Bestreben, das Reich zu erweitern, oder wegen der Aussicht auf entsprechenden Gewinn. In der Heimat war alles ruhig, die Behörden trugen die gleichen Bezeichnungen; die Jüngeren waren nach dem Sieg bei Actium, auch die alten Leute meist während der Bürgerkriege geboren: wieviele gab es da noch, die die freie Republik erlebt hatten?

So fand sich nach dem Wandel der Staatsform nirgends mehr ein Rest der alten sauberen Staatsgesinnung: alle achteten, da die Gleichberechtigung aufgegeben war, auf die Weisungen des Herrschers, wenngleich im Augenblick kein Grund zur Furcht bestand, solange Augustus, noch rüstig an Jahren, sich und sein Haus und den Frieden aufrechterhielt. Seitdem aber sein bereits fortgeschrittenes Greisenalter noch von Krankheit geschwächt wurde, seit das Ende herankam und neue Hoffnungen sich regten, sprachen nur wenige – erfolglos – von den Segnungen der Freiheit, mehr hatten Angst vor einem Krieg, andere wünschten ihn; der weitaus größte Teil verschrie die zu erwartenden Machthaber in Redereien verschiedener Art [...].

P. Cornelius Tacitus: Annalen 1, 2-4. Übers, von Erich Heller, 5. Aufl., Artemis und Winkler, Zürich/Düsseldorf 2005, S. 17, 19, 21.

D 4

Versuch einer Einordnung

Der Althistoriker Jochen Bleicken (1926–2005) schreibt über Augustus:

Die herausragende Leistung des Augustus liegt in der Rettung von Staat und Reich aus einer existentiellen, fast aussichtslos erscheinenden Krise. Die Gefahr, ganz und gar unterzugehen, war für den römischen Staat deswegen so groß, weil sich die regierende Gesellschaftsschicht in völliger Auflösung befand und alles mit sich in den Abgrund zu reißen drohte. Für sie, die seit 500 Jahren die Geschicke Roms gelenkt hatte, stand kein Ersatz bereit, und der Versuch, an ihre Stelle die nackte Militärdiktatur zu setzen, war an den Iden des März gescheitert. Die Ermordung des Diktators Caesars hatte auch gezeigt, daß der Staat nur mit einer aristokratischen Gesellschaft, welche die Verwaltung zu übernehmen gewillt und fähig war, und nicht ohne oder gar gegen sie gerettet werden konnte. Daß in den Bürgerkriegen nicht schon vorher alles auseinandergebrochen war – eine neue Führungsschicht konnte schließlich nicht einfach aus dem Boden gestampft werden –, lag allein daran, daß jeder Anflug politischer Selbständigkeit in den ehemaligen staatlichen Gebilden des Mittelmeerraums, über die die Römer ihre Herrschaft errichtet hatten, in jahrhundertelangen Kämpfen erstickt worden war. Die Ohnmacht der Unterworfenen war eine Bedingung für die Rettung des römischen Staates aus einem scheinbar unaufhaltsamen Verfall. [...].

Das Werk des Augustus beschränkte sich nicht darauf, einen neuen Organisationsrahmen zu schaffen, in dem die alte Verfassung, die dem Stand der staatlichen und gesellschaftlichen Entwicklung nicht mehr entsprach und daher unbrauchbar geworden war, aufgefangen und zu neuer Wirksamkeit gebracht werden sollte. [...] Der Aufbau einer neuen Führungsschicht, ohne die Staat und Reich nicht lebensfähig gewesen wären, ließ sich nicht von heute auf morgen bewerkstelligen, und es erscheint fast unglaublich, daß er dieses Ziel in einer angesichts der Größe der Aufgabe relativ kurzen Zeit erreicht hat. Mit großer Geduld und hohem persönlichem Einsatz hat er alte und neue Familien zusammengeführt und zugleich dafür gesorgt, daß die unaufhörliche Arbeit an der Zusammensetzung der neuen Aristokratie in seiner Hand blieb. [...]

Das Bündel seiner rechtlichen Gewalten hatte keinen Namen, entbehrte jeder einheitlichen Bezeichnung; dem alten Recht nach war Augustus nicht einmal ein Magistrat (magistratus), trug selbst im Reich nicht den Titel eines Prokonsuls. Seine herrschaftliche Stellung war titular überhaupt nicht ansprechbar. Augustus selbst sprach bei Gelegenheit von seiner statio, das heißt seiner »Stellung« oder seinem »Posten«, wobei die militärische Bedeutung des Begriffs durchaus mitschwang, und verstand sich so als einen Mann, der für Römer wie Provinzbewohner »immer Wache hielt«. Ausdrücklich politischen Charakter hatte die Bezeichnung seiner staatsrechtlichen Stellung: Er war Princeps, also Erster Bürger, aber eben auch – nicht titular, doch faktisch – Monarch, beides war politische Realität. Da er von seiner Vergangenheit her ein militärischer Potentat war und die Verfügung über das Heer immer das allen sichtbare Fundament seiner Herrschaft blieb, hatte er insbesondere seine Funktion als Erster Bürger zu pflegen. Er bewies trotz mancher Rückfälle eine bewundernswerte Geduld, sich in ihr zu üben und sie der hohen Gesellschaft in unzähligen Auftritten praktisch vorzuführen.

Jochen Bleicken, Augustus. Eine Biographie. 3. Aufl., Fest, Berlin 1999, S. 678-680.

Warum organisierte Augustus die Provinzen neu?

Die Herrschaft Roms konnte nur funktionieren, wenn es im Imperium Verwaltungseinheiten gab, die in wichtigen Bereichen autonom funktionierten. Alles von Rom aus zu steuern wäre nicht möglich gewesen. Allerdings waren die Provinzen zur Erfüllung dieser Aufgabe nach dem Machtantritt des Augustus nur begrenzt in der Lage. Ab 27 v. Chr. begann er daher, die Verwaltung der Provinzen neu zu ordnen.

Der Verfassertext informiert Sie darüber, warum überhaupt Provinzen eingerichtet wurden, welche Probleme sich dabei ergaben – und mit welchen Veränderungen Augustus darauf reagierte.

1 Erstellen Sie eine Liste der Provinzen und halten Sie arbeitsteilig ein Kurzreferat über die Geschichte einer der Provinzen Gallien, Germanien und Ägypten in der Zeit römischer Herrschaft. Informieren Sie sich dazu im Internet und in einer Bibliothek. (D 1, D 2)

2 Erläutern Sie, warum Kaiser und Senat auf starke regionale Verwaltungen angewiesen waren – und welche Risiken damit verbunden waren.

Von der Stadt zum Weltreich

Das Römische Reich umfasste um 200 v. Chr. bereits 130 000 km² mit ca. 3 Millionen freien Bürgern. Zum Zeitpunkt seiner größten Ausdehnung unter Kaiser Trajan (98–117 n. Chr.) umfasste der Staat ca. 6 250 000 km² mit ungefähr 80 Millionen Menschen, die rund ums Mittelmeer, auf dem Balkan sowie in Teilen Britanniens und Germaniens lebten. Die meisten Einwohner lebten auf dem Land, viele aber in einer der ca. 2 000 Städte, von denen die meisten 10 000–15 000 Einwohner hatten. Daneben gab es außer Rom auch weitere Großstädte wie Pergamon in Kleinasien, das im 2. Jahrhundert n. Chr. allein 40 000 männliche Einwohner hatte. Wie wurde dieses Riesenreich verwaltet?

Die Einrichtung von Provinzen

Die Verwaltung dieses Reiches von Rom aus hätte nicht nur dem Selbstverständnis der Römer widersprochen, fremde Gebiete mit möglichst wenig Aufwand zu beherrschen. Auch die Zahl der Angehörigen der römischen Eliten, die dafür zur Verfügung gestanden hätte, wäre für diesen Zweck viel zu klein gewesen. Aufgrund der damaligen technischen Möglichkeiten kam eine direkte Verwaltung ebenfalls nicht infrage. Daran änderte auch das schließlich hervorragende Straßennetz mit seinem System von Meldereitern oder die Nutzung der Wasserwege wenig. Wenn möglich verließ sich die römische Führung in abhängigen Gebieten auf zuverlässige Klientelkönige, die in ihrem Namen herrschten. Doch das ging nicht immer. Im 3. Jahrhundert v. Chr. wurden mit Sizilien und wenig später Sardinien erste Provinzen als Verwaltungseinheiten eingerichtet. An der Spitze der Provinzen, deren Größe höchst unterschiedlich war, stand ein Statthalter. Wie aber wurde man Statthalter, und welche Aufgaben hatte dieser?

Vertreter Roms: Der Statthalter

Die Statthalter stammten aus den Reihen des Senats. Ursprünglich war die Herrschaft über die Provinzen Aufgabe von gewählten Praetoren, in der späteren Republik übernahmen jedoch auch Konsuln Provinzen. Nachdem nach einem Bewerbungsverfahren der Kreis der neuen Amtsinhaber festgelegt worden war, entschied – zumindest in der Theorie – das Los, welcher Statthalter welche Provinz übernahm und aufgrund der ihm übertragenen Befehlsgewalt – dem imperium – berherrschte. Die Dauer der Statthalterschaft variierte je nach Lage. Wie bei anderen Ämtern üblich, war sie eigentlich auf ein Jahr begrenzt; längere Statthalterschaften waren jedoch durchaus üblich. Zu den wesentlichen Aufgaben des Statthalters gehörten die Sicherstellung von Ruhe und Ordnung und der Schutz der Bevölkerung, die Rechtsprechung, die Leitung der Verwaltung, der Zensus als Grundlage der Veranschlagung und Eintreibung von Steuern, die Festsetzung der Grenzen, die Überwachung der Finanzen und öffentlicher Bauten sowie die Wahrnehmung kultischer Funktionen.

Um diese Aufgaben wahrnehmen zu können, stützte sich der Staathalter als oberster Befehlshaber der militärischen Gewalt zunächst auf die in der Provinz stationierten Soldaten. Diese unterstützten den Statthalter auch bei wichtigen Verwaltungsaufgaben. Die Steuern trieben hingegen Pächter ein, die dafür an den Einnahmen ihres Teilgebietes beteiligt wurden.

Missbrauch

Das Amt des Statthalters war politisch bedeutsam; zugleich war es mit der Verlockung verbunden, es zu eigenen Gunsten auszunutzen. Insbesondere das System der Verpachtung der Steuer bot dafür Möglichkeiten. Viele Angehörige des Senats, die sich in der Spätzeit der Republik hoch verschuldet hatten, „brauchten" die Statthalterschaft regelrecht, um durch die dort möglichen legalen und illegalen Einnahmen oder auch mithilfe von Kriegszügen, die sie in Grenzgebieten anzettelten, ihre Schulden zu bezahlen. Gaius Iulius Caesar ist hierfür ein Beispiel. Zu den Aufgaben eines Statthalters gehörte auch die Aufstellung von Truppen. Diese unterstützten ehrgeizige Statthalter gegebenenfalls im Kampf um die Macht im Gegenzug für eine Beteiligung an der Beute oder für andere Privilegien. Die Lage in den Provinzen hatte daher eine starke Auswirkung auf den inneren Frieden im Imperium Romanum insgesamt.

Eine neue Ordnung für die Provinzen

Als eine seiner wichtigsten Aufgaben betrachtete Augustus nach Beginn des Prinzipats die Neuordnung des Provinzwesens. Diese Neuordnung beinhaltete zum einen eine nun weitgehend standardisierte Ämterabfolge von Konsulat und Statthalterschaft. Fortan konnten ehemalige Konsuln erst fünf Jahre nach dem Ende ihrer Amtszeit an der Losung für eine Statthalterschaft teilnehmen. Zum anderen trennte Augustus die Provinzen in senatorische und kaiserliche. Über erstere entschied weiterhin der Senat nach den üblichen Kriterien. Letztere hingegen unterstanden einem kaiserlichen Legaten. Dieser kam nun nicht mehr zwingend aus dem Stand der Senatoren, sondern dem der Ritter. Die Grenzprovinzen machte Augustus zu kaiserlichen Provinzen, so dass die dort stationierten Truppen direkt den von ihm eingesetzen Legaten unterstanden. Diese Struktur blieb im Wesentlichen bis zur Zeit Kaiser Diokletians im 3. Jahrhundert n. Chr. bestehen.

D 1

Die Entwicklung des Imperium Romanum

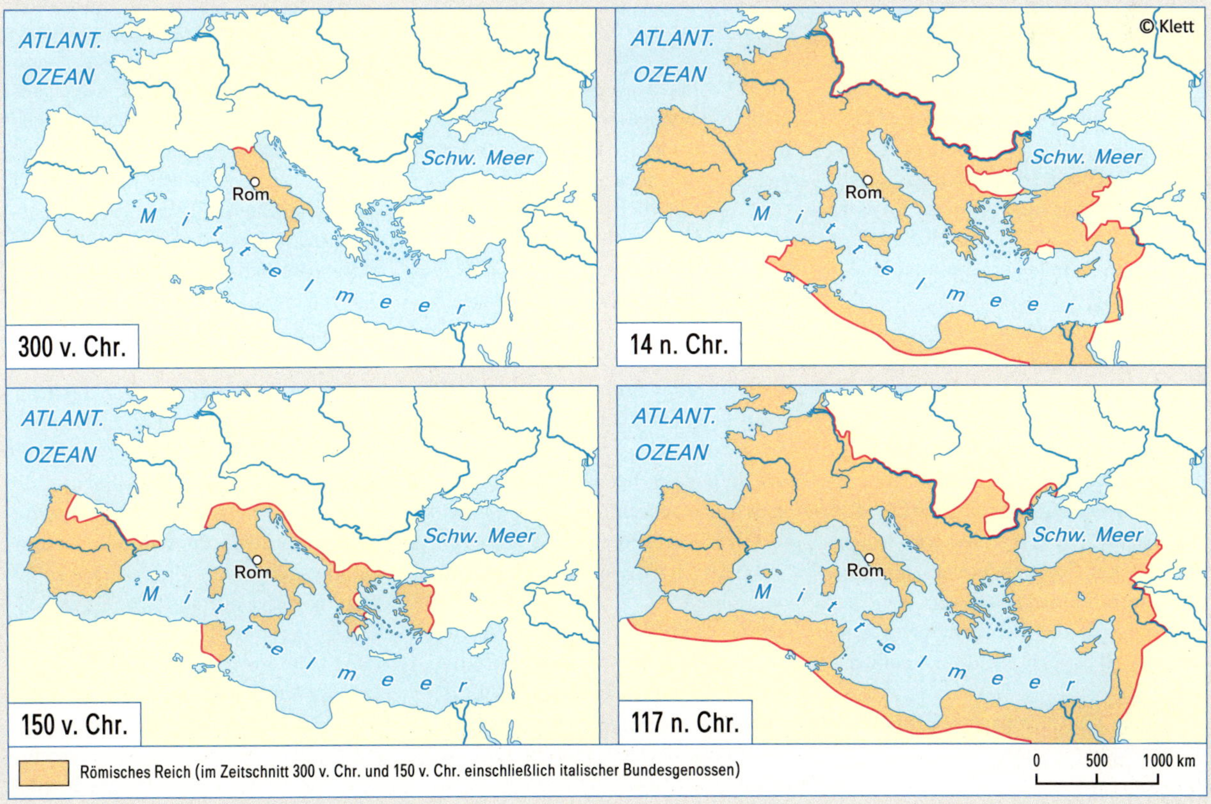

Die Materialien ermöglichen Ihnen, die Aufgaben eines Statthalters, aber auch die Möglichkeiten des Missbrauchs dieses Amtes zu analysieren und zu diskutieren. Zugleich können Sie zeitgenössische und nachfolgende Bewertungen der Neuordnung der Provinzen unter Augustus analysieren und beurteilen.

1 Erstellen Sie eine Liste der Vorwürfe Ciceros gegen Verres. (Q 1)
2 Fassen Sie Ciceros Vorschläge für seinen Bruder zusammen. (Q 2)
3 Erläutern Sie, welche Motive den einzelnen Vorschlägen Ciceros zugrunde liegen. (Q 2)
4 Beschreiben Sie die Grundzüge der Provinzverwaltung seit Augustus. (D 1)
5 Erklären Sie, inwiefern die Neuordnung der Provinzialverwaltung mit der Pax Augusta in Zusammenhang steht. (D 3)
6 Arbeiten Sie aus Q 3, Q 4 und D 3 heraus, welche Aspekte der Neuordnung der Provinzen jeweils betont werden.
7 Entwickeln Sie Thesen, inwiefern der Entstehungszeitpunkt der Texte Auswirkungen hat auf die jeweilige Bewertung der Neuordnung.

Q 1

Anklage des Gaius Verres

Aus Gerichtsreden des Politikers und Schriftstellers Marcus Tullius Cicero (103–43 v. Chr.), der sizilische Gemeinden bei ihren Klagen gegen den dortigen Statthalter Gaius Verres (115–43 v. Chr.) unterstützte. Fast alles, was wir heute über Verres wissen, stammt aus diesen Anklagen:

Keinem von euch, Richter, kann es entgehen: aller Nutzen und Vorteil dieser Provinz Sizilien (...) besteht vor allem in ihren Getreidelieferungen; alles andere, was aus dieser Provinz kommt, bedeutet für uns eine zusätzliche Hilfe, mit ihrem Getreide ernährt und erhält sie uns. [...]

14. Beachtet nun die Weisheit unserer Vorfahren: Sie hatten Sizilien, eine so vorteilhafte Hilfsquelle für Krieg und Frieden, an unseren Staat angeschlossen, waren jedoch so ernsthaft darum bemüht, die Sizilier zu beschützen und sich zu erhalten, daß sie nicht nur darauf verzichteten, irgendwelche neuen Steuern auf ihre Ländereien zu legen, nein, nicht einmal das Gesetz über die Verpachtung des Zehnten sowie Zeit und Ort dieser Verpachtung abänderten. [...]

21. Da fand sich nach soviel Jahren, fast möchte ich sagen: Jahrhunderten, ein Verres, der diese Einrichtungen nicht etwa abänderte, nein, sie von Grund auf zerstörte und alles, was zum Wohl der Bundesgenossen wie zum Nutzen des Staates längst schon festgesetzt und geordnet war, im Interesse seiner abscheulichen Erwerbszwecke umkehrte; der zum ersten gewisse Leute einsetzte, angeblich Steuerpächter, in Wahrheit Diener und Helfershelfer seiner Begierden. Mit ihrer Hilfe ist die Provinz – das werde ich klar erweisen, Richter – drei Jahre lang dermaßen gequält und heimgesucht worden, daß wir sie auch in vielen Jahren, mit noch so vielen unbescholtenen und verständigen Beamten, nicht wieder zum Leben erwecken können.

42. Welcher Landmann hat wohl während deiner Praetur nur den einfachen Zehnten abgeliefert? Oder auch nur den doppelten Zehnten? Wer glaubte nicht, besonders bevorzugt zu sein, wenn er mit dem dreifachen Zehnten davonkam? Abgesehen von den wenigen, die, weil sie bei deinen Diebesstreichen mitmachten, überhaupt nichts abzuliefern brauchten? (...)

47. Als ich nach einem Zeitraum von vier Jahren [nach meiner Quaestur] wieder nach Sizilien zurückkam, erschien mir Sizilien in einem Zustande, wie ihn sonst nur Länder zeigen, die der Schauplatz eines erbitterten und langdauernden Krieges gewesen sind. Die Felder und Hügel, die ich vordem im üppigsten Grün hatte prangen sehen, lagen jetzt wüst und verödet vor meinen Augen; man hätte glauben können, der Boden selbst wünsche sich sehnsüchtig seinen Bebauer zurück und traure um seinen einstigen Herrn. (...) Die Fluren um den Ätna, sonst so wohlbestellt, die Gefilde von Leontinoi, das Zentrum des Getreidebaues, deren Anblick früher (...) einen Gedanken an Getreideteuerung gar nicht aufkommen ließ, waren jetzt derart entstellt und schrecklich anzusehen, daß ich im fruchtbarsten Teile Siziliens vergebens – Sizilien suchte.

2,2,120 f. Welche Möglichkeit, Geld zu machen, hat sich dieser [Verres] entgehen lassen? [...] In ganz Sizilien ist in diesen drei Jahren niemand in irgendeiner Gemeinde Ratsherr geworden, ohne daß er dafür hätte zahlen müssen, niemand durch Wahlen, wie es dort Gesetz ist, überhaupt niemand, es sei denn auf den Machtspruch oder ein Empfehlungsschreiben des Verres hin. (...) Wer immer Ratsherr werden wollte, mochte er noch im Knabenalter stehen, mochte er noch so unwürdig sein oder seinem Stande nach nicht dafür in Frage kommen: wenn er nur auf Grund der Gelder, die er zahlte, diesem Verres geeignet schien, die anderen Bewerber auszustechen, so wurde er es.

2,4,1 f. Ich komme nun zu sprechen auf das, was er selbst mit Liebhaberei bezeichnet, was seine Freunde krankhafte Veranlagung und Versessenheit nennen, die Sizilier nennen es blanke Straßenräuberei. […] Ich behaupte, in ganz Sizilien, einer so reichen, so alten Provinz, mit ihren so zahlreichen Städten, mit ihren zahllosen wohlhabenden Häusern, gab es kein silbernes Gefäß, kein Geschirr aus Korinth oder Delos, keinen kostbaren Stein und keine Perle, keine Arbeit aus Gold oder Elfenbein, keine einzige Statue aus Bronze, Marmor oder Elfenbein, kein Gemälde und keinen Gobelin (…), den Verres nicht aufgestöbert, besichtigt und, wenn er ihm gefiel, weggeschafft hätte (…) Um mich noch deutlicher auszudrücken: nichts hat er in ganz Sizilien unangetastet gelassen, nichts in irgendeinem Privathause, nicht einmal in dem seines Gastfreundes, nichts auf öffentlichen Plätzen, selbst nicht in Heiligtümern, nichts bei einem Sizilier, nichts bei einem römischen Bürger, kurz nichts von dem, was ihm vor die Augen oder in den Sinn kam, mochte es privates oder öffentliches Eigentum, profan oder geweiht sein.

2,3,207. Es trauern alle Provinzen, es klagen alle freien Völker, selbst die Königreiche fordern Genugtuung von uns für unsere Taten der Begehrlichkeit und Ungerechtigkeit. Bis zum Ozean hin gibt es keinen noch so entlegenen oder versteckten Platz, wohin nicht in der letzten Zeit die Willkür und die Unbill unserer Leute gedrungen wäre. Schon kann das römische Volk nicht mehr standhalten dem, was ihm von allen Nationen – nicht an Gewalt, Waffen und Krieg, nein an Trauer, Tränen und Klagen entgegenstürmt.

Cicero. In: Geschichte in Quellen. Bd. 1: Altertum, bearb. von Walter Arend. 2. Aufl., Bayerischer Schulbuchverlag, München 1975, S. 500 f.

Q 2

Ratschläge für die Verwaltung einer Provinz

Marcus Tullius Cicero (103–43 v. Chr.; vgl. Q1) in einem Brief an seinen Bruder Quintus Cicero (102–43 v. Chr.), der als Propraetor 61–59 v. Chr. die Provinz Asien verwaltete:

6. Die Bevölkerung dieser Provinz besteht erstens aus solchen Bundesgenossen, die zu den gebildetsten von allen Menschen gehören, ferner aus solchen römischen Bürgern, die entweder dadurch, daß sie Steuerpächter sind, mit ihren Interessen uns besonders nahestehen oder die, weil sie ja des Wohlstandes wegen Handel treiben, die Erhaltung ihres Vermögens unserem Konsulate zu verdanken glauben. Doch gerade unter ihnen [wirst du einwenden,] gibt es ernste Differenzen, kommt es zu vielerlei Rechtsverletzungen und in Folge davon zu großen Streitigkeiten. (…) Ich sehe ein, daß das eine schwierige Aufgabe für dich ist und größte Einsicht erfordert. (…) Wenn du aber, wie du es tust, dem Geld, dem Genuß und dem Verlangen nach allem zu widerstehen vermagst, wird dann wirklich (…) Gefahr bestehen, du könntest einen unredlichen Geschäftsmann, einen allzu habgierigen Steuerpächter nicht in seinen Schranken halten? Die Griechen wenigstens werden, wenn du es so hältst, auf dich schauen wie auf einen, von dem sie in ihren alten Schriften gehört haben, oder gar glauben, ein göttlicher Geist sei vom Himmel in ihre Provinz herabgestiegen. […]

9. Was kann es Vortrefflicheres und Wünschenswerteres geben, als daß diese deine Tugend, Selbstbeherrschung und Zurückhaltung nicht im Dunkel unbemerkt und verborgen ist, nein, daß sie im hellen Lichte Asiens, vor den Augen der erlauchtesten Provinz und vor den Ohren aller Völker und Stämme offen daliegt? Daß die Einwohner nicht durch deine Dienstreisen erschreckt, nicht durch deinen Aufwand ausgelaugt werden, bei deiner Ankunft nicht in Unruhe geraten? Daß helle Freude herrscht, wohin du auch kommst, bei den Gemeinden wie bei den einzelnen Einwohnern, da die Städte glauben dürfen, einen Beschützer, nicht einen Tyrannen, ihre Häuser einen Gastfreund, nicht einen Plünderer aufgenommen zu haben. […]

16. Aber auch im Verkehr mit den Griechen selbst [nicht nur mit den Asiaten] muß man auf der Hut sein vor einer gewissen Art von vertraulichen Beziehungen und eine Ausnahme nur in seltenen Fällen machen, wenn es sich wirklich um Griechen handelt, die ihren alten Namen zu Recht tragen; so betrügerisch und unbeständig sind viele von ihnen und durch die allzulange Zeit der Knechtschaft allzusehr zu Speichelleckerei erzogen. Man muß sie zwar alle, meine ich, liebenswürdig behandeln, auch die besten von ihnen sich durch Gastfreundschaft und Freundschaft verbinden; ihrer allzu großen Vertraulichkeit jedoch darf man nicht so recht trauen; wagen sie es doch nicht, unseren Wünschen einmal entgegenzutreten, und sind mißgünstig nicht nur auf unsere, sondern auch auf ihre eigenen Landsleute. […]

25. Ich sehe, daß du, wie alle bestätigen, gerade in diesem Punkte höchst sorgfältig vorgehst: es werden den Gemeinden keine neuen Schulden aufgeladen, im Gegenteil, viele sind von dir von großen und drückenden Schulden befreit worden, mehrere Städte, die schon zerrüttet und nahezu verödet waren, […] sind von dir zu neuem Leben erweckt worden, es kommt nicht mehr zu Unruhen und Uneinigkeit in den Gemeinden, dank deiner Vorsorge werden die Gemeinden vom Rat der Aristokraten verwaltet, das Räuberunwesen in Mysien hat aufgehört, dem Morden ist an vielen Plätzen ein Ende gemacht, der Friede in der ganzen Provinz gesichert. […] Prozesse auf Grund falscher Beschuldigungen, das verderblichste Werkzeug der Habgier der Praetoren, bedrohen nicht mehr Ruf, Vermögen und die Ruhe der Wohlhabenden, Aufwandskosten und Steuern der Gemeinden werden von allen Einwohnern gleichmäßig getragen; leicht ist es, zu

dir Zutritt zu finden, die Beschwerden jedes Mannes finden bei dir Gehör. […]

32. Diesen deinen guten Absichten und deiner Gewissenhaftigkeit machen nun die Steuerpächter große Schwierigkeiten. Stellen wir uns gegen sie, so werden wir einen Stand, der sich um uns besonders verdient gemacht hat und der durch uns in enge Verbindung zum Staate gebracht worden ist, uns selbst und dem Staate entfremden; zeigen wir uns ihnen aber in allem willfährig, so lassen wir den völligen Ruin der Menschen zu, für deren Existenz wie Interessen wir zu sorgen verpflichtet sind. Das ist, wenn wir es recht bedenken, die einzige Schwierigkeit bei deiner ganzen Amtsführung. […]

33. Wieviel Erbitterung dies Problem um die Steuerpächter bei den Bundesgenossen hervorruft, das haben wir von unseren eigenen Landsleuten erfahren, die vor kurzem, als die Hafenzölle in Italien aufgehoben werden sollten, Beschwerde führten: nicht so sehr über den Hafenzoll selbst als vielmehr über gewisse ungerechte Machenschaften der Zöllner. Daher weiß ich recht wohl, wie es erst den Bundesgenossen in weit entfernten Ländern gehen mag, wenn ich in Italien selbst solche Beschwerden römischer Bürger habe anhören müssen. Sich hierbei so zu verhalten, daß man auf der einen Seite die Steuerpächter zu ihrem Recht kommen läßt, zumal wenn sie die Steuern zu ungünstigen Bedingungen gepachtet haben, auf der anderen Seite den Ruin der Bundesgenossen nicht zuzulassen, das erfordert, so will mir scheinen, einen Mann von sozusagen göttlichen Tugenden, das heißt solchen, wie sie dir eigen sind. Was nun zunächst einmal die Griechen am meisten erbittert, nämlich tributpflichtig zu sein, braucht ihnen nicht so schwer vorzukommen, wo sie doch schon vor der Herrschaft des römischen Volkes auf Grund ihrer eigenen Gesetze in der gleichen Lage waren. Die Bezeichnung ‚Steuerpächter' brauchen sie nicht mit solcher Verachtung abzutun, da sie selbst ja die Kontribution, die ihnen Sulla gleichmäßig auferlegt hatte, ohne Steuerpächter nicht aufzubringen vermochten. […]

34. Zugleich mag Asien auch folgendes bedenken: Keine Not, ob durch auswärtige Kriege, ob durch innere Uneinigkeit, wäre ihm erspart geblieben, wenn es nicht unserem Herrschaftsbereich angehörte. Da aber diese Herrschaft auf keine Weise ohne Steuern aufrecht erhalten werden kann, so möge es sich in Gelassenheit mit einem Teile seiner Erträge diesen immerwährenden Frieden und seine Ruhe erkaufen. […]

Cicero. In: Geschichte in Quellen. Bd. 1: Altertum, bearb. von Walter Arend. 2. Aufl., Bayerischer Schulbuchverlag, München 1975, S. 502 f.

D 2

Die römischen Provinzen um das Jahr 14 n. Chr.

Q 3

Den Umständen entsprechend

Der griechische Geograf Strabon (ca. 60 v. Chr.–23 n. Chr.) beschreibt die kaiserzeitliche Provinzordnung in seiner „Geographica“ wie folgt:

Nachdem ihm nämlich sein Vaterland den Vorstand der Herrschaft übertragen hatte und er [= Augustus] auf Lebenszeit Herr über Krieg und Frieden geworden war, hat er das ganze Land in zwei Teile geteilt und den einen sich selber, den anderen dem Volk zugewiesen; sich selber alles, was militärischen Schutz braucht, […] dem Volk alles Übrige, das friedlich und leicht ohne Waffen zu beherrschen ist. Jeden der beiden Teile hat er in mehrere Provinzen aufgeteilt, von denen die einen ‚Provinzen Caesars (= des Herrschers)‘, die anderen ‚Provinzen des Volkes‘ genannt werden; in seine Provinzen schickt der Herrscher Statthalter und Verwalter, wobei er die Länder bald so, bald anders einteilt und seine Politik nach den jeweiligen Umständen richtet; in die Provinzen des Volkes entsendet das Volk Prätoren oder Konsuln; auch sie werden verschieden eingeteilt, wenn es der Nutzen verlangt.

Strabon. Zit. nach: Gabriele Wesch-Klein: Die Provinzen des Imperium Romanum. Geschichte, Herrschaft, Verwaltung, Wissenschaftliche Buchgesellschaft, Darmstadt 2016, S. 38 f.

Q 4

Nur ein Vorwand

Der griechische Historiker und römische Senator Cassius Dio (um 160–nach 229 n. Chr.) beschreibt in seiner „Römischen Geschichte“ die Neuregelung des Provinzregimes durch Augustus:

Diese Regelung traf Caesar [= Augustus], wie er sagte, damit der Senat ungefährdet aus den Teilen des Reichs seinen Nutzen ziehen könne, er selbst aber die Mühen und Gefahren auf sich zu nehmen habe. In Wirklichkeit aber sollten die Senatoren unter diesem Vorwand unbewaffnet und zu keinem kriegerischen Unternehmen fähig sein, während er allein über Waffen verfügte und Soldaten unterhielt. Und so galten als Besitz von Volk und Senat: Afrika, Numidien, Asia, Griechenland samt Epirus, die Bezirke Dalmatien und Makedonien, Sizilien, Kreta samt dem kyrenäischen Teil Libyens, Bithynien mit dem angrenzenden Pontus, Sardinien, Baetica.

Cassius Dio: Römische Geschichte. Bd. IV, übers. von Otto Veh. Artemis, Zürich/Stuttgart 1986, S. 114 f.

D 3

Neuverständnis der Statthalterschaften

Der Historiker Eckard Meyer-Zwiffelhoffer (1955) über die Provinzialordnung des Augustus, 2017:*

Augustus konzentrierte mit seiner Provinzialordnung alle militärischen Machtmittel in seiner Hand, was den Provinzen Frieden bescherte, denn die Bürgerkriege hörten auf – sieht man von einzelnen Aufständen und Usurpationsversuchen von Statthaltern ab. Diese selbst wurden nun viel stärker kontrolliert, was auf mittlere Sicht dazu beitrug, dass die Erpressung und Ausbeutung der Provinzialbevölkerung gegenüber der republikanischen Zeit merklich abnahm. Die schon von Zeitgenossen gerühmte Friedensordnung (pax Augusta bzw. pax Romana) bestand darin, dass den Städten und Völkern in den Provinzen jegliche Möglichkeit genommen wurde, gegeneinander Krieg zu führen, und dass das Regiment der römischen Amtsträger zunehmend kontrolliert wurde, wobei die Provinzialen korrupte Statthalter vor dem Kaiser und Senat erfolgreicher anklagen konnten als zu Zeiten der Republik. Die Statthalter waren nun alle tendenziell Gesandte des Kaisers geworden und keine selbstherrlichen Imperatoren mehr, die ihre Rivalitäten auf Kosten der Provinzen auslebten.

Eckard Meyer-Zwiffelhoffer, Imperium Romanum. Geschichte der römischen Provinzen, 2. Aufl., C.H. Beck, München 2017, S. 27.

D 4

Die Stellung des Augustus

Der Althistoriker Werner Eck (1939) schreibt über die Neuverteilung der Provinzen in den Jahren 28/27 v. Chr.:*

[Augustus erklärte sich bereit], die Sorge um diejenigen Provinzen zu übernehmen, die noch nicht völlig befriedet waren. Das war ein beträchtlicher Teil des Imperiums […]: Ganz Spanien, ganz Gallien, Syrien, Kilikien, Zypern und – natürlich – Ägypten. […] Der Schritt zur Herrschaft eines Mannes über das Reich wurde daran sichtbar. Doch durfte die Macht, die so auf rechtlich unanfechtbare Weise in seine Hände gelangte, auch jetzt noch nicht als lebenslange in Erscheinung treten. Deshalb ließ Octavian nur zu, dass ihm die Provinzen befristet auf zehn Jahre übertragen wurden. […] Es ging bei dieser Entscheidung natürlich nicht nur um die genannten Provinzen, sondern vor allem auch um die dort stationierten Legionen, die den größten Teil der römischen Streitkräfte darstellten […]. Eine neue Amtsgewalt […] musste man ihm nicht übertragen; er war Konsul, und als solcher konnte er auch Provinzen leiten und die dort stationierten Truppen kommandieren. Es war eine sehr einfache und effektive Form, Octavians Macht zu legalisieren und zu sichern. […]

Gegenüber der offenkundigen Machtposition, die Octavian vorher eingenommen hatte, stellte die Neuverteilung oberflächlich betrachtet eine Schwächung dar. Tatsächlich aber gewann er weit mehr, als er ‚verlor‘.

Werner Eck: Augustus und seine Zeit. 6., überarbeitete Auflage, C.H. Beck, München 2014, S. 45–47.

Wer ist eigentlich Römer? Die Romanisierung im ersten und zweiten Jahrhundert

Viele von uns im Alltag heute noch verwendete Begriffe sind lateinischen Ursprungs. Sie zeugen davon, dass zur Zeit des Imperium Romanum auch in Mitteleuropa viele Dinge „natürlich" in der Sprache der Römer benannt wurden. Von Germanien bis Nordafrika wurden römische Thermen gebaut. Die Prinzipien des römischen Rechts prägen bis heute die Rechtsordnungen vieler europäischer Staaten. Das römische Imperium war also offensichtlich nicht nur eine politische Herrschaftsform, sondern ging mit der Durchsetzung einer eigenen, römischen Lebensweise einher. Die Romanisierung immer neuer Landstriche und Bevölkerungsgruppen war ein entscheidender Erfolgsfaktor des Römischen Reiches.

Anhand des Verfassertextes können Sie erarbeiten, inwiefern römische Lebensart eine starke Anziehungskraft entwickelte, zugleich aber auch Abwehr hervorrief.

1 Recherchieren Sie auf Wikipedia die Bedeutung des Satzes „Civis Romanus sum" und halten Sie dazu einen Kurzvortrag.

2 Erklären Sie, inwieweit die römische Lebensweise für Angehörige nichtrömischer Völker attraktiv war.

Was heißt „Romanisierung"?

Der Begriff „Romanisierung" bezeichnet die Übernahme der römischen Kultur und lateinischen Sprache durch die von Rom unterworfenen Menschen und zum Teil auch angrenzender Gebiete. Doch was bedeutete das konkret für die betroffenen Menschen? Warum wollten viele Menschen von sich aus „Römer" werden? Warum übernahmen fremde Eliten römische Lebensweisen, ohne aber Römer werden zu wollen? Und warum verlieh der Kaiser immer mehr Menschen in seinem Reich das Bürgerecht?

Romanisierung ...

Romanisierung war kein einseitiger, sondern ein wechselseitiger Prozess. Zunächst gehörte dazu die Stationierung von Legionen. Zwischen 25 Legionen mit jeweils etwa 6000 Mann zur Zeit Kaiser Augustus und 33 Legionen zu Beginn des 3. Jahrhunderts n. Chr. sollten die Grenzen des Reichs schützen. Das waren zusammen mit dem unterstützenden Personal mehrere Hunderttausend Menschen, die römische Kultur in die Provinzen trugen. Hinzu kamen die Veteranenkolonien, Ansiedlungen ehemaliger Legionäre, die nun überwiegend (wieder) als Bauern oder als Handwerker lebten. Diese Kolonien hatten auch eine Schutzfunktion und wurden deshalb bewusst in den entfernteren Provinzen angelegt. Die Legionäre schützten nicht nur das Reich. Im Frieden verbesserten sie dessen „Infrastruktur". Sie bauten Straßen und Brücken und Wasserleitungen sowie Tempel und öffentliche Gebäude. Mit ihren Lagern an zentralen Orten der jeweiligen Regionen schufen sie zugleich den Grundstein für die Entwicklung von Städten.

Dem Kaiser geweihte Tempel oder Statuen und Meilensteine an den Straßen mit ihren Inschriften erinnerten täglich an den jeweiligen Herrscher im fernen Rom. Statthalter repräsentierten den Kaiser und erfüllten vielfältige andere Aufgaben. In den Städten schließlich schufen die Kaiser Selbstverwaltungsgremien der lokalen Eliten, für die es eine Ehre war – und im eigenen Interesse lag –, mit den römischen Instanzen zusammenzuarbeiten. Im Osten des Reiches oder auch in Nordafrika griffen die Römer dabei auf überlieferte Formen städtischer Selbstverwaltung zurück, in anderen Teilen des Reiches brachten sie solche Organe erst hervor. Nur so war gewährleistet, dass vor Ort die Verwaltung funktionierte, Steuern und Zölle gezahlt und Sachleistungen erbracht wurden, etwa durch Mitarbeit beim Straßenbau, die Bereitstellung von Zugtieren oder von Unterkünften für Soldaten. Darüber hinaus wurden rituelle Geschenke für den Kaiser finanziert, Gelder für lokale Feste gespendet oder Getreide für die Versorgung der Bevölkerung Roms bereitgestellt.

Mit der Verleihung des römischen Bürgerrechts an ursprüngliche Nichtrömer übertrug der Kaiser diesen Untertanen besondere Rechte im ganzen Reich. Nur römische Bürger konnten – zumindest theoretisch – wählen oder selber gewählt werden. Die Möglichkeit, in der politischen, militärischen und gesellschaftlichen Hierarchie aufsteigen und wichtige Ämter bekleiden zu können, war ein weiterer, praktischer Vorteil. 212 verlieh Kaiser Caracalla schließlich allen Einwohnern des Reiches das Bürgerrecht. Dahinter stand allerdings nicht in erster Linie Wohlwollen für die „Fremden" im Reich. Ihm ging es vor allem darum, die finanziellen Grundlagen seiner Herrschaft zu erweitern. So mussten die ehemaligen Fremden neben den neuen Steuern, die ihnen als Bürger Roms oblagen, auch diejenigen Steuern weiter entrichten, die sie als „Fremde" bisher schon gezahlt hatten.

... und Selbstromanisierung

So trugen also die römischen Kaiser und ihre Beamten direkt zur Romanisierung des Reiches bei. Hinzu kam die Bereitschaft vieler Menschen in den Provinzen, die römische Lebensweise von sich aus zu übernehmen.

Ein Beispiel dafür ist die Entwicklung von ursprünglich kleinen Militärlagern zu Großstädten. Äußerlich glichen sie mit ihren rechtwinkligen Straßen und zentralen Plätzen immer noch Militärlagern. Mit ihren Marktplätzen, ihren Thermen, Theatern und anderen öffentlichen Einrichtungen ermöglichten sie jedoch ein Leben fast wie in den Städten Italiens. Hier konnten die Menschen Handel treiben, ihr Handwerk ausüben, sich in Schulen bilden oder auch einfach nur amüsieren. Legionäre und Veteranen sowie Auswanderer aus Italien und anderen älteren Teilen des Reiches vermischten sich hier mit der einheimischen Bevölkerung. Lateinische Sprache, römisches Recht und römische Sitten verbreiteten sich so mithilfe der Städte, die durch ein riesiges Netz von Straßen miteinander verbunden waren, überall im Reich. Das Straßennetz von bald 80 000 km Länge bildete zusammen mit den Flüssen die Lebensadern einer blühenden Wirtschaft, in der man viele Waren aus allen Teilen des Reiches mit der gleichen Währung kaufen konnte. Viel befahrene Schifffahrtsrouten verbanden die Häfen des Mittelmeeres bis zum Ostatlantik. Die Reste antiker Städte und prunkvoller Villen entlang des Rheins, der Donau oder der Rhone, an den Küsten Spaniens und Nordafrikas oder auch die Überreste kunstvoller Wasserleitungen wie dem Pont du Gard zeugen noch heute von der Modernität der römischen Infrastruktur und vom Reichtum vieler Städte und der darin lebenden Menschen.

Träger der Romanisierung

Neben den Soldaten gehörten vor allem die Eliten vieler unterworfener Völker zu den Trägern der Romanisierung. Anstatt sie dauerhaft als Feinde zu behandeln, versuchten die Kaiser, sie durch Verleihung des Bürgerrechts, Übertragung wichtiger militärischer Kommandos und ziviler Ämter und durch andere Privilegien für sich zu gewinnen. Sie genossen die Vorteile, die ein römischer Bürger besaß, und konnten zusammen mit den Römern Alltag und Politik vor Ort und in der Provinz gestalten. Sie konnten, selbst wenn sie außerhalb des Reiches geboren worden waren, sogar innerhalb des Reiches militärische Karriere machen – wie z. B. der Germane Arminius, der später die so genannte Schlacht im Teutoburger Wald gegen die Römer gewinnen sollte. In Auftreten und Kleidung, Denkweise und Lebensstil glichen diese Neubürger zunehmend jenen, die in Rom lebten. Ein Beleg für den Erfolg der Romanisierung ist die Tatsache, dass bald sogar Kaiser wie z. B. Trajan (53–117 n. Chr.) aus der Provinz und nicht mehr wie zu Beginn der Kaiserzeit aus angesehenen urrömischen Familien stammten.

Wollten alle Römer werden?

So attraktiv das Leben als römischer Bürger auch war; nicht alle wollten Römer werden. Jenseits der Grenzen, die mithilfe eines riesigen, gleichwohl an vielen Stellen durchlässigen Grenzsystems aus Mauern und Kastellen geschützt wurden, aber auch innerhalb der Provinzen gab es Bevölkerungsgruppen, die sich nicht oder nicht vollständig „integrieren" lassen wollten. Die Germanen östlich des Rheins und die Markomannen jenseits der Donau wollten ihre politische Unabhängigkeit verteidigen. Gleichwohl schätzten sie die Annehmlichkeiten römischer Kultur und den Wohlstand, der damit verbunden war. Nicht zuletzt wegen dieses Wohlstands sollten sie in der Folge immer wieder die Grenze überschreiten, um daran teilzuhaben. Manche römischen Sitten wie das Weintrinken, Gegenstände wie silbernes Essgeschirr breiteten sich dennoch unter den Wohlhabenden weit ins germanische Gebiet aus. Wie ein Römer zu leben, galt als Statussymbol, selbst wenn man gegen diese anschließend in den Krieg zog.

Auch religiöse Gründe konnten den Wunsch nach Autonomie verstärken und zu Konflikten mit den Römern führen. Ein Beispiel ist der Jüdische Krieg in den Jahren 66–74. Solche Bestrebungen nach Unabhängigkeit wurden von den Römern mit brachialer Gewalt unterdrückt. Insbesondere für rechtliche und religiöse Eigenheiten war im Römischen Reich kein Platz.

Für die meisten Menschen innerhalb des römischen Machtbereichs scheinen die Vorteile einer Anpassung an die römische Lebensweise die Nachteile überwogen zu haben. Anders ist die Dauer der römischen Herrschaft über das Riesenreich nicht zu erklären.

Die Materialien ermöglichen Ihnen, Formen, Begründungen und Folgen der Politik der Romanisierung zu untersuchen und zu analysieren.

1 Erklären Sie den Einfluss römischer Militärsiedlungen auf das Leben in den neu eroberten bzw. angrenzenden Gebieten. (Q 1–Q 3)

2 Analysieren Sie arbeitsteilig die Materialien Q 4 bis Q 7 und arbeiten Sie heraus, welche Vorteile einer Übernahme römischer Lebensweise und einer Akzeptanz römischer Herrschaft genannt werden. Stellen Sie diese Vorteile anschließend in Ihrem Kurs zusammen.

3 Interpretieren Sie Q 8.

4 Formulieren Sie aufbauend auf Aufgabe 3 und 4 eine Erwiderung des Calgacus auf die Vorzüge der Romanisierung.

5 Stellen Sie die Rolle der Städte im Prozess der Romanisierung dar. (Q 9, Q 10, D 1, D 2)

6 Geben Sie Peter Benders Position in D 2 stichwortartig wieder und formulieren Sie eine Antwort aus Sicht eines römischen Sklaven.

7 Bewerten Sie zusammenfassend die Politik Roms gegenüber den besiegten Völkern (Materialien und VT): War die Romanisierung eine Erfolgsgeschichte?

Q 1

Über die Gallier

Der griechische Philosoph Poseidonios (135 v. Chr.–51 v. Chr.) stammte aus einer Stadt im heutigen Syrien und unternahm ausgedehnte Reisen, u. a. nach Spanien. Er schreibt über das Leben der Kelten:

Sie nehmen ihr Mahl auf Heu gelagert ein, an Holztischen, die sich wenig über den Erdboden erheben. Die Mahlzeit besteht aus wenig Brot und viel Fleisch, das in Wasser gekocht wie auch auf Kohlenfeuer und an Spießen gebraten wird. Die Speisen führen sie sauber zum Munde, aber wie Löwen, indem sie ganze Gliedmaßen aufheben und das Fleisch mit den Zähnen abnagen, was aber etwa schwer abzureißen ist, mit einem kleinen Messerchen abschneiden […].

Die Kelten fechten bisweilen auch beim Gelage Zweikämpfe aus. Sie kommen nämlich in Waffen zusammen, machen mit ihnen Phantomübungen und führen auch miteinander Scheingefechte auf. Manchmal kommt es da zu Verwundungen, und sind sie dadurch erst in Erregung versetzt, so geht es, wenn die Anwesenden sie nicht zurückhalten, auf Leben und Tod.

In der Schlacht treten sie oft aus der Reihe vor und fordern den Tüchtigsten unter den Feinden zum Zweikampf heraus, wobei sie vorher mit den Waffen rasseln und die Gegner einschüchtern. Stellt sich aber jemand zum Kampfe, so preisen sie die Großtaten ihrer Vorfahren, reden von ihren eigenen Leistungen, schmähen den Entgegentretenden, setzen ihn herab und suchen ihm überhaupt im voraus durch ihre Reden den Mut der Seele zu nehmen. Den gefallenen Feinden schneiden sie die Köpfe ab und hängen sie an die Nacken ihrer Pferde. (…) Die Trophäen nageln sie daheim an ihr Haus, wie es die Jäger tun. […] Die Schädel der berühmten Feinde balsamierten sie aber ein und zeigten sie mit Stolz den Fremden.

Poseidonias. In: Geschichte in Quellen Bd. 1: Altertum, bearb. v. Walter Arend. 2. Aufl., Bayerischer Schulbuchverlag, München 1975, S. 597.

Q 2

Wandel in Germanien

Der griechische Historiker und römische Senator Cassius Dio (um 160 – nach 229 n. Chr.) schreibt:

Die Römer hatten gewisse Teile [Germaniens] in Besitz, nicht zusammenhängende Gebiete, sondern nur solche Bezirke, wie sie gerade unterworfen worden waren. […] Römische Soldaten lagen dort in den Winterquartieren, und man begann eben mit der Anlage von Städten. Die Barbaren selbst paßten sich den neuen Sitten an, gewöhnten sich an die Abhaltung von Märkten und trafen sich zu friedlichen Zusammenkünften. Doch hatten sie noch nicht ihre alten Gewohnheiten, ihre angeborenen Sitten, ihr früheres ungebundenes Leben und die Macht vergessen, wie sie vom Waffenbesitz kommt. Daher fühlten sie sich, solange sie diese Sitten nur allmählich und sozusagen nebenher unter genauer Überwachung verlernten, weder durch den Wandel in ihrer Lebensart gestört, noch merkten sie, wie sie andere wurden. Als jedoch Quintilius Varus Statthalter der Provinz Germanien wurde und in Wahrnehmung seines Amtes sich auch mit den Angelegenheiten dieser Volksstämme befaßte, da drängte er darauf, die Menschen rascher umzustellen, und erteilte ihnen nicht nur Befehle, als wenn sie tatsächlich römische Sklaven wären, sondern trieb sogar von ihnen wie von Unterworfenen Steuern ein. Eine derartige Behandlung aber wollten sie sich nicht gefallen lassen, die Fürsten verlangten vielmehr nach ihrer früheren Machtstellung, die Massen aber gaben der gewohnten Ordnung den Vorzug vor der Fremdherrschaft. […] Sie empörten sich indes nicht in aller Offenheit, da sie sahen, daß viele Truppen am Rhein, viele aber auch in ihrem eigenen Lande standen. Stattdessen nahmen sie Varus bei sich auf, taten so, als wollten sie alle ihnen erteilten Befehle ausführen, und lockten ihn auf diese Weise weit vom Rhein weg, ins Cheruskerland und bis an die Weser.

Cassius Dio: Römische Geschichte. Bd. IV, übers. von Otto Veh, Artemis, Zürich/Düsseldorf 1986, S. 262 f.

Q 4

Rede auf Rom

In Anwesenheit des Kaisers Antoninus Pius hielt der aus der Provinz Mysien stammende Rhetor Aelius Aristides (117–181 n. Chr.) im Jahre 155 in Rom eine Rede:

[...] 29. Obwohl euer Reich so groß und umfassend ist, ist es noch weit größer durch seine vollendete Ordnung als durch Ausdehnung seines Gebietes. [...]

30. Für alle ist überall eure Herrschaft gleich. Diejenigen, welche in den Bergen leben, sind noch friedlicher als die Bewohner der tiefsten Täler und leisten keinen Widerstand mehr, und die Menschen in den reichen Ebenen, sowohl die Kolonisten als auch die Bewohner des Landes, bestellen für euch das Feld. [...] alle zeigen sich ruhig und gehorsam, wie wenn nur ein einziges zusammenhängendes Land und ein Volk vorhanden wären. [...]

Die bei weitem größte Aufmerksamkeit und Bewunderung verdient jedoch die Erhabenheit eures Bürgerrechts und der Gesinnung, die ihr damit verbindet. Es gibt wohl nichts, was insgesamt damit verglichen werden könnte. Ihr habt nämlich sämtliche Untertanen eures Reiches – wenn ich das sage, habe ich den ganzen Erdkreis gemeint – in zwei Gruppen eingeteilt und überall die Gebildeten, Edlen und Mächtigen zu Bürgern gemacht oder auch ganz und gar zu euren Verwandten, die übrigen Reichsbewohner gelten euch als Untertanen und Beherrschte.

Weder das Meer noch eine Ländermasse bilden ein Hindernis, römischer Bürger zu sein, [...]. Allen stehen alle Wege offen. Keiner ist ein Fremder, der sich eines Amtes oder einer Vertrauensstellung würdig erzeigt, im Gegenteil, auf der Welt hat sich unter einem Mann, dem besten Herrscher und Lenker, eine allgemeine Demokratie herausgebildet. Alle strömen wie auf einem Markt zusammen, ein jeder, das zu erlangen, was ihm gebührt. [...]

63. Ihr habt die Menschen in Römer und Nichtrömer eingeteilt und den Namen der Stadt so weit ausgedehnt. Aufgrund einer solchen Einteilung der Menschen gibt es in jeder Stadt viele Bürger eures Namens; ihre Zahl ist nicht geringer als die der Bürger des eigenen Stammes, obgleich manche von ihnen Rom noch nicht gesehen haben. Es bedarf keiner Besatzungen, welche die befestigten Plätze innehaben; denn die angesehensten und mächtigsten Männer überwachen überall in eurem Interesse die eigene Vaterstadt, und so

Q 3

Militärdiplom für einen keltischstämmigen Angehörigen der Auxiliar (= Hilfs)truppen aus Weißenburg in Rätien, 107 n. Chr.

Text: „Der Imperator Caesar, Sohn des göttlichen Nerva, Nerva Traianus Augustus Germanicus Dacius, Pontifex Maximus mit tribunizischer Gewalt zum elften Mal, Imperator zum sechsten Mal, Konsul zum fünften Mal, Vater des Vaterlandes, hat den unten namentlich aufgeführten Reitern und Fußsoldaten [...], die in Rätien unter dem (Procurator) Tiberius Iulius Aquilinus Militärdienst geleistet haben, nach 25 oder mehr Dienstjahren unter ehrenvoller Entlassung denen, deren Namen unten aufgeführt sind, ihren Kindern und deren Nachkommen das Bürgerrecht verliehen und das Recht zur Ehe mit den Frauen, die sie bei Verleihung des Bürgerrechtes hatten."

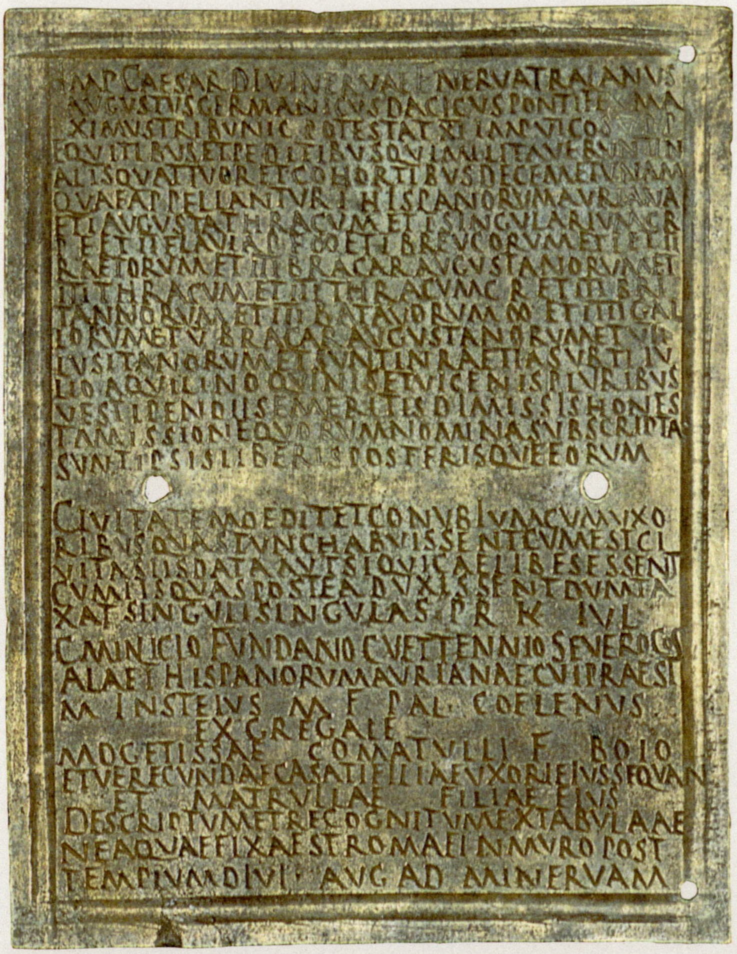

habt ihr die Städte in doppelter Weise in Besitz, einmal von hier aus und jeweils durch die Bürger.

64. Neid tritt nicht auf in eurem Reich; denn ihr habt selbst damit angefangen, den Neid auszuschalten, da ihr alles allen zugänglich gemacht und es den mächtigen Männern (in den Provinzen) erlaubt habt, weniger beherrscht zu werden als abwechselnd selbst zu herrschen. […]

65. So sind die Städte frei von Besatzungen; Kohorten und Reiterabteilungen genügen zur Beaufsichtigung ganzer Provinzen, und nicht einmal jene sind in größerer Menge auf die Städte der einzelnen Stämme verteilt, sondern sie leben entsprechend der übrigen Bevölkerung verstreut im Land, so dass viele der Provinzen gar nicht wissen, wo ihre Besatzung steht. Wenn aber irgendwo eine Stadt wegen ihrer übermäßigen Größe aus eigener Kraft die Ordnung nicht aufrechterhalten konnte, so habt ihr auch dieser die Leute, die sie regieren und schützen sollen, nicht vorenthalten. Alle in früheren Zeiten, auch diejenigen, welche einen sehr großen Teil der Erde beherrschten, herrschten (gleichwie über nackte Körper) lediglich über die Völker, ihr aber habt das ganze Reich angefüllt mit Städten und Kostbarkeiten.

66. Wann gab es denn so viele Städte im Binnenland und am Meer, oder wann wurden sie so mit allem ausgerüstet? Wer reiste früher jemals so, dass er die Städte nach Tagen zählte und bisweilen am gleichen Tag zwei oder drei durcheilte wie Straßen einer Stadt? Daher stehen die früheren nicht nur in der Gesamtausdehnung ihrer Herrschaft so sehr hinter euch zurück, sondern auch darin, dass sie dort, wo sie über die gleichen Völker herrschten wie ihr heute, diesen allen nicht gleiche oder ähnliche Rechte verliehen. Jetzt aber ist es möglich, jedem Volk von damals eine Stadt entgegenzustellen, die in demselben Gebiet liegt. Daher können wir sagen, dass jene gleichsam Könige über leeres Land und feste Burgen waren, während ihr allein Herrscher über Städte seid. […]

67. Nun blühen alle Städte der Griechen unter eurer Führung auf […].

93. Die Küsten des Meeres und das Binnenland sind reich besetzt mit Städten, die teils neu gegründet, teils von euch gefördert wurden. […]

94. Wie bei einem Festtag hat der ganze Erdkreis sein altes Gewand, das Eisen abgelegt und sich dem Schmuck und sämtlichen Freuden zugewandt, um sie zu genießen. Jeder andere Streit ist den Städten fremd geworden, sie alle beherrscht nur dieser eine Ehrgeiz, dass jede von ihnen möglichst schön und einladend erscheine. Überall gibt es Gymnasien, Brunnen, Vorhallen, Tempel, Werkstätten und Schulen. Mit einem klugen Vergleich könnte man sagen, dass der am Anfang gleichsam kranke Erdkreis gesund geworden ist. […]

97. Städte strahlen nun in Glanz und Anmut, und die ganze Erde ist wie ein paradiesischer Garten geschmückt. Rauchwolken aus den Ebenen und Feuersignale von Freund und Feind sind verschwunden, als hätte sie ein Wind davongetragen, jenseits von Land und Meer. An ihre Stelle sind anmutige Schauspiele aller Art und Wettkämpfe in unbegrenzter Zahl getreten. So hören die Festversammlungen gleich wie ein heiliges, nie erlöschendes Feuer nicht mehr auf, sie gehen bald zu diesen, bald zu jenen, und ständig wird irgendwo gefeiert, denn allen geht es so, dass dies zu Recht geschieht. Daher verdienen allein diejenigen Mitleid, die außerhalb eures Reiches wohnen, wenn es irgendwo noch welche gibt, weil sie von solchen Wohltaten ausgeschlossen sind.

Aelius Aristides: Rede auf Rom. In: Richard Klein: Die Romrede des Aelius Aristides. Wissenschaftliche Buchgesellschaft, Darmstadt 1983, ohne Seitenzahl.

Q 5

Aufforderung an die Besiegten

In einer Rede, die der römische Gelehrte und Senator Publius Cornelius Tacitus (um 56–120 n. Chr.) dem römischen Feldherrn Cerialis in den Mund legte, führte dieser gegenüber den besiegten keltischen Treverern die Beweggründe und Vorteile der römischen Herrschaftspolitik vor Augen:

(2) Euer Land und das der übrigen Gallier haben römische Feldherrn und Imperatoren betreten, nicht aus Eigennutz, sondern auf Hilfegesuch eurer Vorfahren, die innerer Hader bis an den Rand des Untergangs trieb, während die zu Hilfe gerufenen Germanen ihren Bundesgenossen so, als wären sie Feinde, das Joch der Knechtschaft auferlegt hatten. […] Und nicht deshalb haben wir den Rhein besetzt, um Italien zu schützen, sondern damit kein zweiter Ariovist [Fürst der germanischen Sueben] die Zwingherrschaft über Gallien an sich reiße. […] Die Germanen haben immer die gleiche Ursache, nach Gallien herüberzukommen: Willkür, Habsucht und Lust, ihre Wohnsitze zu wechseln, um ihre Sümpfe und Einöden zu verlassen und diesen so fruchtbaren Boden und damit euch selbst in Besitz zu nehmen: allerdings, Freiheit und andere prächtige Namen dienen als Vorwand: denn noch nie hat jemand anderer Völker Knechtung und Herrschaft für sich angestrebt, ohne gerade jene Worte zu gebrauchen.

74 (1) Zwingherrschaften und Kriege hat es in Gallien immer gegeben, bis ihr unserer Rechtsordnung beigetreten seid; wir haben, obgleich so oft herausgefordert, euch nach Siegesrecht nur das auferlegt, womit wir den Frieden schützen können; denn Ruhe unter den Völkern kann man nicht ohne Waffen haben, Waffen nicht ohne Sold, Sold nicht ohne Tribute; alles übrige habt ihr mit uns gemeinsam. Ihr selbst kommandiert in vielen Fällen unsere Legionen, ihr selbst verwaltet diese und andere Provinzen; nichts ist euch vorenthalten oder versperrt. […]

(3) Denn sollten, was die Götter verhindern mögen, die Römer aus dem Land getrieben werden, was wird dann anderes entstehen als Kriege aller Völker gegeneinander? Im Laufe von achthundert Jahren haben Glück und Manneszucht dieses Staatsgefüge errichtet, das nicht zerstört werden kann ohne Verderben der Zerstörer; aber euch droht die größte Gefahr, die ihr Gold und Reichtum besitzt: die wichtigsten Kriegsgründe. (4) Daher liebt und ehrt den Frieden und die Stadt, an der wir, Besiegte und Sieger, gleichen Rechtsanteil haben.

P. Cornelius Tacitus: Historien. Übersetzt und hrsg. von Helmuth Vretska. Reclam, Stuttgart 1984, S. 573, 575.

Q 6

Vorteile römischer Herrschaft

Der griechische Geograf Strabon (ca. 60 v. Chr.–25 n. Chr.) über das Schicksal des spanischen Lusitanien:

Obgleich aber das Land mit Feldfrüchten und Herden Vieh gesegnet und sein Reichtum an Gold, Silber und ähnlichen Erzeugnissen groß ist, so beharrten doch die meisten jener Völker, das Leben von Landbauern verschmähend, beim Raubhandwerk und in beständigem Kriege sowohl untereinander als mit ihren Grenznachbarn, indem sie den Tagus überschritten, bis die Römer sie zur Ruhe brachten, welche die meisten ihrer Städte demütigten und in Dörfer verwandelten, einige aber auch durch Kolonisten besser bevölkerten, […] Die Turdetaner und besonders die um den Baetis [= Guadalquivir] herum Wohnenden haben ihre Lebensweise völlig in die römische verwandelt und selbst ihre eigene Sprache vergessen. Die meisten sind latinische Bürger [eine Vorstufe des römischen Bürgerrechts] geworden und haben römische Ansiedler erhalten, so dass nur wenig fehlt, dass alle Römer sind.

Strabon. In: Hans Volkmann: Die römische Provinzialverwaltung der Kaiserzeit im Spiegel des Kolonialismus. Gymnasium 68 (1961), S. 395–409.

Q 7

Leistungen eines Statthalters

In der von Tacitus verfassten Biografie seines Schwiegervaters Agricola, des römischen Statthalters in Britannien von 77 v. Chr.–4 n. Chr., heißt es über dessen Politik gegenüber den unterworfenen Britanniern:

Denn damit sich die zerstreut lebenden, unzivilisierten und deshalb leicht zu kriegerischen Unternehmungen neigenden Menschen durch Annehmlichkeiten an Frieden und Ruhe gewöhnten, ermahnte er sie persönlich und half ihnen mit öffentlichen Mitteln, Tempel, Marktplätze und Häuser zu errichten; dabei lobte er die Willigen und tadelte die Zögernden. So stellte sich Ehrgeiz statt Zwang ein. Des weiteren ließ er die Söhne der führenden Männer in den freien Künsten erziehen; dabei schätzte er die Begabung der Britannier mehr als den Lerneifer der Gallier. Das hatte zur Folge, daß die Menschen, die gerade noch nichts von der römischen Sprache wissen wollten, nunmehr dringend nach Beredsamkeit verlangten. Bald galt es sogar als vornehm, sich ein Aussehen wie das unsre zu geben, und man trug häufig die Toga; allmählich verfiel man auch verlockenden Lastern, wie sie Säulenhallen, Bäder und erlesene Gastmähler bieten. Und das nannten die Unerfahrenen Kultur, wo es doch nur ein Stück Knechtschaft war.

P. Cornelius Tacitus: Agricola/Germania. Hrsg., übersetzt und erläutert von Alfons Städele. Artemis & Winkler, München/Zürich 1991, S. 37, 39.

Q 8

Die Räuber der Welt

Der britannische Fürst Calgacus hält vor der Schlacht gegen die Römer am Mons Graupius (83 oder 84 n. Chr.) eine von Tacitus überlieferte Rede an seine Soldaten:

Uns, die wir die abgelegensten Gebiete der Erde bewohnen und damit die letzten freien Menschen sind, hat gerade unsere Abgeschiedenheit und die schützende Hülle des Gerüchts bis auf den heutigen Tag verteidigt. Jetzt ist das Ende Britanniens zugänglich, und alles Unbekannte gilt als großartig; aber es gibt kein Volk mehr hinter uns, nur Fluten und Klippen, und noch feindseliger sind die Römer, deren Hochmut man durch Unterwürfigkeit und fügsames Verhalten vergeblich zu entgehen glaubt. Die Räuber der Welt durchsuchen nun, nachdem ihnen bei ihren alles verheerenden Zügen die Länder ausgegangen sind, das Meer. Ist ein Feind reich, sind sie habsüchtig, ist er arm, verlangen sie nach Ruhm, und weder Orient noch Okzident kann ihren Machthunger stillen. Als einzige von allen stürzen sie sich auf Wohlstand und Not in gleicher Gier. Wegschleppen, morden, rauben nennen sie mit falschem Namen Herrschaft, und wo sie eine Einöde schaffen, sprechen sie von Frieden.

Kinder und Angehörige sind von Natur aus einem jeden das Liebste; sie werden uns durch Aushebungen weggenommmen, um anderswo als Sklaven zu dienen. Frauen und Schwestern werden, selbst wenn sie der Begierde der Feinde entgangen sind, unter dem Vorwand, man sei Freund und Gast, geschändet. Unser Hab und Gut wird für Abgaben, die Ackererträge für Getreidelieferungen, unsere Leiber schließlich und unsere Arbeitskraft beim Anlegen von Wegen durch Wälder und Sümpfe unter Schlägen und Beschimpfungen aufgezehrt. Zur Knechtschaft geborene Sklaven werden einmal verkauft und dann von ihren Herren selbst ernährt: Britannien dagegen kauft seine Knechtschaft täglich, ernährt sie täglich.

P. Cornelius Tacitus: Agricola/Germania. Hrsg., übersetzt und erläutert von Alfons Städele. Artemis & Winkler, München/Zürich 1991, S. 37, 39.

Q 9

Über Massilia

Strabon berichtet über Massilia, das heutige Marseilles:

Massilia ist eine Gründung der Phokäer. [...] Hafen wie Stadt sind gut befestigt, die Stadt besitzt eine beträchtliche Größe. [...] Sie besitzen ein Landgebiet, das mit Ölbäumen bepflanzt ist und Weinstöcke trägt, aber ungeeignet ist für Getreide infolge seines felsigen Bodens; so vertrauten sie mehr dem Meere als dem Lande. [...] Es gibt dort Schiffswerften und ein Waffenarsenal; auf Grund ihres früheren Überflusses an Schiffen und Waffen und dem für Seefahrt und Belagerungen erforderlichen Gerät konnten sie sich gegen die Barbaren halten und machten sich auch die Römer zu Freunden. [...] Aber da sie sich bei dem Bürgerkrieg des Pompeius gegen Caesar der unterlegenen Partei angeschlossen hatten, verloren sie den größten Teil ihres [einstigen] Wohlstandes. [...] Da aber jeweils die nördlich von ihnen wohnenden Barbaren befriedet werden und sich nunmehr vom Kriegshandwerk dem Leben in Gemeinden und dem Ackerbau zuwenden infolge der römischen Herrschaft, verwenden auch sie nicht mehr solchen Eifer auf die obengenannten Ziele. Das wird klar an ihrer heutigen Lebensform. Alle Gebildeten legen sich auf das Reden und Philosophieren, so daß die Stadt bis vor kurzem Erziehungsstätte für die Barbaren war und die Kelten zu Freunden der hellenischen Kultur machte – verwenden sie doch auch die hellenische Schrift im Handelsverkehr –, und heute hat Massilia auch die vornehmsten Römer dazu gebracht, statt der weiten Reise nach Athen dorthin ihrer Studien wegen zu gehen. Und die Gallier, die in Frieden leben, schauen auf sie und richten ihr friedliches Leben nach diesem Beispiele aus, nicht bloß einzelne, nein ganze Gemeinden. Wenigstens nehmen sie Sophisten wie auch Ärzte bei sich auf und bezahlen sie teils privat, teils auch aus gemeinsamem Aufwand der Städte.

Strabon. In: Geschichte in Quellen. Bd. 1: Altertum, bearb. v. Walter Arend. 2. Aufl., bsv, München 1975, S. 597 f.

Q 10

Über den Bau von Städten

Strabon beschreibt die Unterschiede zwischen griechischen und römischen Städten:

Während die Hellenen es bei der Gründung von Städten besonders auf Schönheit, Festigkeit, Häfen und fruchtbares Land abgesehen hatten und damit ihr Ziel erreicht zu haben glaubten, achteten die Römer vor allem auf das, worum sich jene wenig kümmerten: Pflasterung der Straßen, Zuführung von Wasser, unterirdische Kanäle, geeignet, den Unrat der Stadt in den Tiber zu spülen. Sie pflasterten auch die Landstraßen, wobei sie außerdem Erhöhungen abtrugen und Niederungen ausfüllten, um so die Frachten der Schiffe auf Lastwagen weiterbefördern zu können: ihre unterirdischen Kanäle, aus ineinanderpassenden Steinen gewölbt, gäben an manchen Stellen ganzen Heuwagen die Möglichkeit, durchzufahren. Die Wassermengen, die durch die Aquädukte in die Stadt geführt werden, sind so groß, daß ganze Flüsse durch die Stadt und die unterirdischen Kanäle strömen, daß nahezu jedes Haus Wasserbehälter und Wasserleitungen hat und reichlich sprudelnde Brunnen besitzt; darin sah

D 1

Rekonstruktion des römischen Arles (heutiges Frankreich) um das Jahr 150 n. Chr.

M. Agrippa seine wichtigste Aufgabe, der die Stadt auch sonst mit vielen Weihgeschenken geschmückt hat.

Strabon. In: Geschichte in Quellen. Bd. 1: Altertum, bearb. v. Walter Arend. 2. Aufl., bsv, München 1975, S. 594 f.

D 2

Der Kaiser und die Provinzialen

Der Historiker Eckhard Meyer-Zwiffelhoffer schreibt über das Verhältnis von römischer Führung und Provinzbevölkerung:

Das Römische Reich zeichnet sich vor anderen Imperien dadurch aus, dass es seine provinziale Peripherie im Laufe der Zeit vollständig integrierte und den Unterschied zwischen herrschender Gesellschaft und unterworfenen Gemeinwesen aufhob. Dabei entsprach der wachsenden Integration der Provinzialbevölkerung eine schleichende Entwertung des römischen Bürgerstatus in politischer wie rechtlicher Hinsicht. Möglich war diese Integration nämlich nur im Rahmen der Monarchie geworden, in der nun alle gleichermaßen Untertanen des Kaisers waren. Das Verhältnis von Herrschaft und Unterwerfung hatte sich dabei verändert: In republikanischer Zeit beherrschte der Senat mit Unterstützung des keineswegs unterworfenen populus Romanus die peregrinen [von Rom aus gesehen fremden] Gemeinwesen der Mittelmeerwelt. In den ersten beiden Jahrhunderten der Kaiserzeit regierte der Kaiser über seine römischen Untertanen, mit denen gemeinsam er die peregrine Provinzialbevölkerung dominierte. Seit dem 3. Jh. gebot der Kaiser dann über einen politisch, aber nicht sozial homogenen Untertanenverband römischer Bürger. […]

Die Herrschaft des Kaisers beruhte darauf, dass er von den maßgeblichen Gruppen seiner Untertanen anerkannt wurde: Dies waren die Soldaten, der Senat, die hauptstädtische plebs (stellvertretend für den populus Romanus) und die Provinzialen. Die politischen Beziehungen, die er mit diesen Gruppen unterhielt, waren Patronageverhältnisse. Als oberster Patron des Reiches musste er auf die Wünsche seiner „Klienten“ eingehen, um ihre Zustimmung zu seiner Herrschaft zu gewinnen. Man erwartete vom Kaiser das, was er reichsweit auf den Münzen und über andere Medien verkünden ließ: liberalitas, indulgentia, dementia, iustitia und andere Formen des Herrschaftshandelns, die in der Lage waren, bei seinen Untertanen Loyalität und Zuneigung zu erzeugen. Diese intensive Kommunikation des Kaisers und seiner Stellvertreter mit den verschiedenen Gruppen der Reichsbevölkerung, selbst deren untersten Klassen, war auch die Grundlage für die erhebliche soziale Mobilität und Durchlässigkeit, die die stark hierarchisch stratifizierte, kaiserzeitliche römische Gesellschaft auszeichnete und ihr zugleich Stabilität und Flexibilität verlieh. Der soziale Aufstieg auch von Provinzialen war ein Ergebnis des römischen Patronagesystems. Diese intensive Kommunikation wurde noch durch alle Formen der Kaiserverehrung verstärkt, die das städtische Leben auf den Herrscher in Rom ausrichteten, der dadurch im Reich allgegenwärtig schien.

Rom setzte nicht nur auf die Kooperation der kolonialen Eliten, sondern formte diese nach seinen eigenen Vorstellungen. Dem diente die reichsweite Schaffung städtischer Selbstverwaltungseinheiten […]. Diese (Selbst-) Romanisierung brachte eine reichsweit ziemlich homogene Führungsschicht hervor […].

Eckhard Meyer-Zwiffelhoffer: Imperium Romanum. Geschichte der römischen Provinzen. 2. Aufl., C.H. Beck, München 2017, S. 117–119.

D 3

Fluch oder Segen?

Der deutsche Historiker und Journalist Peter Bender (1923–2008) schreibt über die 200 Jahre nach Augustus:

Pompeius und Caesar waren Imperialisten, was nicht heißt, dass sie schon ein Imperium planten, vielleicht in Ansätzen. Erst Augustus erfasste Roms Herrschaftsgebiet als ein Ganzes, das eine Ordnung, eine Rechtfertigung und eine Form, also Grenzen, haben musste. […] Durch bittere Erfahrungen hatte er die Gefahr aller Großreiche erkannt: Unbegrenzte Ausdehnung führt zur Überdehnung, die militärischen, menschlichen und finanziellen Kräfte reichen nicht mehr. Wenn man von dem Eroberer Trajan absieht, der hundert Jahre später dem Alexander-Traum eines Reiches bis nach Persien und Indien nicht widerstand und daran scheiterte, hat sich das Imperium Romanum im Wesentlichen in den Grenzen gehalten, die Augustus gezogen hat. Polybios fragte gegen Ende seines Lebens, ob Roms Herrschaft ein Fluch oder ein Segen für die Menschheit sei. Es war beides, zuerst ein Fluch und dann ein Segen. Auf zweihundert Jahre Unterwerfung und Unterdrückung folgten mehr als zwei Jahrhunderte fast ungestörten Gedeihens. Das erste und noch mehr das zweite Jahrhundert gehören zu den glücklichsten Epochen der Weltgeschichte. Das Römische Reich, das zum Mythos bis in die Gegenwart wurde, entstand in einem zwiefachen Prozess: Der Unterschied zwischen dem Herrschaftsland Italien und den untertänigen Provinzen ebnete sich allmählich ein, im Jahr 212 waren beinahe alle Bewohner des Reiches Römer. Parallel zur Verbreitung des Bürgerrechts vollzog sich der zweite Prozess, die Urbanisierung und Latinisierung aller Teile des Reiches, die nicht schon griechisch urbanisiert waren. Städtische Lebensform und lateinische Sprache schufen die hohe einheitliche Zivilisation, die wir in den archäologischen Resten rund um das westliche Mittelmeer finden. Nicht mehr die Legionen hielten dieses Imperium zusammen, sie schützten es nur noch nach außen; Kultur im weitesten Sinn begründete ein Reich, das nicht zuletzt deshalb zugrunde ging, weil alle, die außerhalb seiner Grenzen lebten, daran teilhaben wollten.

Peter Bender: Weltmacht Amerika. Das neue Rom. Klett-Cotta, Stuttgart 2003, S. 249 f.

Wer hat die Macht im Kaiserreich?

Augustus hatte die politische Ordnung des Römischen Reiches grundlegend verändert und das Prinzipat errichtet. Wie entwickelte sich dieses unter seinen Nachfolgern? Auf welche Kräfte stützen die nachfolgenden Kaiser ihre Macht?

Anhand des Verfassertextes können Sie erarbeiten, wie nach Augustus die Nachfolge im Prinzipat geregelt wurde, und welche Machtfaktoren hierbei eine Rolle spielten.

1 Verfassen Sie arbeitsteilig Kurzbiografien über die Kaiser des 1. Jahrhunderts n. Chr. (D 1) und legen Sie einen Schwerpunkt auf die jeweilige Nachfolgeregelung.
2 Erstellen Sie eine Grafik mit dem Titel „Die Grundlagen der Kaiserlichen Macht im 1. Jahrhundert".
3 Diskutieren Sie die Frage „(Wann) Ist Tyrannenmord zulässig?"

Wer bestimmt den neuen Kaiser?

Für Augustus hatte es zunächst gegolten, das Prinzipat durch geschicktes Auftreten gegenüber dem Senat und durch eine enge Verbindung mit dem Militär zu sichern. Da Augustus keinen eigenen Sohn hatte, versuchte er, durch Adoption eine eigene Dynastie zu begründen und so Machtkämpfe nach seinem Tod zu verhindern. Mit seinem adoptierten Stiefsohn Tiberius (Kaiser 14–37 n. Chr.) gelang dies vorerst. Princeps und Senat handelten wie unter Augustus meist eng abgestimmt. Spannungen innerhalb der herrschenden Dynastie sowie Prozesse wegen Majestätsbeleidigung gegen Angehörige der Führungsschicht, die die Autorität des Princeps nach Tiberius' Auffassung nicht ausreichend anerkannten, belasteten jedoch zunehmend die innere Politik.

Tiberius' Nachfolger Caligula (37–41 n. Chr.) und Nero (54–68 n. Chr.) versuchten den Einfluss des Senats im Sinne einer absoluten Herrschaft zurückzudrängen. Dabei gingen sie skrupellos gegen tatsächliche oder vermeintliche Gegner vor. Beide wurden von aufständischen Truppen ermordet bzw. zur Selbsttötung gezwungen. Bereits fünfzig Jahre nach dem Tod des Augustus schien sein Werk aufgrund der Unfähigkeit der Nachfolger wieder zu zerfallen. Nichts konnte dies deutlicher ausdrücken als die Tatsache, dass, wie in der Spätzeit der Republik im Jahr 68, vier Truppenkommandeure um die kaiserliche Macht kämpften: Galba, Vitellius, Otho und Vespasian. Um grundsätzliche Fragen der politischen Ordnung ging es dabei nicht; die Ideologie des Prinzipats hatte sich insofern ungeachtet der damit verbundenen politischen Probleme bereits vollständig durchgesetzt.

Kaiser, Senat und Armee

Aus den blutigen Kämpfen ging schließlich Vespasian als Sieger hervor. Dieser verfolgte nicht nur von Anfang an eine gezielt dynastische Politik, indem er seine Söhne Titus und Domitian zu Nachfolgern erklärte. Er war von Anfang an auch bestrebt, das Verhältnis zum Senat in geordnete Bahnen zu bringen. Die lex de imperio Vespasiani schrieb die Vollmachten des Kaisers dann auch ausdrücklich fest. Der Umfang der Vollmachten war nicht neu; bemerkenswert ist jedoch, dass Vespasian sich bemühte, das Reich wieder im Zusammenspiel mit dem Senat zu stabilisieren sowie die Verwaltung und die Finanzen zu ordnen. Dabei stellte er sich ausdrücklich in die Tradition des Augustus.

Grundlagen der Macht

Das Vierkaiserjahr zeigte, dass das Heer neben der für ein Weltreich eher kleinen Verwaltung eine zentrale Stütze kaiserlicher Macht war. Nur ein Kaiser, der die Wünsche seiner Soldaten befriedigte, konnte sich an der Macht halten. Monarch und Heer befanden sich dabei in gegenseitiger Abhängigkeit. Der Fahneneid, der jährlich erneuert wurde, Herrscherbilder in den Lagern der Legionen, die Darstellung des Monarchen zusammen mit Legionären auf Münzen, Altäre und andere Objekte des Kaiserkultes erinnerten die Soldaten ständig daran, wem gegenüber sie sich loyal zu verhalten hatten. Im Gegenzug erwarteten sie jedoch regelmäßige Entlohnung, Anteile an Kriegsbeute, sowie eine ausreichende Versorgung ihrer selbst und ihrer Familien nach Ende der Dienstzeit.

Senatoren, Ritter und Munizipalaristokratie

Eine effektive und erfolgreiche Herrschaft war trotz eines starken Heeres ohne die Unterstützung wichtiger gesellschaftlicher Gruppen nicht möglich. Zu diesen Stützen gehörten in der Kaiserzeit zunächst die Ritter, die eigentlich der zweite Stand nach den Senatoren waren. In Heer und Verwaltung besetzten sie im ersten Jahrhundert allerdings die meisten führenden Ämter. Sie waren dem Kaiser daher besonders loyal ergeben. Von großer Bedeutung waren auch die führenden Schichten in den Städten des Reiches – die Munizipalaristokratie. Diese Gruppe war sozial inhomogen, da verschiedene lokale Gegebenheiten eine Rolle spielten. Sie war entscheidend für die Verwaltungspraxis in den nichtitalischen Regionen des Reiches.

Auch wenn die politische Macht der Senatoren im Kaiserreich durch die zunehmende Ausrichtung auf den Kaiser, der ihnen lukrative Ämter und öffentliche Ehren verlieh, stetig abnahm, gehörten die 600 Angehörigen dieses Standes mit ihren Familien auch im ersten und zweiten Jahrhundert n. Chr. zu den führenden Schichten des Reiches. Aufgrund der Verluste in den Bürgerkriegen und z.T. gezielten Verfolgungen unter Caligula und Nero nahm die Zahl der Senatoren aus den alten Familien der Republik zwar stetig ab. Dafür entwickelte sich dieser Stand aufgrund von Berufungen von Angehörigen der Provinzeliten zunehmend zu einer Art Reichsaristokratie, die mit ihrer Zusammensetzung die Größe des Reiches widerspiegelte.

Nicht zu vergessen ist auch die Bedeutung der Masse der Bevölkerung, zumal der in Rom: Deren Versorgung durch billige Lebensmittel und ihre Belustigung durch attraktive Spiele waren ein Faktor bei der Sicherung der Macht. Versagte der Kaiser hier, drohten gefährliche Unruhen. Nicht umsonst war Ägypten, der wichtigste Getreidelieferant, seit Beginn des Prinzipats eine kaiserliche Provinz, die Senatoren nicht betreten durften.

Von den „Adoptivkaisern" zu den „Soldatenkaisern"

Alle Hoffnungen Vespasians, mit seiner dynastischen Politik die innere Lage zu beruhigen, erwiesen sich als vergeblich. Bereits unter seinem jüngeren Sohn Domitian kam es zu Auseinandersetzungen mit dem Senat. Nach militärischen Misserfolgen verweigerte ihm zudem ein Teil des Heeres die Gefolgschaft. Nach seiner Ermordung und der kurzen Herrschaft eines vom Senat ausgewählten Kaisers, Nerva (96–98 n.Chr.), setzte sich das System der „Adoptivkaiser" durch. Der regierende Kaiser adoptierte den „Besten" aus dem Kreis seines jüngeren Führungspersonals und regelte so die Nachfolge. Unter Kaiser Trajan (98–117 n.Chr.) und seinen Nachfolgern erwies sich dieses Prinzip für mehr als ein Jahrhundert als erfolgreich. Im 3. Jahrhundert n. Chr. spitzte sich die Lage im Innern wie auch nach außen jedoch zu. Das Reich geriet in eine Krise, in der „Soldatenkaiser", die von einflussreichen Truppenkommandeuren ausgerufen wurden, in immer schnellerer Folge um die Macht rangen.

D 1

Grunddaten für das Imperium Romanum vom 1. bis zum 4. Jhdt. n. Chr.

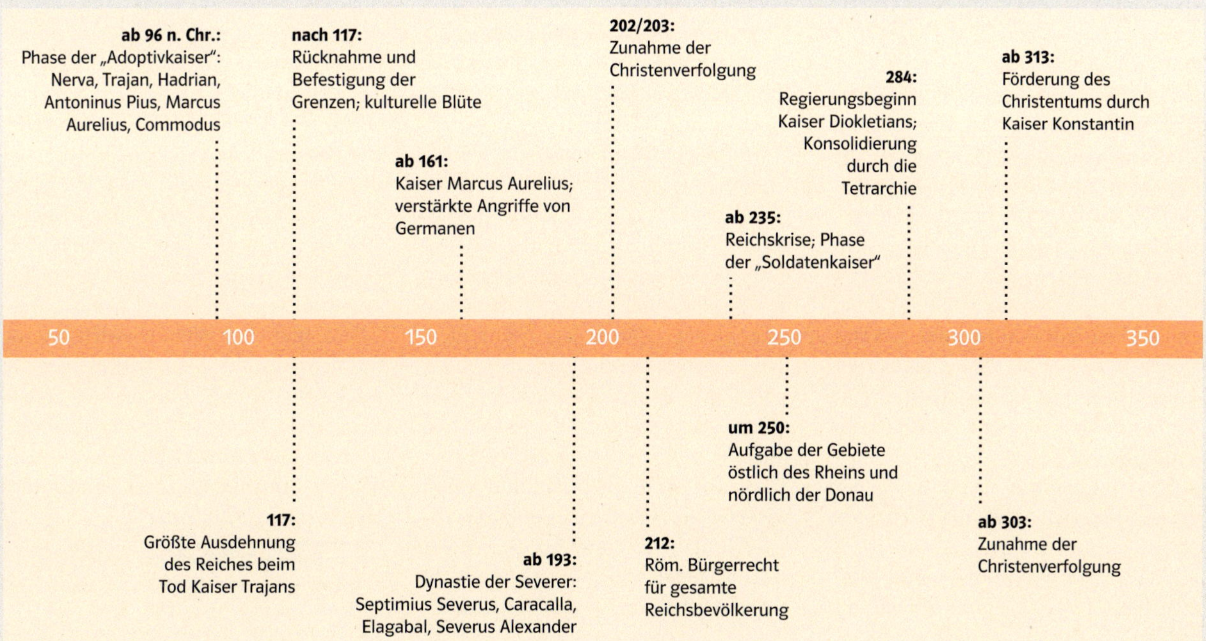

Die Materialien erlauben Ihnen, das Verhältnis zwischen dem Princeps, dem Senat und dem Heer in der 2. Hälfte des 1. Jahrhunderts n. Chr. zu beschreiben, zu analysieren und zu bewerten.

1 Fassen Sie die jeweiligen Texte mit eigenen Worten zusammen. (Q 1, Q 3–Q 4)
2 Geben Sie die wichtigen Argumente Galbas für die eigene Kandidatur wieder. (Q 1)
3 Vergleichen Sie die Bewertung Vespasians durch Cassius Dio und Sueton. (Q 3, Q 4)
4 Erarbeiten Sie ein Referat über das Kolosseum. (Q 2)
5 Interpretieren Sie den Beschluss des Senats für Vespasian. (Q 5)
6 Analysieren Sie Q 6 und verfassen Sie einen Beitrag darüber für einen Rom-Reiseführer.

Q 1

Den Besten adoptieren

Der Historiker und Senator Publius Cornelius Tacitus (um 58–120 n. Chr.) beschreibt in seinen „Historien" das Problem der Thronfolge nach der Ermordung Neros:

(2) Neros Ende war zwar im ersten Freudensturm glückverheißend gewesen, aber es hatte auch gegensätzliche Emotionen nicht nur in der Stadt bei Senatoren und Volk oder der Garnison von Rom hervorgerufen, sondern bei allen Legionen und Heereskommandanten; der Masse preisgegeben war ein Geheimnis der Herrschaft: daß man zum Prinzeps auch anderswo als in Rom gemacht werden könne. (3) Aber die Senatoren waren glücklich – sie bemächtigten sich der Freiheit allzu zügellos, verständlich bei einem neuen und noch abwesenden Kaiser. […]

12 (1) Wenige Tage nach dem 1. Januar kam aus Belgien ein Schreiben des Prokurators Pompeius Propinquus, die Legionen von Obergermanien hätten den Fahneneid gebrochen, forderten einen anderen Kaiser und überließen dem Senat und Volk von Rom die Entscheidung der Wahl, wodurch ihre Meuterei milder beurteilt werden sollte. (2) Das beschleunigte den Plan Galbas, der schon lange wegen einer Adoption mit sich und seinen engsten Vertrauten zu Rate ging. […]

(1) Galba faßte also Piso an der Hand und begann, wie man berichtet, folgendermaßen zu sprechen: „[…] Da ich aber nun mit Zustimmung der Götter und Menschen zur Herrschaft berufen worden bin, haben mich dein vortrefflicher Charakter und deine Vaterlandsliebe bewogen, den Prinzipat, um den unsere Vorfahren mit Waffengewalt kämpften, nunmehr, da ich selbst ihn in einem Krieg errungen habe, dir in Friedenszeiten anzutragen – nach dem Beispiel des Divus Augustus, der Marcellus, den Sohn seiner Schwester, dann seinen Schwiegersohn Agrippa, hierauf seine Enkel und schließlich seinen Stiefsohn Tiberius auf die nach ihm höchste Stufe der Würde erhoben hat. (2) Aber Augustus suchte in seinem eigenen Haus einen Nachfolger, ich im Gemeinwesen, nicht etwa, weil ich keine Verwandten oder Kriegskameraden hätte: vielmehr habe ich selbst die Herrschaft ohne persönlichen Ehrgeiz übernommen, und Beweis für mein klares Urteil sollen nicht nur meine verwandtschaftlichen Beziehungen sein, die ich deinetwegen zurückgestellt habe, sondern auch die deinen. […]

(1) Wenn der unermeßliche Reichsorganismus bestehen und sich im Gleichgewicht halten könnte ohne Regenten, wäre ich der Würdigste, mit dem die Republik (wieder) beginnen könnte. Nun aber ist es schon längst zu einer solchen Zwangslage gekommen, daß weder mein Alter dem römischen Volk mehr bieten könnte als einen guten Nachfolger, noch deine Jugend mehr als einen guten Herrscher. Unter Tiberius, Gaius und Claudius waren wir gewissermaßen einer einzigen Familie Erbgut: als Ersatz für die Freiheit wird es gelten, daß mit uns die Wahl eingesetzt hat; und nach dem Aussterben des Hauses der Julier und Claudier wird jeweils den Besten die Adoption herausfinden. (2) Denn Abstammung und Geburt Herrschern zu verdanken ist Zufall, und es wird auch nicht anders bewertet. Bei der Adoption ist das Urteil ungetrübt, und wenn man jemanden erwählen will, liegt der Beweis in der allgemeinen Zustimmung. Es stehe vor unseren Augen Nero: ihn, den die lange Reihe der Caesaren vor Stolz aufgebläht hatte, haben nicht Vindex[1] mit seiner waffenlosen Provinz oder ich mit einer einzigen Legion, sondern seine eigene Ungeheuerlichkeit, seine eigenen Ausschweifungen vom Nacken des Staates herabgeworfen – und es hatte bis dahin kein Beispiel der Verurteilung eines Herrschers gegeben. (3) Wir – durch Krieg und von Leuten mit Urteil berufen, werden, wenn auch noch so überragend, immer von Mißgunst begleitet sein. Nicht jedoch laß dich erschrecken, wenn zwei Legionen in dieser von Aufruhr geschüttelten Welt noch nicht zur Ruhe gekommen sind: Auch ich habe die Regierung nicht in ruhigen Zeiten angetreten, und wenn man von der Adoption gehört hat, werde ich nicht mehr als Greis betrachtet werden, was allein man mir jetzt vorwirft. Nero werden stets die übelsten Elemente zurückwünschen; du und ich, wir müssen vorsorgen, daß ihn nicht auch die Gutgesinnten zurückwünschen. (4) Für längere Ermahnungen ist dies nicht die Stunde, und erfüllt hat sich all mein

1 röm. Senator, Statthalter der Provinz Gallia Lugdunensis, erhob sich 68 n. Chr. gegen Nero

Planen, wenn ich dich zu Recht erwählt habe. Die brauchbarste und zugleich kürzeste Entscheidung zwischen Gut und Böse liegt darin, zu überlegen, was man selbst unter einem anderen Herrscher gebilligt oder abgelehnt hätte. Denn hier gibt es nicht wie bei Völkern, die von Königen regiert werden, ein bestimmtes Herrscherhaus und sonst nur Sklaven; nein, du wirst gebieten über Menschen, die weder die volle Knechtschaft ertragen können noch die volle Freiheit."

Publius Cornelius Tacitus: Historien. Übers. u. hrsg. v. Helmuth Vretska. Reclam, Stuttgart 1984, S. 11, 23, 27, 29, 31, 33.

Q 3

Ein einfacher Mann

Der Historiker Cassius Dio (um 163–229 n. Chr.) schreibt in seiner „Römischen Geschichte" über Vespasian:

Als er nun in Rom [nach Rückkehr aus Ägypten] eingetroffen war und die Soldaten ebenso wie das Volk beschenkt hatte, ließ er auch die Tempel und öffentlichen Bauwerke, die Schaden genommen hatten, wieder herstellen und die schon völlig zerstörten Anlagen erneut aufrichten. Und bei der Fertigstellung schrieb er darauf nicht seinen eigenen Namen, sondern den der ursprünglichen Erbauer. [...]

(3) Obwohl Vespasian jederzeit aufs großzügigste die für das allgemeine Wohl nötigen Ausgaben bemaß und die Feste sehr aufwendig ausrichtete, lebte er doch persönlich ganz bescheiden und beschränkte die Ausgaben auf das unbedingt Notwendige. [...]

Dadurch machte er ganz deutlich, dass er das Geld [die Steuern] nicht für persönliche Vergnügungen, sondern für die Bedürfnisse des Volkes ansammelte.

[...] Seine Lebensweise war folgendermaßen: Nur wenig wohnte er im Palast, verbrachte vielmehr die meiste Zeit in den sogenannten Gärten des Sallust, und dort empfing er jeden, der ihm seine Aufwartung machen wollte, nicht nur Senatoren, sondern auch, was es sonst an Leuten gab.

[...] Die Tore des Kaiserpalastes aber standen den ganzen Tag über offen, und keine Wache war dort aufgestellt. Er besuchte regelmäßig die Sitzungen des Senats, dessen Mitglieder er in sämtlichen Angelegenheiten zu Rate zog; wiederholt sprach er auch auf dem Forum Recht.

[...] Mit kurzen Worten, Vespasian wurde lediglich, was die Fürsorge für das allgemeine Beste anlangte, als Kaiser betrachtet, in allen anderen Dingen war er volksverbunden und lebte mit seinen Untertanen auf gleichem Fuß. Machte er doch Scherze wie ein einfacher Mann und ließ auch mit sich selber gern Scherz treiben; und jedes Mal, wenn er gegen ihn gerichtete anonyme Schmähschriften, wie es ja bei Kaisern gewöhnlich geschieht, angeschlagen fand, ließ er nur eine entsprechende Gegendarstellung veröffentlichen, ohne sich im Mindesten zu erregen.

Q 2

Zwischen 72 und 80 n. Chr. ließ Vespasian das Amphitheatrum Flavium errichten, das heute als „Kolosseum" bekannt ist. Nicht zufällig wählte er als Standort für diese öffentliche Einrichtung ein Stück Land mitten in Rom, das durch seinen Vorgänger Kaiser Nero privat angeeignet worden war.

14. Zu Titus, der sich über die Urinsteuer aufregte – ebenfalls eine der neuen Gebühren – meinte er, indem er einige daraus erlöste Goldstücke ergriff und seinem Sohn vorwies: ‚Sieh, liebes Kind, ob sie nach irgend etwas riechen!"

Cassius Dio: Römische Geschichte. Übers. v. Otto Veh. Bd. V, Artemis & Winkler, Düsseldorf 2007, S. 148–150, 155.

Q 4

Ein geldgieriger Kaiser

Der Schriftsteller und Beamte Gaius Suetonius Tranquillus (= Sueton) (um 70 – nach 122 n. Chr.) in seiner „De vita Caesarum" über Vespasian:

Das einzige, was man dem Kaiser mit Recht vorwerfen kann, ist Geldgier. Nicht genug, daß er die unter Galba aufgehobenen Abgaben wieder einführte, neue, sehr drückende hinzufügte und die Tribute der Provinzen erhöhte, bei einigen geradezu verdoppelte, trieb er auch sogar öffentlich Finanzgeschäfte, deren selbst ein Privatmann sich hätte schämen müssen. Denn er kaufte gewisse Waren bloß deshalb auf, um sie nachher einzeln mit großem Gewinn wieder weiter zu veräußern. […] Nach Ansicht einiger Leute ist diese große Habgier ein Naturfehler gewesen. […] Dagegen sind andere der Meinung, Vespasian sei bei dem ungeheuren Fehlbetrag im Staatsschatz und in der kaiserlichen Kasse notgedrungen zu seinen gewaltigen Eingriffen gezwungen worden. Er hat denn auch gleich beim Anfang seiner Regierung mit Bezug hierauf öffentlich erklärt: „Vierzig Milliarden Sestertien benötige ich, um den Staat vor dem Bankrott zu bewahren." Diese Ansicht von seinem Charakter dürfte wohl die richtigere sein, da er jedenfalls auch von den nicht ganz rechtmäßig erworbenen Geldmitteln den besten Gebrauch gemacht hat. […]

Gaius Suetonius Tranquillus, zit. nach Walter Arend: Geschichte in Quellen Bd. 1: Altertum. Bayerischer Schulbuchverlag, München 1975, S. 639, Übers.: M. Heinemann.

Q 5

Lex de imperio Vespasiani

Mit diesem Gesetz wurden Vespasian 70 n. Chr. offiziell alle Vollmachten als Princeps verliehen:

1. daß es ihm erlaubt sein solle, Verträge zu schließen, mit wem er wolle, so wie es dem vergöttlichten Aug(ustus), dem Ti(berius) Iulius Caesar Aug(ustus) und Tiberius Claudius Caesar Aug(ustus) Germanicus erlaubt war;

2. daß es ihm erlaubt sein solle, eine Senatssitzung abzuhalten, einen Antrag zu stellen und Anträge zurückzuweisen, Senatsbeschlüsse durch Antrag und Abstimmung zu erhalten, so wie es dem vergöttlichten Aug(ustus), dem Ti(berius) Iulius Caesar Aug(ustus) und Tiberius Claudius Caesar Aug(ustus) Germanicus erlaubt war;

3. daß, wenn auf seinen Willen oder seine Ermächtigung oder seinen Befehl hin oder in seinem Auftrag oder in seiner Gegenwart eine Senatssitzung abgehalten wird, deren Beschluß in allen Dingen ebenso als Recht angesehen und eingehalten wird, wie wenn die Senatssitzung gemäß dem Gesetz einberufen und gehalten würde;

4. daß die Personen, die sich um ein Amt oder eine zivile oder militärische Amtsgewalt oder die Verwaltung eines Bereiches bewerben und die er dem Senat und dem römischen Volk offiziell empfiehlt und denen er eine mündliche Empfehlung gibt oder verspricht, bei allen Wahlversammlungen außer der Reihe berücksichtigt werden;

5. daß es ihm erlaubt sein solle, die Grenzen des Pomerium[1] auszudehnen und vorzuschieben, wenn es nach seiner Ansicht im Interesse des Staates liegt, so wie es dem Ti(berius) Claudius Caesar Aug(ustus) Germanicus erlaubt war;

6. daß er das Recht und die Vollmacht haben solle, alle Maßnahmen, die nach seiner Ansicht im Interesse des Staates liegen und der Erhabenheit der göttlichen, menschlichen, staatlichen und privaten Dinge angemessen sind, einzuleiten und zu treffen, so wie es der vergöttlichte Aug(ustus), Tiberius Iulius Caesar Aug(ustus) und Tiberius Claudius Caesar Aug(ustus) Germanicus hatten;

7. daß von (der Beachtung) der Gesetze und Plebiszite, an die, wie schriftlich festgelegt, der vergöttlichte Aug(ustus) oder Ti(berius) Iulius Caesar Aug(ustus) und Tiberius Claudius Caesar Aug(ustus) Germanicus nicht gebunden waren, der Imp(erator) Caesar Vespasianus entbunden sein solle und daß alles, was kraft eines Gesetzes oder Gesetzesantrages der vergöttlichte Aug(ustus), Tiberius Iulius Caesar Aug(ustus) und Tiberius Claudius Caesar Aug(ustus) Germanicus tun durften, daß dies alles dem Imp(erator) Caesar Vespasianus Aug(ustus) zu tun erlaubt sein solle;

8. daß alle Entscheidungen, die vor diesem Gesetzesantrag erfolgten, ausgeführt, beschlossen oder anbefohlen wurden vom Imperator Caesar Vespasianus Aug(ustus) oder auf seinen Befehl oder in seinem Auftrag von irgend jemandem, daß diese rechtens und gültig sein sollen, wie wenn sie auf Befehl des Volkes oder der Plebs erfolgt seien.

Strafdrohung: Wenn jemand wegen dieses Gesetzes gegen die Gesetze, Gesetzesanträge, Plebiszite oder Senatsbeschlüsse verstößt oder verstoßen hat oder wenn er etwas, was er kraft eines Gesetzes, eines Gesetzesantrages, eines Plebiszites oder eines Senatsbeschlusses tun müßte, gemäß diesem (vorliegenden) Gesetz nicht getan hat, dann soll ihm dies nicht als Böswilligkeit angerechnet werden, und er soll deshalb kein Strafgeld an das Volk zahlen, noch soll jemandem diesbezüglich ein Klagerecht noch ein Untersuchungsrecht zustehen, noch soll jemand zulassen, daß eine Anklage vor ihm erfolgt.

Helmut Freis (Übers. u. Hrsg.): Historische Inschriften zur römischen Kaiserzeit von Augustus bis Konstantin. Wissenschaftliche Buchgesellschaft, Darmstadt 2017, S. 108 f., alte Rechtschreibung im Original.

1 symbolische Stadtgrenze Roms

D 2

Institutionalisierung des Prinzipats

Der Historiker Karl Christ (1923–2008) vergleicht Vespasians Politik mit der Octavians:

Die […] Parallele der flavischen Aufgaben mit jenen des Augustus, das heißt die für Augustus wie Vespasian gemeinsame Notwendigkeit, das Erbe eines Bürgerkriegs zu liquidieren und in allen Bereichen des staatlichen Lebens Ordnung zu schaffen, zeigt sich am klarsten im innenpolitischen Bereich. Es zeigten sich dabei aber auch die Divergenzen der Mittel und Methoden. Wenn sich Augustus weithin undefinierten Einflusses bediente, stets die republikanische Fassade berücksichtigte und oft genug die indirekten Wege bevorzugte, so waren für Vespasian solche Methoden zu kompliziert. Er verhüllte nichts. Für ihn sind, ganz im Gegenteil, die direkte Manifestation der Macht und ihr entschiedener Gebrauch in rücksichtslosem Zugriff typisch. Dieser volle Anspruch auf alle Rechte des princeps geht offenkundig schon aus der inschriftlich teilweise erhaltenen lex de imperio Vespasiani hervor, mit welcher dem princeps am 22. Dezember 69 n. Chr. von Senat und Volk jene Rechte und Kompetenzen übertragen wurden, die Augustus, Tiberius und Claudius innegehabt hatten.

Inhaltlich ist die lex de imperio Vespasiani gerade dann, wenn man sie mit der Lage der augusteischen Zeit vergleicht, der prägnanteste Ausdruck für die inzwischen vollzogene Institutionalisierung des Principats. Während Augustus immer den Anschein aufrechterhielt, daß die alten republikanischen Normen lediglich zeitlich befristeter Kompetenz und kollegialer Bekleidung der Magistraturen auch ihn selbst bänden, wird aus der massiven Bündelung der Kompetenzen und Privilegien, bei Vespasian kein Hehl mehr gemacht. Man kann deshalb auch wohl sagen, daß die lex de imperio Vespasiani eine neue Entwicklungsphase des Principats markiert. Allerdings ist dabei zu berücksichtigen, daß der Prozeß zur konsequenten Verrechtlichung und Institutionalisierung des Principats schon in julisch-claudischer Zeit eingesetzt und wahrscheinlich schon unter Caligula zu einer ersten Systematisierung geführt hatte. Nur für Vespasian aber ist die lex urkundlich gesichert.

Karl Christ. Geschichte der römischen Kaiserzeit. Von Augustus bis zu Konstantin. 2. Aufl., München 1992, C.H. Beck; S. 256.

Q 6

Wohltaten des Trajan

Trajan (Marcus Ulpius Traianus), römischer Kaiser (98–117), kündigt auf dem Forum dem Volk eine Geldverteilung (Congiarium) an und verteilt Nahrungsmittel (Alimentaria).
Marmorrelief (Ausschnitt), um 117–120 n. Chr. Höhe 1,68 m. Rom, Forum Romanum, Curia (Antiquario del Foro)

Nahaufnahme: Ein Statthalter verwaltet eine Provinz

Das Amt eines Statthalters war eines der wichtigsten und ehrenvollsten im Römischen Reich. Wie man Statthalter wurde und welche Aufgaben dieser zu lösen hatten ist das Thema dieses Kapitels.

Das Beispiel der Statthalterschaft von Plinius dem Jüngeren (61 – ca. 113 n. Chr.) in der Provinz Pontus et Bithynia am Schwarzen Meer gibt Ihnen einen Einblick in die politik- und wirtschaftsgeschichtlich bedeutsamen Aspekte dieses Amtes.

1. Recherchieren Sie im Internet und erstellen Sie arbeitsteilig Kurzvorträge über Kaiser Trajan und Plinius den Jüngeren.
2. Verfassen Sie eine „Stellenbeschreibung" für einen Statthalter, der eine Provinz übernehmen soll. Beziehen Sie dabei auch die Informationen von Seite 40 f. ein.

Wer war Plinius der Jüngere?

Plinius der Jüngere stammte aus dem Ritterstand. Sein Onkel, Plinius der Ältere, war ein bekannter Philosoph und Naturforscher. Im Jahr 79 n. Chr. kam dieser beim Ausbruch des Vesuvs ums Leben, bei dem unter anderem Pompeji zerstört wurde. Plinius der Jüngere erlebte den Ausbruch aus einigen Kilometern Entfernung mit und verfasste einen Bericht, der heute die älteste überlieferte Schilderung einer Naturkatastrophe ist.

Im ersten Jahrhundert n. Chr. waren bestimmte hohe Ämter noch dem Senatorenstand vorbehalten. Das geerbte Vermögen des Onkels half Plinius dem Jüngeren dabei, als „homo novus" (Aufsteiger) dennoch eine große Karriere zu machen. Seit seinem 18. Lebensjahr trat Plinius als Gerichtsredner auf. Um das Jahr 82 übernahm er als Jurist sein erstes öffentliches Amt. In der Folgezeit durchlief er die verschiedenen Stationen öffentlicher Ämter, auch als „cursus honorum" (Ämterlaufbahn) bezeichnet. Der Aufstieg war streng geregelt. Bei entsprechender Bewährung sowie der Unterstützung einflussreicher Senatoren, vor allem aber des Kaisers, konnte ein homo novus auch in den Stand der Senatoren aufsteigen. Voraussetzung dafür war ein Vermögen von einer Million Sesterzen.

Militärische und zivile Ämter wechselten in der Folgezeit einander ab. Im Anschluss an seine Wahl zum Quästor, dem niedrigsten Magistraturamt, um das Jahr 88 wurde Plinius Angehöriger des Senats. Stationen als Volkstribun und Prätor folgten. Unter Trajan war Plinius schließlich einer von zwei Konsuln, wenn auch nur für wenige Monate. Mit ca. 37 Jahren hatte er somit das höchste öffentliche Amt in Rom inne, auch wenn dessen Befugnisse seit der Errichtung des Prinzipats begrenzt waren. Plinius' letztes Amt war schließlich das des Statthalters der Provinz „Pontus et Bithynia" am Schwarzen Meer von 110 – 113 n. Chr. Er hatte es bis zu seinem Tod inne.

Die höchste Autorität vor Ort – der Statthalter

Statthalter waren die höchste Autorität in den Provinzen des Reiches. In der Regel handelte es sich in den senatorischen Provinzen dabei um ehemalige Prätoren oder Konsuln, die sich für die Verwaltung einer Provinz bewarben. Ein Losverfahren bestimmte dann, welcher der zugelassenen Kandidaten welche Provinz als Statthalter übernahm. Die Statthalter der unter Augustus gebildeten kaiserlichen Provinzen wählte dagegen der Kaiser selbst aus. Diese legati Augusti pro praetore stammten zunehmend aus dem Stand der Ritter. Grundsätzlich konnten – wie im Falle von Plinius – jedoch auch Senatoren kaiserliche Provinzen verwalten. Der Auftrag, den Kaiser Trajan Plinius erteilte, ergibt sich uns aus verschiedenen überlieferten Briefen. Bei großer Wichtigkeit der Provinz oder anderen heiklen Umständen konnte das kaiserliche Mandat zusätzlich mit einem gleichlautenden Senatsbeschluss verbunden werden. Dies war bei Plinius der Fall.

Die Provinz

Die Provinz Pontus et Bithynia war aus zwei Gebietsteilen zusammengesetzt worden. Das ehemalige Königreich Bithynien war 74 v. Chr. als Erbe eines kinderlosen Königs Rom zugefallen. Das Königreich Pontus war einst ein großer

Gegenspieler Roms gewesen. Sein letzter König Mithridates VI. war 63 v. Chr. von Rom besiegt worden. Das Land wurde in den folgenden Jahrzehnten in wechselnde Verwaltungseinheiten gegliedert und schließlich 63 n. Chr. zu einem großen Teil mit Bithynien zu einer neuen, senatorischen Provinz vereinigt.

Die Tatsache, dass Kaiser Trajan mit Plinius einen kaiserlichen Legaten auswählte, obwohl es sich um eine senatorusche Provinz handelte, macht deutlich, dass es in der Provinz Probleme gab, deren Lösung er nur von einem ihm besonders ergebenen Mann erwartete.

Worin liegt die Bedeutung des Briefwechsels?

Der Briefwechsel zwischen Kaiser Trajan und seinem Staathalter ist ein seltenes Zeugnis für die Beziehungen zwischen einem römischen Kaiser und einem Angehörigen der römischen Elite. Zudem werden hier die alltäglichen Aufgaben eines hohen römischen Verwaltungsbeamten erkennbar.

Bereits Plinius' Rede über Trajan zu Beginn seines Konsulats wirft ein interessantes Schlaglicht auf dessen Verhältnis zu Trajan. Gleiches gilt umgekehrt für Trajans Auftrag an Plinius. Die Briefe zeigen insbesondere, wie wichtig es für Senatoren und andere Würdenträger, aber auch ganze Städte sein konnte, den Kaiser über wichtige Angelegenheiten zu informieren und ihn um Unterstützung zu bitten, da oft nur ein „Machtwort" des Kaisers erforderliche Ressourcen freisetzen oder eine gegenseitige Blockade der beteiligten Akteure aufbrechen konnte. Die Briefe sind somit ein Beispiel dafür, wie das Römische Reich durch das enge Zusammenspiel von Kaiser und Elite regiert wurde. Trotz großer Entfernungen versuchte der Kaiser mithilfe von Kurieren mit seinen Repräsentanten in ständigem Kontakt zu bleiben. Nur dadurch erhielt er die wichtigsten Informationen zeitnah, nur so konnte er seine Entscheidungen mitteilen und durchsetzen. Umgekehrt berichteten seine Abgesandten ihm über das Geschehen in den Provinzen, um dem Kaiser einen Eindruck der Lage vor Ort zu vermitteln, um seine Entscheidungen in ihrem Sinne zu beeinflussen – und um herauszufinden, wie sie in des Kaisers Sinne bestimmte Entscheidungen treffen sollten.

Um ihre Aufträge erfüllen zu können, waren Statthalter wie Plinius in der Regel ständig auf Reisen. Nur durch die Präsenz vor Ort konnten sie die notwendigen Gespräche führen und anschließend angemessene Entscheidungen im Sinne des Kaisers fällen. Dabei nahmen sie auch Petitionen von einzelnen Bürgern oder ganzen Städten entgegen, die Wünsche an den Statthalter oder den Kaiser hatten. Darin ging es meist um rechtliche Fragen oder Bitten um finanzielle Hilfe. Aber auch mit grundsätzlichen Fragen wie der Haltung des Staates gegenüber dem Christentum mussten sich Statthalter befassen.

D 1

Die Provinzen im Osten zur Zeit Kaiser Trajans um 110 n. Chr.

Die Materialien ermöglichen Ihnen, die Erwartungen Kaiser Trajans an seine Statthalter und deren Aufgaben zu beschreiben, zu analysieren und zu bewerten. Alle Briefe stammen aus der Zeit 110–113 n. Chr., als Plinius der Jüngere als Legatus Augusti pro praetore die Provinz Pontus et Bithynia verwaltete; eine exakte zeitliche Einordnung der einzelnen Briefe ist meist nicht möglich.

1 Q 1 ist eine formalisierte Lobrede, die keine objektive Beschreibung der Realität beinhaltet. Erklären Sie unter Berücksichtigung von Q 2, was trotzdem aus einer Quelle dieser Art über das Verhältnis zwischen Plinius und Trajan zu erfahren ist.

2 Fertigen Sie eine Liste der Aufgaben an, für die Plinius als Statthalter zuständig war. (Q 3–Q 8)

4 Diskutieren Sie, wer (Ämter, Berufsgruppen) in unserer Gesellschaft heute für die Aufgaben Plinius' zuständig ist.

5 Bewerten Sie Plinius' Verhalten gegenüber den Christen und Trajans Haltung dazu. (Q 8)

Q 1

Panegyricus auf Kaiser Trajan

Nachdem er Konsul geworden war (100 n. Chr.), hielt Plinius der Jüngere eine feierliche Dankrede (Panegyricus) auf Kaiser Trajan:

3. Niemals wollen wir dir schmeicheln wie einer Gottheit, niemals wie einem göttlichen Wesen: reden wir doch nicht von dir wie von einem Tyrannen, sondern wie von einem Bürger, nicht wie von einem Herrn [dominus], nein, wie von einem Vater. Und wenn jener sich höher auszeichnet und sich mehr aus allen heraushebt, so hat das nur darin seinen Grund, daß er sich für einen von uns hält und bedenkt, daß er ebenso Mensch ist, wie er über Menschen gesetzt ist. [...]

49,3. Lernen wir nicht aus der Erfahrung, daß die zuverlässigste Wache eines Princeps seine Unsträflichkeit ist? Das ist die unersteigbare Burg, die uneinnehmbare Feste: einer Feste nicht zu bedürfen. Vergeblich mag sich mit Schrecken gürten, wer durch Liebe nicht umhegt ist. [...]

49,4 f. Sind es nur die für ernste Geschäfte bestimmten Tagesstunden, die du in unserer Gesellschaft verbringst? Trifft man nicht auch in den Stunden deiner Erholung dieselbe Gesellschaft und die gleiche Geselligkeit? Nimmst du dein Mahl nicht in unserer Mitte ein, steht dein Tisch nicht allen offen? Erwächst nicht gegenseitiges Vergnügen aus unserem Zusammensein? Forderst du uns nicht zur Aussprache auf und gehst darauf ein? [...]

65,1. In öffentlicher Rede hast du dich selbst unter eidlicher Verpflichtung den Gesetzen unterworfen, den Gesetzen, Kaiser, die niemand für den Kaiser schrieb. Du verlangst nicht mehr Freiheiten zu besitzen als wir; und so gestehen wir dir eben deshalb mehr Freiheiten zu. Was ich jetzt zum ersten Male höre, zum ersten Male kennen lerne, ist nicht: „Der Kaiser steht über den Gesetzen", sondern: „Die Gesetze stehen über dem Kaiser". [...]

67,3. Es ist allgemeiner Brauch [am 3. Januar jeden Jahres], Gelübde auszusprechen für die ewige Dauer des Reiches und das Wohl der Kaiser. Es lohnt zu beachten, in welchen Wortlaut diese Gelübde für unseren Kaiser gefaßt sind: „wenn er den Staat gut und im Interesse von allen regiert hat". [dieser Zusatz war der Wunsch des Kaisers]

80,3 ff. Das ist die wahrhafte Sorge eines Kaisers und sogar eines Gottes, eifersüchtige Städte miteinander zu versöhnen, aufbegehrende Völker zu zähmen, weniger durch herrscherlichen Befehl als durch Gründe der Vernunft, einzuschreiten gegen Ungerechtigkeiten der Beamten, ungeschehen zu machen, was nicht hätte geschehen dürfen, schließlich, so schnell wie der schnellste Stern, alles zu besichtigen, alles zu hören und wie eine Gottheit auf die von allen Seiten herandringenden Rufe hin sogleich zur Stelle zu sein und Hilfe zu bringen! So stelle ich mir die Aufgaben vor, die jener Erzeuger der ganzen Welt mit seinem bloßen Winke regelt, wenn er einmal seine Blicke herabgelassen hat auf die Erde, und die Geschicke der Menschen für wert gehalten hat, sie zu seinen göttlichen Aufgaben zu rechnen; hinfort kann er, davon befreit und erlöst, sich allein den himmlischen Dingen widmen, nachdem er dich uns geschenkt hat, der du seine Stelle an dem ganzen menschlichen Geschlecht vertrittst! [W. Arend]

Plinius, zit. nach Walter Arend: Geschichte in Quellen. Bd. 1: Altertum. Bayerischer Schulbuch-Verlag, München 1975, S. 649–651.

Q 2

Dankesbrief

Brief 2 Plinius an Trajan
Plinius bedankt sich bei Kaiser Trajan für die Verleihung des Dreikinderrechtes [dieses beinhaltete zahlreiche Vergünstigungen und konnte vom Kaiser auch kinderlosen Paaren verliehen werden]:

(1) Ich kann es nicht in Worte fassen, Herr, welch große Freude Du mir damit gemacht hast, daß Du mich des Dreikinderrechtes würdig fandest. Zwar hast Du Dich den Bitten des Julius Servianus, des trefflichen, Dir so herzlich ergebenen Mannes, gefällig erzeigt, aber ich ersehe aus dem Erlaß doch, daß Du ihm seine Bitte um so lieber gewährt hast, weil er für mich bat.

(2) So sehe ich mich denn am Ziel meiner Wünsche, da Du mir zu Beginn Deines segensreichen Prinzipats den Beweis gegeben hast, daß ich mich Deiner besonderen Huld erfreuen darf. Um so mehr sehne ich mich nun nach Kindern – ich habe sie mir sogar in jenem überaus traurigen Zeitalter schon gewünscht, was Du mir bei zwei Ehen ja durchaus glauben kannst. […]

C. Plinius Caecilius Secundus: Sämtliche Briefe. Übers. u. hrsg. v. Heribert Philips und Marion Giebel. Reclam, Stuttgart 1998, S. 655.

Q 3

Plinius tritt sein Amt an

Brief 17 Plinius an Trajan

[…] Zur Zeit prüfe ich die Ausgaben, Einnahmen und Außenstände der Stadt Prusa und merke im Verlauf meiner Tätigkeit immer mehr, wie notwendig dies ist. Viele Gelder werden nämlich aus mancherlei Gründen von den Privatleuten zurückgehalten, manches wird außerdem für recht ungebührlichen Aufwand ausgegeben. […]

Am 17. September, o Herr, habe ich die Provinz betreten und sie in solchem Gehorsam und solcher Treue Dir gegenüber angetroffen, wie Du es um die Menschheit verdienst.

Erwäge doch bitte, Herr, ob Du es für notwendig hältst, einen Vermessungsfachmann hierher zu schicken. Denn man könnte wahrscheinlich beträchtliche Summen von den Bauunternehmern zurückfordern, wenn man die Vermessungen einmal gewissenhaft nachprüfte. Das erkenne ich jedenfalls aus den Rechnungsbüchern von Prusa, die ich gerade eingehend prüfe.

Brief 18 Trajan an Plinius

[…] Die Einwohner der Provinz werden, so glaube ich, wohl merken, daß ich Fürsorge trage für sie. Denn auch Du wirst Dich bemühen, ihnen deutlich zu zeigen, daß Du auserwählt wurdest, um als Abgesandter bei ihnen mein Stellvertreter zu sein.

Vor allem aber ist es Deine Aufgabe, die Finanzhaushalte der Städte zu überprüfen, denn es ist hinlänglich bekannt, wie zerrüttet diese sind. Vermessungsfachleute habe ich kaum genügend hier für die Arbeiten, die in Rom oder in der Umgegend auszuführen sind. Es finden sich aber in jeder Provinz Leute, denen man solche Aufgaben anvertrauen kann, und daher werden sie auch bei Dir nicht fehlen; Du mußt Dir nur Mühe geben, nach ihnen zu forschen.

C. Plinius Caecilius Secundus: Sämtliche Briefe. Übers. u. hrsg. v. Heribert Philips und Marion Giebel. Reclam, Stuttgart 1998, S. 699, 701.

Q 4

Ein neues Bad

Brief 23 Plinius an Trajan

Die Bewohner von Prusa, o Herr, haben ein unhygienisches und altmodisches Bad. Deshalb halten sie es für wichtig, eine neue Anlage zu bauen, und ich meine, Du könntest ihnen ihren Wunsch bewilligen.

Geld für den Bau wird nämlich zur Verfügung stehen, zunächst die Summen, die ich von den Privatleuten gerade zurückfordere und eintreibe. Ferner sind sie bereit, den Betrag, den sie gewöhnlich für Öl ausgeben, für den Bau des Bades zur Verfügung zu stellen. Zudem fordert sowohl das Ansehen der Stadt wie auch der Glanz Deines Zeitalters geradezu ein solches Bauwerk.

Brief 24 Trajan an Plinius

Wenn die Errichtung eines neuen Bades die Wirtschaftskraft der Bewohner von Prusa nicht zu sehr belastet, können wir uns einem solchen Wunsch willfährig zeigen. Voraussetzung dafür ist, daß keine zusätzlichen Abgaben erhoben werden und daß es den Leuten für die Zukunft nicht an notwendigen Mitteln fehlt.

C. Plinius Caecilius Secundus: Sämtliche Briefe. Übers. u. hrsg. v. Heribert Philips und Marion Giebel. Reclam, Stuttgart 1998, S. 705, 707.

Q 5

Eine Feuerwehr?

Brief 33 Plinius an Trajan

[…] Während ich einen entlegenen Teil der Provinz bereiste, hat in Nikomedien ein Großbrand viele Privathäuser und auch zwei öffentliche Gebäude […] vernichtet, und das, obwohl eine Straße dazwischenlag.

Das Feuer griff aber immer weiter um sich, zunächst wegen des starken Windes, dann aber auch wegen der Untätigkeit der Leute, die erwiesenermaßen wie Zuschauer bei solch einer Katastrophe müßig dastanden, ohne eine Hand zu rühren. Und obendrein gab es in der ganzen Stadt nirgendwo eine Feuerspritze, keinen Löscheimer, überhaupt kein Gerät zur Brandbekämpfung. […]

Überlege Du doch bitte, o Herr, ob man Deines Erachtens nach nicht eine Handwerkergilde als Feuerwehr aufstellen soll, nicht mehr als 150 Mann stark. Ich werde darauf achten, daß nur Handwerker aufgenommen werden und daß mit dem verliehenen Recht kein Mißbrauch getrieben wird. Es wird ja nicht so schwer sein, eine so geringe Zahl von Leuten unter Kontrolle zu halten.

Brief 34 Trajan an Plinius

[…] Du bist nach dem Vorbild mehrerer anderer Städte auf den Gedanken gekommen, man könne in Nikomedien eine Handwerkergilde als Feuerwehr aufstellen. […] Welchen Namen und welche Zweckbestimmung wir denen auch geben, die sich darin organisieren, es werden in kurzer Zeit doch immer politische Vereinigungen daraus.

Daher ist es besser, die Geräte anzuschaffen, die zur Brandbekämpfung dienlich sind, sowie die Grundstückseigentümer zu mahnen, das Löschen selbst zu besorgen. Außerdem kann man, wenn es die Umstände erfordern, auch das zusammengelaufene Volk dabei anstellen.

C. Plinius Caecilius Secundus: Sämtliche Briefe. Übers. u. hrsg. v. Heribert Philips und Marion Giebel. Reclam, Stuttgart 1998, S. 715, 717.

Q 6

Bau einer Wasserleitung

Brief 37 Plinius an Traian

[...] Für eine Wasserleitung, o Herr, haben die Einwohner von Nikomedien 318 000 Sesterzen aufgewendet, und der Bau ist bis heute nicht fertig geworden, sondern eingestellt, ja sogar abgerissen worden. Für eine andere Leitung wurden abermals 200 000 Sesterzen ausgegeben. Da auch dieser Bau liegengeblieben ist, muß von neuem Geld aufgebracht werden, damit die Leute, die solche Summen unnütz vertan haben, nun endlich Wasser bekommen.

Ich habe selbst die Quelle aufgesucht – sie ist äußerst rein –, von der aus man meiner Meinung nach das Wasser in die Stadt leiten sollte. Aber es müßte auf einem Aquädukt geschehen, so wie man es auch anfänglich versucht hatte, damit das Wasser nicht nur in die ebenen und tiefergelegenen Stadtteile gelangt. Es stehen noch ein paar Bögen; einige andere könnten aus Quadersteinen errichtet werden, die man von dem früheren Bau nimmt. Einen weiteren Abschnitt wird man, was ich für das beste halte, aus Ziegelsteinen erbauen, das ist nämlich einfacher und billiger. (3) Aber es ist vor allem nötig, daß Du einen Wasserbautechniker oder einen Architekten schickst, damit es nicht wieder so geht wie schon einmal. Das eine kann ich mit Sicherheit sagen: Ein solcher Bau wäre vom Nutzen wie von seiner Schönheit her Deines Zeitalters höchst würdig.

Brief 38 Trajan an Plinius

Man muß dafür sorgen, daß die Stadt Nikomedien eine Wasserleitung erhält, und ich glaube ganz sicher, daß Du diese Aufgabe mit der nötigen Umsicht in Angriff nehmen wirst. Aber gerade zu diesem umsichtigen Verhalten Deinerseits gehört es weiß Gott auch, daß Du nachforschst, durch wessen Schuld die Leute in Nikomedien bis heute eine solche Menge Geld zum Fenster hinausgeworfen haben. Sonst fangen sie wieder an, einen Aquädukt zu bauen, und lassen die Arbeit liegen, während einer vom andern das Geld einstreicht. Laß mich daher wissen, was Du in Erfahrung gebracht hast.

C. Plinius Caecilius Secundus: Sämtliche Briefe. Übers. u. hrsg. v. Heribert Philips und Marion Giebel. Reclam, Stuttgart 1998, S. 719, 721.

Q 7

Totes Kapital

Brief 54 Plinius an Trajan

[...] Die ausstehenden Gelder der Gemeinden sind, o Herr, dank Deiner Vorsorge und meiner Bemühungen, zum Teil bereits eingetrieben, zum Teil werden sie noch eingefordert. Freilich befürchte ich, daß sie als totes Kapital liegenbleiben werden. Denn zum Erwerb von Grundstücken gibt es keine oder nur äußerst selten Gelegenheit, und es findet sich niemand, der aus der Gemeindekasse ein Darlehen haben will, zumal zu 12 %; das ist der Zinsfuß, zu dem man hier auch von Privatleuten Geld bekommt.

(2) Erwäge also, o Herr, ob man Deiner Ansicht nach den Zinsfuß senken und dadurch geeigneten Kreditnehmern einen Anreiz bieten soll. Oder ob man, wenn man auf diese Weise keine findet, das Geld an die Ratsherrn verteilen soll mit der Maßgabe, daß sie der Gemeinde die nötige Sicherheit leisten. Sie werden das freilich nur unwillig tun und sich dagegen sträuben, und da wird es weniger hart für sie sein, wenn ein niedrigerer Zinssatz gilt.

Brief 55 Trajan an Plinius

Auch ich sehe kein anderes Heilmittel, mein lieber Secundus, als den Zinsfuß zu senken, damit die Gelder der Gemeinden leichter angelegt werden können. Die Rate wirst Du nach der Anzahl derer, die ein Darlehen aufnehmen wollen, festsetzen. Die Leute gegen ihren Willen zur Annahme von Darlehen zu nötigen, die für sie möglicherweise nur totes Kapital darstellen, das entspricht nicht dem Rechtsgefühl unserer Zeit.

C. Plinius Caecilius Secundus: Sämtliche Briefe. Übers. u. hrsg. v. Heribert Philips und Marion Giebel. Reclam, Stuttgart 1998, S. 737.

Q 8

Die Behandlung der Christen

Brief 96 Plinius an Trajan

[...] Ich habe es mir zur Regel gemacht, o Herr, Dir alles vorzutragen, worüber ich im Zweifel bin. Wer könnte mir ja in meiner Unschlüssigkeit besser die Richtung weisen oder mich in meiner Unwissenheit belehren? An Verhandlungen gegen Christen habe ich noch niemals teilgenommen. Daher weiß ich nicht Bescheid über Art und Ausmaß der üblichen Bestrafung wie auch der Untersuchung.

Auch bin ich über folgendes ziemlich im Zweifel: Macht das Alter einen Unterschied? Sind ganz junge Leute nicht anders zu behandeln als ältere? Erhält der Reuige Verzeihung, oder nützt es einem, der einmal Christ war, nichts, wenn er abschwört? Wird schon der Name an sich bestraft, auch ohne Verbrechen, oder werden die mit dem Namen verbundenen Verbrechen bestraft? Einstweilen bin ich bei den Leuten, die mir als angebliche Christen angezeigt wurden, folgendermaßen verfahren.

Ich habe sie gefragt, ob sie Christen seien. Die Geständigen fragte ich unter Androhung der Todesstrafe ein zweites und ein drittes Mal. Diejenigen, die hartnäckig darauf beharrten, ließ ich zur Hinrichtung abführen. Denn darüber bestand für mich kein Zweifel: Was es auch sein mochte, das sie zu gestehen hatten – ihr Starrsinn und ihre trotzige Verstocktheit verdienten auf jeden Fall Bestrafung.

Es gab noch andere von ähnlichem Fanatismus, die ich, da sie römische Bürger waren, zur Überstellung nach Rom vorgemerkt habe. Als später im Lauf der Untersuchung, wie das allgemein so ist, die Anklage immer weitere

Kreise zog, ergaben sich unterschiedliche Fälle.

Mir wurde eine anonyme Klageschrift mit zahlreichen Namen zugestellt. Da gab es nun welche, die leugneten, Christen zu sein oder jemals gewesen zu sein. Sie riefen, meinem Beispiel folgend, die Götter an und opferten Deiner Statue, die ich mit den Götterbildern zusammen zu diesem Zweck hatte herbeibringen lassen, Weihrauch und Wein. Außerdem lästerten sie Christus, und zu all dem lassen sich, so heißt es, wahre Christen nicht zwingen. Diese Leute also glaubte ich freilassen zu müssen.

Andere in dieser Anzeige Genannte bezeichneten sich zunächst als Christen, dann widerriefen sie aber. Sie seien es zwar gewesen, hätten sich jedoch wieder abgewandt, einige vor drei, andere vor noch mehr Jahren, manch einer sogar vor 20 Jahren. Auch diese bezeugten alle Deiner Statue und den Götterbildern ihre Verehrung und fluchten Christus.

Sie versicherten aber, ihre ganze Schuld oder ihr Irrtum habe in folgendem bestanden: Gewöhnlich seien sie an einem bestimmten Tag vor Sonnenaufgang zusammengekommen und hätten Christus als ihrem Gott einen Wechselgesang gesungen. Durch einen feierlichen Eid hätten sie sich nicht etwa zu irgendeinem Verbrechen verpflichtet, sondern dazu, keinen Diebstahl, keinen Raub und keinen Ehebruch zu begehen, kein gegebenes Wort zu brechen, kein zur Verwahrung anvertrautes Gut abzuleugnen. Danach seien sie ihrer Gewohnheit gemäß auseinandergegangen und dann wieder zusammengekommen, um Speise zu sich zu nehmen, jedoch ganz gewöhnliche und harmlose. Dies letztere aber hätten sie nicht mehr getan seit meinem Edikt, in dem ich Deinen Anordnungen zufolge Vereinigungen aller Art verboten hätte.

Um so notwendiger erschien es mir, von zwei Mägden, die als Diakonissen bezeichnet wurden, durch ein Geständnis auch auf der Folter die Wahrheit zu erfahren. Ich fand aber nichts anderes als einen verworrenen, maßlosen Aberglauben.

Daher habe ich die Verhandlung vertagt und wende mich nun an Dich, um Deinen Rat einzuholen. Die Sache scheint mir nämlich einer Anfrage wert zu sein, vor allem wegen der Zahl der Angeklagten. Viele Menschen jeden Alters und Standes, ja beiderlei Geschlechts, sind angeklagt oder werden es noch. Nicht nur über die Städte, sondern auch über die Dörfer und das flache Land hat sich die Seuche dieses bösen Aberglaubens ausgebreitet. Sie läßt sich aber doch wohl noch eindämmen und beheben.

Es steht jedenfalls fest, daß man allmählich wieder die fast schon verödeten Tempel besucht und die lange unterlassenen feierlichen Opfer darbringt. Auch wird wieder Opferfleisch verkauft, für das sich bisher nur äußerst selten ein Käufer fand. Daraus läßt sich leicht ersehen, welch große Zahl von Menschen man auf den rechten Weg bringen kann, wenn man ihrer Reue stattgibt.

Brief 97 Trajan an Plinius

[...] Bei Deinem Vorgehen gegen Personen, die Dir als Christen angezeigt worden sind, hast Du, mein lieber Secundus, den richtigen Weg eingeschlagen. Es läßt sich nämlich insgesamt überhaupt nichts festlegen, was gleichsam als Richtschnur dienen könnte.

Aufspüren soll man sie nicht. Wenn sie aber vor Gericht gestellt und überführt sind, dann sind sie zu bestrafen. Dabei gilt jedoch folgendes: Wer leugnet, Christ zu sein und dies durch die Tat beweist, also durch ein Opfer vor unseren Göttern, der soll aufgrund seiner Reue Verzeihung erhalten, mag sein Vorleben auch noch so verdächtig sein. Anonyme Anklageschriften aber dürfen bei keiner Straftat Berücksichtigung finden. Denn das gäbe ein äußerst schlechtes Beispiel und entspräche nicht dem Geist unseres Zeitalters.

C. Plinius Caecilius Secundus: Sämtliche Briefe. Übers. u. hrsg. v. Heribert Philips und Marion Giebel. Reclam, Stuttgart 1998, S. 783, 785, 787, 789.

Q 9

Links: Plinius der Jüngere. Radierung von George Crook (1781–1834) nach einer antiken Vorlage. Rechts: Kaiser Trajan. Kupferstich aus dem 19. Jahrhundert nach einer römischen Büste

Wie erging es Christen und Juden im Römischen Reich?

Das Christentum wurde von einer im römischen Reich randständigen Religion in den Jahrzehnten nach Jesus Tod zur Staatsreligion Ende des vierten Jahrhunderts. Was war das Besondere an diesem Glauben? Und wie ist der Erfolg des Christentums zu erklären?

Der Verfassertext informiert Sie über Grundzüge der christlichen und jüdischen Geschichte in den ersten drei Jahrhunderten des römischen Kaiserreiches.

1 Entwerfen Sie einen Zeitstrahl, in dem Sie „Erfolge“ des Christentums im römischen Kaiserreich als Ausschläge nach oben, Rückschläge als Abweichung nach unten darstellen.

2 Analysieren Sie die Geschichtskarte D 1.

Viele Götter – Religion im alten Rom

Die Römer verehrten traditionell zahlreiche Götter. Dabei wäre es unpräzise davon zu sprechen, dass die Römer an diese Götter „glaubten“. Entscheidend war vielmehr der Kultus: In Tempeln, bei regelmäßig wiederkehrenden Festen und mit Prozessionen versuchte man, göttliche Unterstützung zu erhalten – im Krieg, im Handel und auch in der Liebe, für gute Ernten oder das Wohl der eigenen Familie. Eine offizielle Staatsreligion gab es nicht. Diesbezüglich waren die Römer tolerant, wie der wachsende Einfluss mystischer Kulte oder auch die Popularität ägyptischer Kulte in der Kaiserzeit zeigen. Seit Beginn des Prinzipats erlangte allerdings der Kaiser zunehmend einen kultischen Status. Als Pontifex Maximus, höchster Priester, wachte er nicht nur über die religiösen Gebräuche. Er selbst war bald Gegenstand gottähnlicher Verehrung. Manche Kaiser, wie Diokletian, gingen soweit, sich selbst als gottähnlich zu betrachten. Konnten Christen unter dieser Bedingung dem Kaiser gegenüber loyal sein?

Entstehung des Christentums

Entstanden war das Christentum als Ergebnis der Lehren Jesu und seiner Vorgänger. Jesus hatte in der römischen Provinz Judäa gelebt und gepredigt. Seine Jünger begannen aus diesen Lehren eine zusammenhängende Theologie zu entwickeln. Von besonderer Bedeutung war von Anfang an auch der Gedanke an die Bekehrung der „Heiden“. Bereits um 40 n. Chr. begann das Christentum, sich über Judäa hinaus auszubreiten. Innerhalb der nächsten 300 Jahre veränderte es zunächst das Römische Reich, später dann die europäische und weite Teile der außereuropäischen Welt grundlegend.

Ausbreitung

Mit der „Heidenmission“, die vor allem der Apostel Paulus organisierte, entstanden bald überall im Reich Gemeinden. Diese bestanden aus Bischöfen, Priestern und vielen Laien. Sie alle versuchten nach den Lehren Jesu zu leben, die durch Missionsreisen und Briefe verbreitet wurden. Trotz der Mission war die Zahl der Anhänger lange relativ gering. Nicht zuletzt die griechische Sprache, in der die Evangelien geschrieben waren, verhinderte eine Ausbreitung nach Westen. Um 250 n. Chr. machten Christen vermutlich zwei Prozent der Bevölkerung des Reiches aus, um 303 waren es immer noch nur fünf bis zehn Prozent.

Verfolgungen von Christen ...

So gering die Zahl der Christen auch war, mit ihrer Leugnung der Existenz anderer Götter, der Ablehnung kultischer Riten und der Weigerung, staatliche Ämter zu übernehmen oder Kriegsdienst zu leisten, erweckten sie zunehmend Argwohn. Die Heimlichkeit ihrer Gottesdienste und die Verehrung eines am Kreuz hingerichteten „Verbrechers“ verstärkten dies. Nach ersten Verfolgungen unter Nero kam es unter Decius (249–251), Valerian (253–260) und vor allem Diokletian (284–305) zu großen systematischen Verfolgungen im ganzen Reich. Auslöschen konnten die Verfechter der traditionellen religiösen Ordnung das Christentum damit nicht. Die Christen „rückten“ stattdessen enger zusammen. Sie bauten ihre Gemeindeorganisation aus und klärten theologische Streitfragen. Konstantin I. (312–337) legalisierte dann das Christentum nicht nur, sondern verlieh christlichen Gemeinden auch zahlreiche Privilegien. Am Ende des 4. Jahrhunderts war das Christentum Staatsreligion. Alle anderen Religionen galten als „heidnisch“ und wurden ihrerseits verfolgt.

... und Juden

Die Christen waren nicht die einzige Religionsgemeinschaft, die entgegen der sonstigen religiösen Toleranz im römischen Reich zeitweise verfolgt wurde. Das galt auch für die Juden. Sie glaubten ebenso wie die Christen nur an einen Gott; den Kaiserkult lehnten sie daher ebenfalls ab. Die in der Thora – den fünf Büchern Mose – festgehaltene Erinnerung an den Wechsel von Fremdherrschaft, Aufstand, Befreiung und eigene Herrschaftsbildungen hatte in der Interpretation einiger Gelehrter auch einen politischen Gehalt, der die römische Herrschaft in Judäa in Frage stellte. Spannungen zwischen armen und reichen Juden, städtischer und ländlicher Bevölkerung, eher weltlichen und strenggläubigen Juden und zwischen diesen und den römischen Besatzern machten die Provinz zu einem Unruheherd. Im Gegensatz zu anderen Provinzen fanden die Römer in Judäa keine unumstrittenen „Partner“ für eine „gemeinsame“ Herrschaft. Stattdessen kam es immer wieder zu kleineren Aufständen. Diese eskalierten im Jahre 66 n. Chr. zu einer großen Erhebung. Mit brutaler Gewalt schlugen die Römer diesen Aufstand in einem mehrjährigen Krieg nieder: Der Tempel von Jerusalem wurde zerstört, das Amt des Hohepriesters als Zentrum der jüdischen Religion abgeschafft. Viele Juden flohen aus dem Land oder wurden vertrieben. Nach einem weiteren Aufstand in den Jahren 132–135 n. Chr. wurden auch viele der bis dahin in Judäa Gebliebenen vertrieben. Die Emigranten bildeten fortan in vielen Städten des Reiches die jüdische „Diaspora“ („Zerstreuung“): kleine, von einem Rabbiner geführte Gemeinden in einem nichtjüdischen Umfeld. An dem Ziel, in die einstige religiöse Heimat zurückzukehren, hielten sie jedoch fest. Trotz der Aufstände verboten die Kaiser das Judentum nicht. Dazu mag beigetragen haben, dass das Judentum im Unterschied zum Christentum keine Missionsreligion ist. Juden wurden sogar vom Kaiserkult befreit. Ausgrenzung und Verfolgung bestimmten zu verschiedenen Zeiten dennoch das jüdische Leben in vielen Teilen des Reiches.

D 1

Die Ausbreitung des Christentums im Römischen Reich

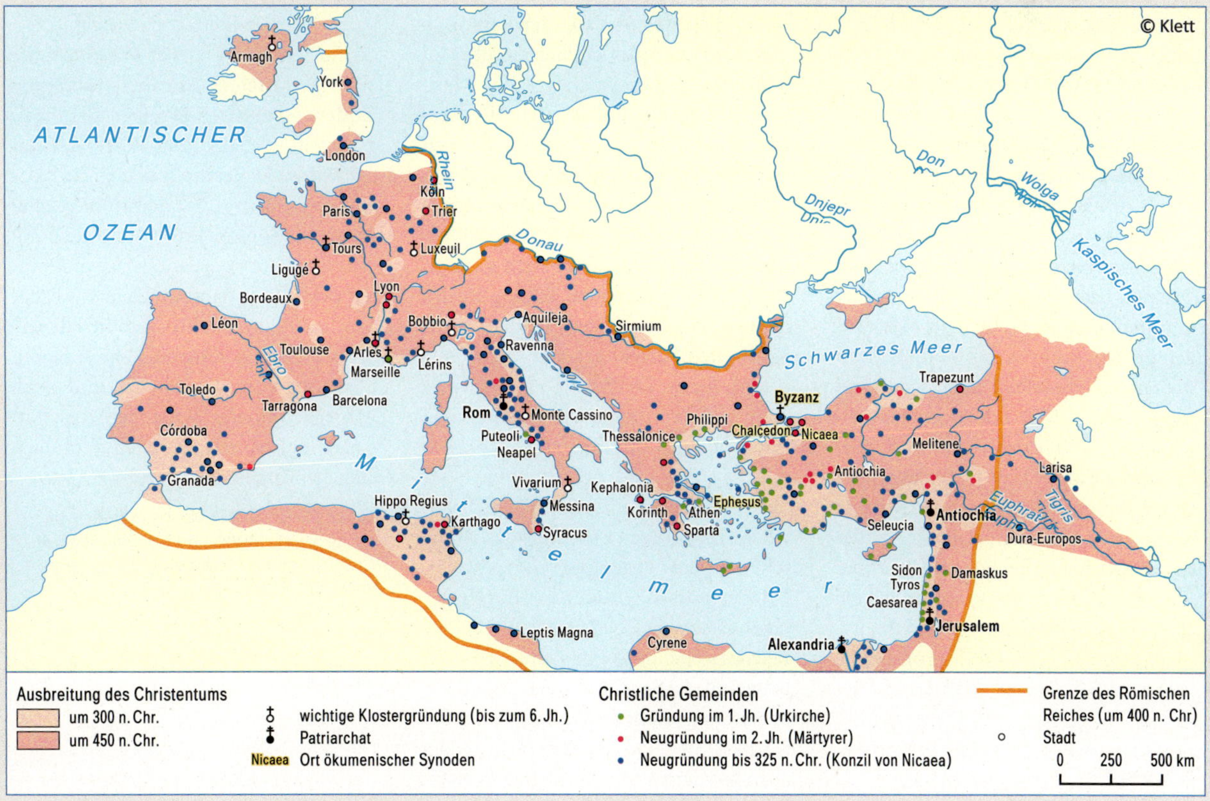

Die Materialien geben Ihnen am Beispiel des Christen- und des Judentums einen Überblick über den Umgang der Römer mit anderen Religionen.

1 Vergleichen Sie Q 1 und Q 2 und beziehen Sie die Unterschiede zwischen beiden Quellen auf die in diesem Zeitraum stattfindende Entwicklung in Judäa.

2 Analysieren Sie Q 3.

3 Analysieren Sie arbeitsteilig Q 4 bis Q 10 und arbeiten Sie jeweils heraus
- welche Unterschiede zwischen christlicher und nichtchristlicher Weltsicht deutlich werden,
- welche Handlungsempfehlungen an die Christen gegeben werden und
- welche Haltung des römischen Staates dem Christentum gegenüber deutlich wird.

Q 1

Augustus' Privileg für die Juden im Reich

Der jüdische Historiker Flavius Josephus, (37/38 – nach 100) war zeitweise ein führender Gegner Roms während des jüdischen Aufstands. Er lebte später in Rom. Josephus gibt um das Jahr 94 einen Erlass des Augustus aus dem ersten Jahrzehnt n. Chr. wieder:

Der Caesar Augustus […] tut hiermit kund und zu wissen: In Erwägung, daß das Volk der Juden nicht bloß jetzt, sondern auch schon früher zu den Zeiten meines Adoptivvaters Caesar, […] sich dem römischen Volke treu und ergeben bewiesen, hat es mir und meinen Räten nach eingeholter Zustimmung des römischen Volkes gefallen zu verordnen, daß die Juden bei ihren Einrichtungen und dem Gesetze ihrer Väter zu belassen sind, […] daß ferner ihre Tempelgelder nicht angetastet werden dürfen, sondern daß es ihnen freistehen soll, dieselben nach Jerusalem zu schicken und den dortigen Tempelschatzmeistern abzuliefern, und endlich, daß sie am Sabbat […] nicht mehr zu Bürgerschaftsleistungen gezwungen werden können. Wird jemand bei der Entwendung ihrer heiligen Bücher oder Gelder […] betroffen, so soll er wie ein Tempelräuber behandelt und seine Besitzungen als Eigentum des römischen Volkes erklärt werden.

Flavius Josephus: Jüdische Altertümer. Übers. v. Heinrich Clementz. Bd. 2. Harz, Berlin/Wien 1923, S. 394.

Q 2

Der Aufstand der Juden aus römischer Sicht

Flavius Josephus berichtet über eine Rede des späteren Kaisers Titus, Sohn von Kaiser Vespasian, nach der Eroberung Jerusalems 70 n. Chr.:

Titus gebot nun seinen Soldaten, ihren Zorn zurückzuhalten und keinen Schuss auf den Feind zu tun; darauf ließ er den Dolmetscher neben sich treten und nahm dann – zum Zeichen, dass er der Sieger sei – als Erster das Wort: „Habt ihr euch nun endlich gesättigt an dem Elend eurer Vaterstadt, ihr Männer? Ihr habt ja, ohne überhaupt unsere Macht oder eure eigene Schwäche zu bedenken, in blindem Draufgängertum und in Wahnsinn das Volk, die Stadt und den Tempel in den Untergang getrieben, so dass ihr jetzt auch ganz zu Recht der Vernichtung entgegengeht. Ihr habt ja schon früher, seitdem Pompeius euch bezwungen hat, nicht aufgehört, Umsturzversuche zu unternehmen und dann auch ganz offen Krieg mit den Römern angefangen. War es nur die große Zahl, auf die ihr euch dabei verlassen konntet? Tatsächlich hat ein ganz geringer Bruchteil des römischen Heeres gegen euch ausgereicht. Oder etwa das Vertrauen auf Bundesgenossen? Aber welches außerhalb unseres Reiches stehende Volk möchte sich wohl lieber auf die Seite der Juden als auf die der Römer stellen? War es dann die Körperkraft? Nun, ihr wisst selbst, dass auch die Germanen uns dienen müssen. […] War es wohl die Härte eurer Gesinnung und die Schlauheit eurer Führer? Doch sind, wie ihr wusstet, auch die Karthager in unsere Hände gefallen. Demnach hat nichts anderes euch gegen die Römer antreten lassen als deren Güte. Zunächst einmal: Wir gaben euch das Land zum Besitz und setzten Könige aus eurem eigenen Stamme ein; sodann achteten wir eure väterlichen Gesetze und gestatteten euch, nicht nur unter euren Stammesgenossen, sondern auch im Umgang mit den Nicht-Juden so zu leben, wie ihr es wünschtet. Die größte Gunst aber war die, dass wir euch gestatteten, Abgaben für euren Gott zu erheben und Weihgeschenke zu sammeln. Wer dafür spendete, den haben wir weder gescholten noch auch davon abgehalten – nur damit ihr reicher würdet auf unsere Kosten und euch mit unserem Gelde gegen uns rüsten könntet. Und als ihr dann im Genuss solcher Vergünstigungen lebtet, habt ihr denen, die sie euch gewährten, euren satten Übermut entgegengekehrt und nach Art unzähmbarer Schlangen euer Gift denen eingespritzt, die euch freundlich entgegenkamen. […]

Flavius Josephus: Der Jüdische Krieg. Übers. u. hrsg. v. Otto Michel und Otto Bauernfeind. Wissenschaftliche Buchgesellschaft, Darmstadt 2013, S. 328–336.

Q 3

Relief vom Titusbogen in Rom, 1. Jahrhundert nach Christus
Dieser Triumphbogen wurde aus Anlass von Titus' Sieg über die Juden 70 n. Chr. errichtet.

Q 4

Nächstenliebe

Aus dem Jakobusbrief (geschrieben um 60 oder um 90 n. Chr.):

Liebe Brüder und Schwestern! Lasst es eine Konsequenz eures Glaubens an unseren Herrn Jesus Christus sein, dass ihr nicht voreingenommen seid. Wenn in eure Synagoge ein Mann kommt, fein gekleidet und mit goldenen Ringen am Finger, dann sagt ihr wohl zu ihm: „Kommen Sie, hier ist Platz für Sie." Wenn aber ein armer Mann hereinkommt, schäbig gekleidet, dann sagt ihr zu ihm: „Stellen Sie sich dahin, Sie können auch an meiner Fußbank sitzen."

Wenn ihr auf diese Weise feine Unterschiede macht und die Menschen in zwei Klassen einteilt, habt ihr keine verlässlichen Kriterien. Aus allen Menschen auf der Welt hat Gott die Armen auserwählt. Sie sind reich im Glauben, und für sie ist Gottes Königreich bestimmt, das er denen versprochen hat, die ihn lieben. Doch ihr habt den Armen verachtet. Dabei wollen euch die Reichen nur beherrschen. Sie zerren euch vor die Gerichte und entehren so den Namen Gottes, der über euch angerufen wurde, der euch zu Gottes Eigentum macht und eure Würde begründet.

Außerdem könnt ihr ein königliches Gesetz erfüllen: „Liebe deinen Nächsten wie dich selbst." Wenn ihr so handelt, dann macht ihr es richtig. […] Nun noch zu euch, ihr reichen Leute! Ihr solltet weinen und wehklagen über das Elend, das ihr zu erwarten habt. Euer Reichtum ist schon verrottet! Eure Kleider sind schon von Motten zerfressen! Euer Gold und Silber sind oxidiert, und die Reste werden euch anklagen und auch euer Fleisch zerfressen wie Feuer. Solche Schätze habt ihr aufgehäuft, obwohl doch das Ende nahe ist. Und andererseits: Der Lohn, den ihr den Arbeitern, die eure Felder abgemäht haben, vorenthalten habt, schreit gen Himmel. Und die Klage der Erntearbeiter ist bis zu den Ohren Gottes gedrungen. Auf Erden habt ihr geschwelgt und euch vergnügt, obwohl der Tag des Gemetzels vor der Tür steht. Den Gerechten habt ihr verurteilt und getötet, damit er euch nicht mehr zum Hindernis wird. Brüder und Schwestern! Harrt aus bis zur Wiederkunft des Herrn. Auch der Bauer muss geduldig warten, bis der Boden wertvolle Früchte hervorbringt, auf Frühregen und Spätregen. Übt auch ihr euch in Geduld! Schöpft Kraft für eure Herzen. Denn die Wiederkunft des Herrn steht bevor.

Zit. nach: Klaus Berger, Christiane Nord (auch Übers.): Das Neue Testament und frühchristliche Schriften. Insel Verlag, Frankfurt am Main 1999, S. 76 f., 80 f.

Q 5

Ohne Sünden

Der nichtchristliche Philosoph Aristides von Athen schreibt um 120/130 n. Chr.:

[Die Christen] kennen Gott und glauben an ihn als den Schöpfer und „Werkmeister des Alls", durch den alles, und von dem alles ist, der keinen Gott neben sich hat, von dem sie die Gebote empfingen, die sie in ihrem Sinn eingezeichnet haben und beobachten in der Hoffnung und Erwartung der künftigen Welt. Deshalb treiben sie nicht Ehebruch und Unzucht. [...] Ihre Frauen sind rein wie Jungfrauen und ihre Töchter sittsam. Ihre Männer enthalten sich jedes ungesetzlichen Verkehrs und aller Unlauterkeit in der Hoffnung auf die in der anderen Welt winkende Vergeltung. [...] Wenn einem von ihnen ein Kind geboren wird, so preisen sie Gott; sollte es schon in seiner Kindheit sterben, so preisen sie Gott überaus, ist es doch ohne Sünde aus der Welt geschieden.

Ernst Dassmann: Kirchengeschichte I. Ausbreitung, Leben und Lehre der Kirche in den ersten drei Jahrhunderten. Kohlhammer, Stuttgart 1991, S. 237.

Q 6

Bestrafung der Christen

Der Senator und Historiker Publius Cornelius Tacitus (um 58–120 n. Chr.) über die Verfolgung der Christen nach dem Brand Roms unter Kaiser Nero:

Aber nicht durch menschliche Hilfeleistung, nicht durch die Spenden des Kaisers oder die Maßnahmen zur Beschwichtigung der Götter ließ sich das böse Gerücht unterdrücken, man glaubte vielmehr fest daran: befohlen worden sei der Brand. Daher schob Nero, um dem Gerede ein Ende zu machen, andere als Schuldige vor und belegte die mit den ausgesuchtesten Strafen, die, wegen ihrer Schandtaten verhasst, vom Volk Chrestianer genannt wurden. Der Mann, von dem sich dieser Name herleitet, Christus, war unter der Herrschaft des Tiberius auf Veranlassung des Prokurators Pontius Pilatus hingerichtet worden; und für den Augenblick unterdrückt, brach der unheilvolle Aberglaube wieder hervor, nicht nur in Judäa, dem Ursprungsland dieses Übels, sondern auch in Rom, wo aus der ganzen Welt alle Greuel und Scheußlichkeiten zusammenströmen und gefeiert werden. So verhaftete man zunächst diejenigen, die ein Geständnis ablegten, dann wurde auf ihre Anzeige hin eine ungeheuere Menge nicht so sehr des Verbrechens der Brandstiftung als einer hasserfüllten Einstellung gegenüber dem Menschengeschlecht schuldig gesprochen. Und als sie in den Tod gingen, trieb man noch seinen Spott mit ihnen in der Weise, dass sie, in die Felle wilder Tiere gehüllt, von Hunden zerfleischt umkamen oder, ans Kreuz geschlagen und zum Feuertod bestimmt, sobald sich der Tag neigte, als nächtliche Beleuchtung verbrannt wurden. Seinen Park hatte Nero für dieses Schauspiel zur Verfügung gestellt und gab zugleich ein Circusspiel, bei dem er sich in der Tracht eines Wagenlenkers unters Volk mischte oder sich auf einen Rennwagen stellte. Daraus entwickelte sich Mitgefühl, wenngleich gegenüber Schuldigen, die die härtesten Strafen verdient hätten: denn man glaubte, nicht dem öffentlichen Interesse, sondern der Grausamkeit eines Einzelnen würden sie geopfert.

P. Cornelius Tacitus: Annalen. Übers. u. hrsg. v. Erich Heller. Artemis & Winkler, Zürich 2005, S. 749, 751.

Q 7

Ich diene Gott

Verhörprotokoll eines Christenprozesses in Karthago:

Am 17. Juli des Jahres [180 n.Chr.] [...] wurden im Verhandlungszimmer (secretarium) zu Karthago vorgeführt Speratus, Nartzalus und die übrigen Christen. Der Prokonsul Saturninus erklärte: „Ihr könnt die Nachsicht unseres Herrn, des Kaisers, gewinnen, wenn ihr euch wieder eines Besseren besinnt.“ Speratus antwortete: „Wir haben niemals Böses getan und uns in keiner Weise zu Ungerechtigkeit hergegeben. Nie haben wir geflucht, sondern (selbst dann) Dank gesagt, wenn man uns schlecht behandelte; denn wir halten unseren Kaiser in Ehren.“ Saturninus, der Prokonsul, sagte darauf: „Auch wir sind religiös (religiosi), und unsere Religion ist (denkbar) einfach: Wir schwören beim Genius unseres Herrn, des Kaisers, und bringen für sein Heil Gebete und Opfer dar, was auch ihr zu tun schuldig seid.“ [...] Speratus antwortete: „Eine Befehlsgewalt dieser Welt erkenne ich nicht an; vielmehr diene ich jenem Gott, den kein Mensch gesehen hat, noch mit diesen Augen sehen kann. Diebstahl habe ich nie begangen; im Gegenteil, ich zahle bei jedem Geschäft die Steuer, da ich meinen Herrn, den König der Könige und Herrscher aller Völker, anerkenne.“ [...] Fragte nun Saturninus, der Prokonsul, Speratus: „Beharrst du dabei, Christ zu sein?“ Speratus antwortete: „Ich bin Christ.“ Und alle stimmten dem zu. [...] Darauf verlas der Prokonsul Saturninus von einer Tafel das Urteil: „Speratus, Nartzalus, Cittinus, Donata, Vestia, Secunda (und die Übrigen, die bekannt haben, nach dem christlichen Religionsbrauch zu leben) sollen mit dem Schwert hingerichtet werden, da sie, obwohl ihnen die Möglichkeit eröffnet wurde, zu Sitte und Art der Römer zurückzukehren, hartnäckig (bei ihrer Religion) verblieben sind.“

Adolf M. Ritter (Übers.): Alte Kirche. In: Kirchen- und Theologiegeschichte in Quellen. Neukirchener Verlag, Neukirchen 1994. S. 44 f.

Q 8

Verführung „einfältiger Leute“?

Der griechische satirische Schriftsteller Lukian (um 120–nach 180 n. Chr.) schreibt in einer Biografie über „Peregrinus Proteus“, einen Philosophen, der zum Christentum übertrat und sich 167 in Olympia selbst verbrannte:

Denn diese armen Leute haben sich in den Kopf gesetzt, dass sie mit Leib und Seele unsterblich werden und in alle Ewigkeit leben würden: Daher kommt es dann, dass sie den Tod verachten und dass viele von ihnen ihm sogar freiwillig in die Hände laufen. Überdies hat ihnen ihr erster Gesetzgeber beigebracht, dass sie alle untereinander Brüder würden, sobald sie den großen Schritt getan hätten, die griechischen Götter zu verleugnen und ihre Knie vor jenem gekreuzigten Sophisten [hier: mit Scheinargumenten arbeitender Philosoph] zu beugen und nach seinen Gesetzen zu leben. Alles andere verachten sie durch die Bank, und sie halten es für eitel und nichtswürdig, ohne irgendeinen tüchtigen Grund zu haben, warum sie diesen Meinungen zugetan sind. Sobald also irgendein verschmitzter Betrüger an sie gerät, der die rechten Schliche weiß, so ist es ihm ein Leichtes, die einfältigen Leute an der Nase zu führen und gar bald auf ihre Unkosten ein reicher Mann zu werden.

Lukian: Werke in drei Bänden. Übers. Christoph M. Wieland. Aufbau Verlag, Berlin 1981, S. 34.

Q 9

Das Leben der Christen – verabscheuungswürdig?

Der christliche Rechtsanwalt Minucius Felix (um 200 n. Chr.) aus Rom verfasste den Dialog „Octavius“; darin streiten der Heide Caecilius Natalis und der Christ Octavius über den christlichen Glauben. Caecilius sagt:

[…] Sie nennen einander Brüder und Schwestern, sodass die bei ihnen übliche Unzucht durch den Gebrauch eines so heiligen Wortes sogar zum Inzest wird. So prahlt ihr sinn- und gehaltloser Aberglaube noch mit seinen Verbrechen.

Läge nicht auch etwas Wahres zu Grunde, würde die scharfsichtige Fama nicht die verschiedenen ungeheuerlichen Dinge berichten, für deren Erwähnung allein man schon um Entschuldigung bitten muss. Hört man doch, dass sie den Kopf eines gemeinen Tieres, eines Esels, aus ich weiß nicht was für einem Wahn heraus als heiligen Gegenstand verehren. Ein Kult, so recht angemessen, so recht gemacht für dieses ganze Unwesen!

Andere wieder berichten, dass sie die Genitalien ihres Oberpriesters anbeten, also symbolisch die Zeugungskraft ihres Schöpfers verehren. Das mag vielleicht ein falscher Verdacht sein, immerhin passt er gut zu ihren nächtlichen Geheimriten. Und wenn es heißt, im Mittelpunkt ihrer Zeremonien stehe ein für seine Verbrechen mit dem Tode bestrafter Mensch samt den Kreuzeshölzern, dann wird damit diesen verlorenen, verbrecherischen Menschen ebendas als Heiligtum zugeschrieben, was zu ihnen passt: Sie verehren, was ihnen selbst gebührt.

Und dann erst, was man sich über ihre Initiationsriten erzählt! Verabscheuungswürdig ist es und nur zu bekannt. Um die ahnungslosen Initianden zu täuschen, bedeckt man ein Kind mit Teig und legt es dem vor, der in ihre Mysterien eingeweiht wird. Der Neophyt[1] lässt sich, durch die Teighülle getäuscht, zu Stichen verleiten, bei denen er nichts Arges vermutet, und tötet so das Kind mit Wunden, die dem Auge verborgen bleiben. Das Blut dieses Kindes – welch furchtbarer Frevel! – lecken sie gierig auf und reißen sich noch um die zerstückelten Glieder. Das also ist das Opfer, mit dem sie sich verbrüdern, durch die Mitwisserschaft an diesem Verbrechen verbürgen sie sich gegenseitig Stillschweigen. Schlimmer als die Schändung eines Heiligtums sind Heiligtümer solcher Art.

Minucius Felix: Octavius. Übers. u. hrsg. v. Bernhard Kytzler. Reclam, Stuttgart 1977, S. 27–29.

1 Neophyt: im Erwachsenenalter Getaufter

Q 10

Für die „Unversehrtheit des Staates“

Edikt von Kaiser Galerius, wiedergegeben durch den zeitgenössischen christlichen Autor Laktanz (um 250 – um 320), von 311:

(1) Unter den übrigen Dingen, die wir stets zum Vorteil und Nutzen des Staates regeln, hatten wir bisher alles gemäß den alten Gesetzen und der öffentlichen Ordnung der Römer verbessern und dafür Sorge tragen wollen, daß auch die Christen, welche den Weg ihrer Vorfahren verlassen hatten, zu einer anständigen Gesinnung zurückkehrten. (2) Denn aus irgendeinem Grund hatte diese selben Christen ein so starker Wille heimgesucht und eine so große Dummheit ergriffen, daß sie jene Grundsätze der Alten nicht länger befolgten, die vielleicht zuerst ihre eigenen Vorfahren geschaffen hatten, sondern nach eigenem Gutdünken, und wie es ihnen beliebte, sich selbst Gesetze gaben, die sie befolgten, und in verschiedenen Gebieten verschiedene Völker zusammenscharten. (3) Als schließlich ein Befehl von uns erging mit der Maßgabe, zu den Gesinnungen der Alten zurückzukehren, wurden viele einem Gerichtsverfahren unterworfen, viele auch verjagt. (4) Und weil die meisten in ihrem Vorhaben starr blieben und wir sahen, daß sie weder den Göttern Verehrung und geschuldete Anbetung erwiesen noch den Gott der Christen verehrten, haben wir – indem wir den Blick auf unsere mildeste Güte richteten und auf unsere immerwährende Praxis, mit der wir gewöhnlich allen Menschen Verzeihung gewährten –, geglaubt, daß unsere willfährigste Güte auch auf diese auszudehnen sei, so daß sie wieder Christen sein und ihre Versammlungsstätten aufbauen können, freilich so, daß sie nichts gegen die öffentliche Ordnung tun. (5) In einem anderen Schreiben werden wir den Provinzstatthaltern verdeutlichen, was sie beachten müssen. Deshalb werden sie [die Christen] entsprechend unserer Güte zu ihrem Gott für unser Heil und für dasjenige des Staates und für ihr eigenes beten müssen, damit der Staat nach allen Richtungen hin unversehrt bleibe und sie sicher in ihren Wohnsitzen leben können.

Hartwin Brandt: Geschichte der römischen Kaiserzeit. Von Diokletian und Konstantin bis zum Ende der konstantinischen Dynastie (284–363). Akademie Verlag, Berlin 1998, S. 140 f.

Die Reformen Diokletians

Das 3. Jahrhundert n. Chr. gilt allgemein als eine Zeit der großen Krisen des Römischen Reiches. Ursachen und Verlauf der Krisen sowie die Versuche, diese am Ende des Jahrhunderts zu lösen, sind Gegenstand dieses Abschnitts

Aus dem Verfassertext können Sie herausarbeiten, wie das Römische Reich im dritten Jahrhundert versuchte, mit den neuen Herausforderungen umzugehen.

1. Geben Sie in eigenen Worten wieder, mit welchen Herausforderungen das Römische Reich im 3. Jahrhundert konfrontiert war und wie man darauf reagierte.
2. Informieren Sie sich im Internet über die Sassaniden, das Reich der Königin Zenobia und den Stamm der Markomannen und halten Sie ein Kurzreferat.
3. Analysieren Sie Q 1: Beschreiben Sie die Skulptur, informieren Sie sich über die Personen, die diese darstellt, und überlegen Sie, warum eine solche Skulptur angefertigt und öffentlich aufgestellt wurde.

Glanz- und Krisenzeiten

Das 1. und 2. Jahrhundert n. Chr. waren „Glanzzeiten" des römischen Reiches, das politische System war relativ stabil. Nach dem Aussterben des flavischen Kaiserhauses 98 n. Chr. hatte sich das System der Adoptivkaiser bewährt: Die jeweiligen Kaiser wählten ihren Nachfolger selbst aus. Das 3. Jahrhundert entwickelte sich hingegen zunehmend zu einer Zeit der Krisen. Verschiedene Faktoren trugen dazu bei.

„Soldatenkaiser"

Mit der Ermordung von Kaiser Severus Alexander im Jahre 235 n. Chr. starb das Haus der Severer aus. Dieses war zwar 192 n. Chr. ebenfalls mithilfe von Truppenteilen an die Macht gekommen, es hatte sich dann aber als Dynastie etablieren können. Nach dem Tod des letzteren Severers sollten 26 legitime Kaiser, 3 Parallelkaiser und ca. 40 Regenten miteinander um die Macht kämpfen. Abstammung und Bildung waren inzwischen ebenso unwichtig wie die regionale Herkunft. Manche regierten nur wenige Tage oder Monate. In einigen Regionen wurden zeitweilig Sonderreiche gebildet. Entscheidend für den Erfolg im Kampf um die Macht und deren Erhalt war die Gewinnung von Soldaten für die eigene Seite, ein Ziel, das vor allem mit Geld erreicht werden sollte.

Mit den Soldatenkaisern begann jedoch nicht nur die Militarisierung des Prinzipats, sondern auch der weitere Abstieg des Senatorenstandes. Der Senat tagte nur noch selten; Kennzeichen des Bedeutungsverlusts war die Tatsache, dass Senatoren so gut wie keine Legionen mehr befehligten. Diese Aufgabe übernahm nun vollständig der Ritterstand.

Von der Monarchie zur Tetrarchie

Im Jahre 284 n. Chr. riefen Soldaten in der heutigen Türkei ihren Anführer Diokletian zum Kaiser aus. Anders als seine Vorgänger konnte dieser sich an der Macht halten. Ein wesentliches Mittel dazu war die Umorganisation der Herrschaft, indem er zuerst seinen Freund Maximian, einen Offizier, zunächst zum Mitkaiser (= Caesar) (285 n. Chr.) und dann zum Kaiser (= Augustus) (286 n. Chr.) ernannte, der für den Westen des Reiches zuständig war. In Krisenzeiten hatten auch Vorgänger schon ihre Macht zeitweilig mit einem Mitkaiser, zumeist den eigenen Söhnen, geteilt. Außergewöhnlich war jedoch, dass beide etwa gleichaltrig waren, es sich also nicht um einen Nachfolger in spe handelte, und sie im Jahr 293 n. Chr. noch zwei weitere Caesares beriefen. Aus der Monarchie wurde damit eine Tetrarchie (= Viererherrschaft). Die Verteilung der Aufgaben unter den Augusti und Caesares, die ihre eigenen Residenzen in Mailand, Trier, Nikomedia und Saloniki hatten, ist allerdings in der Forschung umstritten. Wichtig ist jedoch, dass die Tetrarchen das Reich weiterhin als Einheit und nicht als geteiltes Land verstanden.

Bedrohungen von außen

Verständlich ist diese Umorganisation nur aufgrund der wachsenden Bedrohung des Reiches von außen. Zwar hatte es immer wieder Verbände oder ganze Völker jenseits der Grenzen des Reiches gegeben, die die Grenzen des Reiches bedroht oder überschritten hatten, um in den Grenzgebieten zu plündern oder sich dort niederzulassen. Im 3. Jahrhundert n. Chr. hatte ihre Zahl jedoch erheblich zugenommen. Franken, Alamannen und Goten bedrohten das Reich im Norden und Nordwesten; die Markomannen drangen 254 n. Chr. sogar bis nach Ravenna in Italien vor. Die Angst, dass diese Stämme eines Tages auch Rom überrennen würden, hatte zur Folge, dass Kaiser Aurelian um 270 n. Chr. die Hauptstadt mit einer riesigen Mauer umgeben ließ. Die größte Bedrohung waren jedoch das Sassanidenreich. Es griff von Persien aus den Osten des Reiches an und konnte zeitweise große Teile besetzen.

Diokletian und seinen Mitkaisern gelang es, diese Gefahren abzuwehren. Manche Gegner wurden vollständig vernichtet, wie die Sarmaten, die in den mittleren Donauraum vorgedrungen waren. Anderen, wie den Franken, erlaubten die Römer, sich auf Reichsgebiet niederzulassen. Mit den Sassaniden schlossen sie einen Vertrag, der die Gebiete im Osten aufteilte.

Reformen

Die Sicherung des Reiches nach außen konnte jedoch nur gelingen, wenn man auch im Innern zu reformieren vermochte. Die Angriffe von außen und die vielen Bürgerkriege hatten das Reich geschwächt. Sie hatten nicht nur viele Opfer unter den Soldaten, sondern auch unter der Zivilbevölkerung gekostet. Ganze Landstriche waren verwüstet; der Steuer- und Abgabendruck hatte große Verarmung, Münzverschlechterungen und eine Wirtschaftskrise zur Folge gehabt.

Die Tetrarchen setzten hier an: Neue Grenzbefestigungen, die Vermehrung der Truppen, die Einführung eines mobileren Feldheeres sowie die Integration von Germanen in die Armee sollten die Schlagkraft erhöhen. Eine Neugliederung der Provinzen sollte deren Verwaltung intensivieren, eine Steuerreform die finanziellen Mittel des Staates erhöhen, eine Währungsreform und ein Preisedikt die Wirtschaft stabilisieren. Die Reformen der Tetrarchen gingen einher mit dem Versuch, die eigene Herrschaft neu zu legitimieren. Die Römer waren von jeher überzeugt, dass die Götter ihr Reich schützten. Beide Augusti, später auch die Caesares nahmen daher göttliche Beinamen an. Damit verknüpft war der Anspruch, in göttlichem Auftrag zu regieren. Dies schien vermutlich deswegen geboten, weil sie sich anders als ihre Vorgänger nicht auf eine vornehme Herkunft berufen konnten, sondern aus eher einfachen Verhältnissen stammten.

Diese theologische Begründung für die eigene Herrschaft und die damit einhergehenden Formen monarchischer Repräsentation und Hofhaltung unterschied die Herrschaft der Tetrarchen von der aller Vorgänger. Sie war zugleich ein bedeutender Schritt zur Legitimation von monarchischer Herrschaft insgesamt durch den Verweis auf den Willen Gottes.

Die Christen hatten unter diesem Wandel am meisten zu leiden. Da die Tetrarchen ihre Herrschaft eng mit einem bestimmten Götterkult verbunden hatten, konnten sie nicht hinnehmen, dass manche Untertanen ausschließlich andere Götter anbeteten. Politische Loyalität war also das wichtigste Ziel dieser Politik; religiöse Fragen als solche interessierten die Tetrachen nicht. Weigerten sich die Christen, dann drohten Verfolgung, Zerschlagung der Gemeinden und Tod. Dennoch gelang es der römischen Herrschaft nicht mehr, das Christentum zurückzudrängen.

Q 1

Die Tetrarchen (vermutl. von links Diokletain, Maximian, Galerius und Constantius Chlorus.

Statuengruppe aus Porphyr an der Südwestecke des Markus-Domes in Venedig; 1,3 m, um 300 n. Chr.

Material: Q 3 zur größeren Ansicht
xg2585

Die Materialien ermöglichen Ihnen, anhand ausgewählter Quellen Ursachen und Verlauf der Krise des römischen Reiches im dritten Jahrhundert zu erarbeiten sowie zeitgenössische Lösungsmöglichkeiten zu bewerten. Gleichermaßen können Sie anhand der Quellen die zeitgenössische Deutung Diokletians mit der heutiger Historiker vergleichen.

1 Untersuchen und deuten Sie Q 2 und Q 3.

2 Analysieren Sie unter Rückgriff auf den VT die Materialien Q 4 und D 2. Erläutern Sie, warum Diokletian eine Preisfestsetzung für notwendig hielt.

3 Vergleichen Sie die Bewertung Kaiser Diokletians in Q 5, Q 6 und D 2.

Q 2

Sieg König Sapurs über die Römer

An dem Relief Q3 erläutert eine dreisprachige Inschrift:

Ich [bin] die Göttlichkeit Sapur, der Masda [Ahura-Mas-da, der Schöpfergott der Perser] verehrt, König der Könige der Arier und Nichtarier, der abstammt von den Göttern.

[…] Im dritten Feldzug brachen wir gegen Carrhä und Edessa auf und belagerten Carrhä und Edessa, da zog Kaiser Valerian gegen uns. [Es folgt eine Zusammenstellung der Truppen Valerians, die unter den 70000 Soldaten auch Mauren und Germanen aufführte.]

Daraus kam es zu einem großen Krieg zwischen uns und dem Kaiser Valerian, […] und wir bemächtigten uns (bei Edessa) des Kaisers Valerian mit eigenen Händen und auch der anderen Präfekten und Senatoren […] und führten sie nach Persien in Gefangenschaft.

[…] Von Nichtiran führten wir Römer fort und siedelten sie in unserem, dem arischen Volke an: in der Persis, in Parthien, in Chuzistan und Assyrien; wir siedelten sie auch unter anderen Völkern an, wo unsere, unser Vater, unser Großvater und unsere Vorfahren Städte gegründet hatten […] Wir ließen es aufzeichnen, damit, wer nach uns sein wird, diesen unseren Namen und unsere Tüchtigkeit und unsere Herrschaft anerkennt.

Sapur I. In: Geschichte in Quellen. Bd. 1: Altertum. Bearb. von Walter Arend. Bayerischer Schulbuch-Verlag, München 1975, S. 704 f.

Q 4

Das Preisedikt des Diokletians

Preise und Löhne sind in Denaren angegeben; Mengenangaben: Getreide Lagerscheffel = 13,2 Liter; Wein 9,5 Liter; Fleisch und andere Waren: Pfund = 325 Gramm.

Die Kaiser Diokletian, Maximian, Constantius und Galerius) verkünden:

[…] (8) Also greifen wir eilends zu den schon lange wegen der Notlage vermißten Heilmitteln, und zwar unbesorgt um etwaige Klagen, daß unser heilsames Eingreifen als unzeitgemäß oder überflüssig oder bei den verkommenen Leuten als zu leicht oder unbedeutend angesehen werden könnte, die, obwohl sie merkten, daß unser viele Jahre andauerndes Schweigen eine An-

Q 3

Der (persische) Sassaniden-König Sapur I. (241–272) nimmt im Jahre 260 die Unterwerfung Kaiser Valerians (gegen Tributzahlung) entgegen. Sassanidisches Felsrelief, um 265

leitung zum Maßhalten war, diese dennoch nicht befolgen wollten. […]

(10) Denn wer ist so abgestumpft und der menschlichen Wahrnehmung entfremdet, daß er nicht erkennen kann, ja, nicht einmal gemerkt hätte, daß bei den Waren, die im Handel vertrieben oder im täglichen Verkehr der Städte verhandelt werden, sich eine derartige Willkür der Preisbildung verbreitet hat, daß die ungehemmte Raffgier weder durch ein reiches Warenangebot noch durch die Überschüsse aus [früheren] Jahren gemildert würde?

(11) Gänzlich außer Zweifel steht, daß solche Leute, die in diesen Geschäften geübt sind, immer in ihrem Inneren erwägen, sogar aus den Bewegungen der Gestirne Wind und Wetter zu beherrschen, und es in ihrer Schlechtigkeit nicht ertragen können, daß fruchtbare Fluren mit der Aussicht auf künftige Feldfrüchte durch Regenfälle vom Himmel bewässert werden; sie rechnen es sich bereits als persönlichen Schaden an, wenn durch das rechte Maß des Himmels selbst ein Überfluß an Waren gedeiht.

(12) Immer geht deren Streben dahin, sogar aus göttlichen Wohltaten Gewinn zu ziehen und den Überfluß öffentlichen Reichtums abzuwürgen und wiederum aufgrund der Fruchtlosigkeit eines (Ernte-)Jahres um das Wegwerfen der Ernte und die Pflichten der Händler zu feilschen; jeder einzelne von ihnen besitzt im Überfluß Reichtümer, die sogar ganze Völker zur Genüge sättigen könnten, aber dennoch trachten sie selbst nach kleinen Vermögen und erreichen Wucherzinsen – daß deren Habgier ein Maß gesetzt werde, ihr Bewohner unserer Provinz, zu dieser Überzeugung führt die Rücksicht auf die gemeinsamen Interessen aller.

(13) Aber jetzt müssen wir auch die Gründe selbst darlegen, deren Dringlichkeit unsere so lange geübte Geduld endlich zum Eingreifen zwang […]

(14) Wer also wüßte nicht, daß die Frechheit, die hinterhältige Nachsteller des Gemeinwohls, überall, wohin auch immer unsere Heere um des gemeinsamen Wohlergehens aller geschickt werden – nicht nur durch Dörfer oder Kleinstädte, sondern auf jedem Marschabschnitt–, mit der Absicht, Beute zu machen, begegnet; daß sie Warenpreise nicht nur in vierfacher oder achtfacher, sondern in derartiger Höhe erpreßt, daß die Beschaffenheit der menschlichen Sprache Bezeichnungen für diesen Preisansatz und diese Verhaltensweise nicht zu liefern vermag; und daß schließlich bisweilen der Soldat beim Kauf nur einer Sache seines Geldgeschenks und seines Soldes beraubt wird und daß die gesamten, zum Unterhalt der Truppen auf der ganzen Welt gesammelten Steuereinnahmen der abscheulichen Profitgier der Raffer zum Opfer fallen, so daß unsere Soldaten mit eigener Hand den erhofften Lohn für ihren Dienst und ihre verdienstvoll übernommenen Mühen diesen Halsabschneidern der Gesamtheit zu übergeben scheinen, wodurch diese Ausplünderer sogar des Staates selbst Tag für Tag so viel zusammenrauben, daß sie gar nicht wissen, wieviel sie besitzen?

(15) Über alle diese oben genannten Dinge sind wir mit Fug und Recht empört; weil bereits die menschliche Natur selbst um Abhilfe zu bitten scheint, sind wir zu der Auffassung gelangt, daß nicht Preise für Waren festzusetzen seien – denn diese Maßnahme wird nicht als gerecht erachtet, da bisweilen sehr viele Provinzen sich des Glücks der erwünschten Niedrigpreise und so gewissermaßen des Privilegs des Überflusses rühmen können –, sondern eine Grenze, damit im Falle irgendeiner Teuerung – die Götter mögen ein solches Omen abwenden! – die Habgier, die wie auf flachen, ins Unermeßliche sich erstreckenden Ebenen nicht beschränkt werden konnte, durch die Schranken unserer Verordnung und die Grenzen des künftig ein Maß setzenden Gesetzes unterdrückt wird.

(16) Es wird also verordnet, daß diejenigen Preise, welche die unten angefügte, kurze Liste verzeichnet, in unserem ganzen Reich mit der Maßgabe eingehalten werden, daß alle begreifen, daß ihnen die Willkür, diese Preise zu überschreiten, beschnitten ist, ohne daß jedoch überall dort, wo ein Warenüberangebot zu erkennen ist, das Glück niedriger Preise verhindert wird, dem man am besten Vorschub leistet, wenn die oben beschriebene Habgier unterdrückt wird.

(17) Zwischen Verkäufern und Käufern aber, die gewohnt sind, Häfen anzufahren und fremde Provinzen zu

D 1

Faktoren der römischen Wirtschaftsentwicklung im 3. Jahrhundert n. Chr.

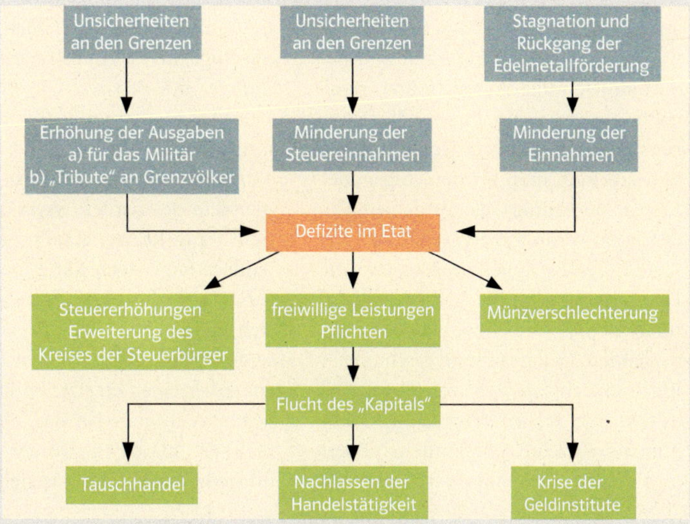

bereisen, wird die folgende Mäßigung in den gemeinsamen Geschäften herrschen müssen, daß – da sie selbst wissen, daß in der Notlage einer Teuerung die festgesetzten Warenpreise nicht überschritten werden können – zur Zeit eines Verkaufs die Gegebenheiten der Gegend, des Hin- und Herbringens und des ganzen Geschäfts überhaupt eingerechnet werden, woraus deutlich hervorgeht, daß zu Recht beschlossen worden ist, daß diejenigen, die etwas transportieren, nirgendwo teuerer verkaufen dürfen.

(18) Weil bekannt ist, daß bei unseren Vorfahren folgendes Gesetzgebungsverfahren existierte, daß nämlich durch Strafandrohung die Dreistigkeit unterdrückt wurde – weil es ziemlich selten ist, daß bei der Natur des Menschen freiwillig eine Wohltat akzeptiert wird und sich stets der Lehrmeister der Einschüchterung als der geeignetste Lenker der Pflichten erweist–, wird festgesetzt, daß, wenn einer sich gegen die Ausführung dieses Erlasses auflehnt, diese Waghalsigkeit der Anklage auf Todesstrafe unterliegen soll. Und niemand möge diesen Erlaß für hart halten, da es leicht möglich ist, durch Beachtung der Mäßigung dieser Anklage zu entgehen.

(19) Aber derselben Anklage soll auch jener unterliegen, der sich aus Kaufgier mit der Habsucht des Verkäufers gegen die Vorschriften abspricht. Und von einer solchen Anklage wird auch jener nicht für frei befunden, der, wenn er zum Lebensunterhalt und Bedarf notwendige Waren besitzt, noch nach diesem Erlaß meint, diese zurückhalten zu müssen, weil die Strafe schwerer sein muß für denjenigen, der Mangel herbeiführt, als für denjenigen, der gegen Verordnungen verstößt.

(20) Daher appellieren wir an die Ergebenheit aller, die Verordnung im Interesse des Gemeinwohls mit wohlwollendem Gehorsam und geschuldeter Ehrfurcht einzuhalten, vor allem, weil durch eine solche Verordnung nicht nur für einzelne Gemeinden, Völker und Provinzen, sondern sogar für die ganze Welt Vorsorge getroffen zu sein scheint, zu deren Verderben bekanntlich einige Leute wüteten, deren Habsucht weder diese günstigen Zeiten noch die Reichtümer, nach denen sie offenbar trachteten, besänftigen oder befriedigen konnten.

(1,1) Die Preise, die niemand überschreiten darf, sind unten angeben:
Getreide pro Lagerscheffel
100 Denare
Gerste pro Lagerscheffel
60 Denare [...]
Landwein pro italischer Sextar
8 Denare
Weizenbier
oder Bier pro italischer Sextar
4 Denare [...]
Essig pro italischer Sextar
6 Denare [...]
ein Schreiner mit Verpflegung
pro Tag 50 Denare
[oder] ein Zimmermann mit
Verpflegung pro Tag 50 Denare [...]

Hartwin Brandt: Geschichte der römischen Kaiserzeit. Von Diokletian und Konstantin bis zum Ende der konstantinischen Dynastie (284–363). Akademie Verlag, Berlin 1998, S. 78–84.

Q 5

Teilung und Verwaltung des Reiches

Sextus Aurelius Victor (unbekannt–390), hoher römischer Beamter, berichtet in „De Caesaribus“ über die Kaiser seit Augustus bis zum Regierungsantritt Julians (361–363):

Auf Grund einer Entschließung der militärischen Führer und Tribunen wurde Valerius Diocletianus, der Kommandeur der Garden, wegen seiner Einsicht [zum Kaiser] gewählt; ein bedeutender Mann, doch war es bezeichnend für ihn, daß er der erste war, der für sich goldbestickte Kleider wählte und seidene, purpurne und mit der Pracht von Edelsteinen besetzte Fußbekleidung beanspruchte. Wenn das allein schon mehr ist, als einem Bürger zukommt und von einer aufgeblasenen und verschwenderischen Gesinnung zeugt, so ist es noch geringfügig neben dem anderen: denn er zuerst – wie vor ihm nur Caligula und Domitianus – ließ sich öffentlich mit ‚Dominus‘ anreden und wie einen Gott verehren und anrufen [...]

Doch diese Fehler wurden aufgewogen durch seine sonstigen Vorzüge: während er sich als ‚Dominus‘ anreden ließ, zeigte er sich in der Tat als Vater seiner Untertanen. [...]

Um den Geltungsbereich des römischen Rechtes zu schützen und zu erweitern, nahm er mehrere Männer, und zwar Ausländer, zu Teilhabern seiner Regierung an. Als er erfuhr, daß [...] in Gallien Aelianus und Amandus mit einer aufgebotenen Schar von Landleuten und Räubern [...] weit und breit die Äcker verwüsteten und viele Städte in ihre Gewalt zu bringen versuchten, ernannte er sogleich seinen treuen Freund Maximianus [genannt Herculius], einen zwar halbbäurischen, jedoch kriegstüchtigen Mann von guter Veranlagung, zum Imperator. [...] Dieser [...] hatte gleich nach seinem Aufbruch nach Gallien die Feinde besiegt oder ihre Unterwerfung angenommen und so in kurzem die allgemeine Ruhe wiederhergestellt. [...]

Zur gleichen Zeit erschütterten die Perser den Osten und Julianus und die Quinquegentanischen Völker Afrika. [...]

Deshalb ernannten [die beiden Imperatoren] den Julius Constantius und Galerius Maximianus [...] zu Caesaren und fesselten sie durch Verwandschaftsbande an sich; beide nahmen sich nach Auflösung ihrer früheren Ehen neue Frauen, Constantius die Stieftochter des Herculius, Galerius die Tochter des Diocletianus. [...]

Sie alle stammten aus Illyrien; trotz ihrer geringen Bildung waren sie doch, dank ihrer Vertrautheit mit den Mühsalen des Landlebens und des Kriegsdienstes, vortreffliche Herrscher. [...]

Zu Diocletianus schauten sie alle wie zu einem Vater oder wie zu einem mächtigen Gotte auf. [...] Da die Last der Kriege, von der ich schon sprach, immer heftiger und drückender wurde, teilten sie gleichsam das Reich: Constantius wurde alles Land jenseits der Alpen, das zu Gallien gehört, anvertraut, Afrika und Italien dem Herculius; Illyrien und die Küsten bis an die Meerengen des Schwarzen Meeres dem Galerius, alles übrige blieb bei Diocletianus. Von dieser Zeit ab wurde einem Teile Italiens die Bürde ungeheurer Steuern auferlegt [...] und eine neue Abgabe gesetzlich eingeführt; wenn diese zu jenen Zeiten noch erträglich war, da sie ein gewisses Maß einhielt, so hat sie sich doch zu meiner Zeit zum wahren Verderben ausgewachsen. [...]

Sextus A. Victor, in: Walter Arend: Geschichte in Quellen. Bd. 1: Altertum. Bayerischer Schulbuchverlag, München 1975, S. 730 f.

Q 6

Charakterisierung Diokletians

Der aus Afrika stammende christliche Autor Lactantius (Laktanz, 250–320 n. Chr.) über Diokletian, an dessen Hof er zeitweilig lehrte:

Diokletian, groß in Erfindung von Verbrechen und im Anstiften von Unheil, konnte bei dem allgemeinen Verderben, das er verbreitete, auch von Gott die Hand nicht zurückhalten. Zwei Eigenschaften wirkten bei ihm zusammen, um den Erdkreis zu verderben: seine Habsucht und seine Furchtsamkeit. Er teilte das gesamte Reich in vier Teile und nahm drei Mitregenten an. Die Heere wurden vervielfältigt; jeder trachtete, eine weit größere Anzahl Soldaten zu besitzen, als die früheren Herrscher zur Zeit der Alleinherrschaft gehabt hatten. So sehr stieg allmählich die Zahl der Empfänger über die Zahl der Geber, dass bei der Maßlosigkeit der Auflagen die Kräfte der Landleute sich erschöpften, die Ländereien verlassen wurden und die Saatfelder sich in Wald verwandelten. Und um alles mit Schrecken zu erfüllen, wurden auch die Provinzen in Stücke geteilt. Statthalter in Menge mit zahlreichen Unterbeamten übten den Druck ihrer Herrschaft aus über jedes Gebiet und fast schon über jede Stadt. Dazu kam noch eine Menge von Schatzmeistern, Verwaltungsbeamten, Unterbefehlshabern, und bei all diesen gab es gar selten Verhandlungen in bürgerlichen Rechtssachen, sondern nur Verurteilungen und Gütereinziehungen. Die Einforderungen unzähliger Dinge kehrten nicht bloß häufig wieder, sondern dauerten immerfort, und bei der Einhebung kam es zu unerträglichen Ungerechtigkeiten. Doch das hätte man noch ertragen können, was zum Unterhalt der Soldaten notwendig ist. Aber Diokletian wollte zugleich in unersättlicher Habsucht seine Schatzkammern nie vermindert sehen, sondern unaufhörlich raffte er auf außerordentlichem Wege Schätze und Gaben zusammen, um das, was er hinterlegt hatte, unversehrt und ungeschmälert zu bewahren. Durch mannigfache Ungerechtigkeiten hatte er eine ungeheure Teuerung hervorgerufen, und nun unternahm er es, den Preis der Lebensmittel durch Gesetz zu bestimmen. Jetzt kam es wegen geringfügiger und unbedeutender Dinge zu vielem Blutvergießen. Aus Furcht brachte man nichts Verkäufliches mehr auf den Markt, und die Teuerung nahm in weit schlimmerem Grade zu, bis die Notwendigkeit selbst das Gesetz nach dem Untergange vieler außer Gebrauch setzte.

Lucius C. Lactantius: De morte persecutorum. Übers. v. Aloys Hartl. Hrsg. v. Otto Bardenhewer. In: Bibliothek der Kirchenväter. Bd. 36, Kösel, Kempten 1919, Kap. 7.

D 2

Ein verkannter Kaiser?

Der Archäologe Wolfgang Kuhoff über Kaiser Diokletian, 2012:

Die Regierungszeit Diokletians, die er zuerst allein, dann zusammen mit Maximian in einer Dyarchie und schließlich mit Constantius und Galerius in einer der Öffentlichkeit breit vorgestellten Tetrarchie, deren göttliche Unterstützung betont wurde, absolvierte, erscheint im Gesamtüberblick als eine der grundlegendsten Epochen der römischen Kaiserzeit. Sie war vor allem durch eine umfängliche Reformtätigkeit gekennzeichnet, die vergleichbar höchstens durch Augustus verwirklicht worden war.

Auch wenn einige ihrer Bestandteile nicht mehr zu Ende geführt werden konnten und die tatsächliche Wirksamkeit nicht immer gesichert ist, muss diese Leistung doch anerkannt werden. Sie beruhte auf einer kritischen Überprüfung der Schwachpunkte, welche dem Imperium Romanum im Verlaufe des 3. Jahrhunderts so schwer zu schaffen gemacht hatten, und der Umsetzung von durchdachten Methoden zu einer weitgehenden Abhilfe. Freilich darf man nicht übersehen, dass in der Christenverfolgung eine manifeste Verkennung der Sachlage zum Ausdruck kommt, die jedoch durch die Unterordnung der Religionspolitik unter die grundsätzliche Maxime erklärt werden kann, dass nur der traditionelle Staatskult ein ideologisches Mittel zur umfassenden innenpolitischen Konsolidierung sein könne. Hierin offenbart sich besonders deutlich die Rückbesinnung auf die althergebrachten Werte der res publica Romana.

Dass sich das Herrschaftssystem der Tetrarchie letzten Endes trotz erfolgverheißender Ansätze nicht durchsetzen konnte, kann man Diokletian nur zum Teil anlasten. Die Herrschaft seines mittelbaren Nachfolgers Konstantin verdunkelte allerdings schon bald das Andenken an seine eigene Regierungszeit. Die Historiker von heute erkennen dagegen Diokletians wirkliche Bedeutung in der römischen Geschichte an und sind gewillt, sie abgewogen zu beurteilen.

Wolfgang Kuhoff: Der verkannte Kaiser. Unter: www.archaeologie-online.de/artikel/2002/diokletian-der-verkannte-kaiser/ (Zugriff: 07.03.2019).

Konstantin – der Große?

Zu Beginn des 4. Jahrhunderts n. Chr. kommt es erneut zu wichtigen Veränderungen im Römischen Reich. Die Alleinherrschaft von Kaiser Konstantin löst das System der Tetrarchie ab. Das Christentum wird Staatsreligion im Römischen Reich.

Mithilfe verschiedener Reformen versuchte Kaiser Konstantin, das Reich nach innen und außen zu stabilisieren. Im allgemeinen Gedächtnis haften geblieben ist jedoch die Hinwendung Konstantins zum Christentum. Viele Menschen betrachteten ihn vor allem deswegen als ganz herausragenden Herrscher. Mithilfe des Verfassertextes können Sie sich über diese entscheidende Wende informieren.

1 Charakterisieren Sie den Wechsel von der Tetrarchie (vgl. auch S. 72 f.) zur Alleinherrschaft Konstantins.
2 Erstellen Sie eine Liste der wichtigsten Maßnahmen von der Politik Konstantins gegenüber der christlichen Kirche.
3 Stellen Sie sich vor, Sie sollten als Museumsführer das Bild Raffaels (Q 1) in den vatikanischen Museen erklären: Sie haben fünf Minuten Zeit für einen Kurzvortrag.

Von der Tetrarchie zur Alleinherrschaft

Diokletian und sein Mitkaiser hatten gehofft, dass sich mit der Errichtung des Systems der Tetrarchie die Lage im römischen Reich dauerhaft stabilisieren ließe. Friedliche, „rationale“ Machtwechsel sollten die Reichspolitik auf ein stabiles Fundament stellen. Um ein Zeichen zu setzen, traten Diokletian und Maximian im Jahre 305 gemeinsam von ihren Ämtern zurück. An ihre Stelle traten nun, wie vorgesehen, die bisherigen Caesares, Constantius Chlorus und Galerius. Die mit diesem Schritt verknüpften Hoffnungen erfüllten sich jedoch nicht. Nach dem Tod von Constantius Chlorus im Jahre 306 n. Chr. riefen ihm zuvor unterstellte Truppenteile seinen Sohn Konstantin zum Kaiser aus, ohne dass dies mit Galerius und den Caesares abgestimmt worden wäre. Versuche, den Konflikt friedlich beizulegen, scheiterten.

Erster Höhepunkt der Kämpfe war die Schlacht an der Milvischen Brücke vor den Toren Roms im Jahre 312. Dort besiegte Konstantin seinen Rivalen Maxentius, der ebenso wie Konstantin selbst an der Tetrarchie vorbei zum Kaiser ausgerufen worden war – nur dass sich bei Maxentius um einen Sohn des Tetrarchen Maximian handelte. Ausschlaggebend für den Ausgang der Schlacht soll der Legende nach gewesen sein, dass Konstantin sich, einer Vision folgend, vom Heidentum abgewandt und seine Truppen unter dem Zeichen des christlichen Kreuzes habe kämpfen lassen.

So entscheidend dieser Sieg aus der Rückschau, vor allem aus christlicher Perspektive, auch war – erst mit seinem Sieg über einen weiteren zeitweiligen Mitkaiser, Licinius, im Jahre 324 n. Chr. war Konstantin tatsächlich alleiniger Herrscher über das Römische Reich.

Abwehr neuer Bedrohungen

Die Zeit des Bürgerkrieges um die Alleinherrschaft war keineswegs eine Zeit der Ruhe nach außen. Immer wieder überschritten einzelne Germanenstämme wie die Alamannen und die Goten die Reichsgrenze, um zu plündern oder sich auf dem Gebiet des Reiches niederzulassen. Während Konstantin die Alamannen zurückdrängen konnte, schloss er mit den Goten einen Vertrag. Dieser erlaubte es ihnen, sich in Dakien – dem heutigen Rumänien –, das einst zum Römischen Reich gehört hatte, inzwischen aber verloren gegangen war, niederzulassen. Die Details dieser Vereinbarung sind unter Historikern umstritten. Ähnliche Vereinbarungen schloss Konstantin auch mit anderen Germanenstämmen. Ziel dieser Politik war es, die Außengrenzen des Reiches zu sichern. Während dies im Nordosten mit den Goten vorerst gelang, drohten im Osten seit 336 n. Chr. neue Konflikte. Der persische König Schapur II. stellte die bisherige Übereinkunft mit dem Sassanidenreich infrage. Auf dem Weg in den Osten starb Konstantin.

Material: Hintergrundinformation zu Q 1
xg2585

Reformen im Innern

Die Durchsetzung der Alleinherrschaft Konstantins ging einher mit politischen Reformen. Zu den wichtigsten Aspekten gehörte, dass die kodifizierte Rolle des Kaisers aus christlicher Sicht erweitert wurde. Besonders hervorzuheben ist hier die Funktion des Gottesgnadentums. Die römischen Kaiser verstanden sich fortan als Beauftragte Gottes, des Christengottes. Widerstand dagegen war daher nicht nur der Versuch, einen Machthaber zu stürzen, sondern auch ein Sakrileg, ein Verstoß gegen Gottes Willen. An dieser Form der Legitimation monarchischer Herrschaft sollte sich bis zu den Umwälzungen, die die Französische Revolution 1789 mit sich brachte, nichts ändern.

Damit einher ging die Entwicklung eines Hofzeremoniells, das den Alltag am Hof und die Begegnungen mit dem Kaiser genau regelte. Auch der „Hof" und damit die Verwaltung von Reich, Provinzen und Städten wurden neu geordnet. Nur eine solide Verwaltung konnte jene Steuern erheben, die zur Finanzierung des Heeres und damit zur Sicherung des Reiches notwendig waren. Finanz- und Wirtschaftsreformen verfolgten das gleiche Ziel. Das Heer selbst wurde ebenfalls neu organisiert.

Neuordnung des Verhältnisses von Staat und Kirche

Das Christentum wurde bereits seit Kaiser Galerius geduldet; Konstantin nun ging noch einen Schritt weiter. In seiner Eigenschaft als Pontifex Maximus – oberster Priester –, einer Funktion, die alle römischen Kaiser innehatten, ordnete Konstantin das religiöse Leben im Reich neu. Mit zahlreichen Gesetzen versuchte der Kaiser, den Forderungen des Christentums schrittweise gerecht zu werden. Dazu gehörten u.a. die Abschaffung der Strafe des Gladiatorendienstes, Gesetze zur Sklaverei, die diese zwar nicht verboten, aber die Stellung der Sklaven leicht verbesserten, oder auch seine Gesetze zu Ehe und Familie, zu Fragen der Kirchenorganisation sowie der Stellung der „Heiden". „Heidnische" Kulte, die immer noch viele Anhänger hatten, wurden nicht verboten, aber gingen ihrer Privilegien verlustig. Bis heute wirksam ist Konstantins „Sonntagsgesetz". Der Sonntag ist seit 321 n. Chr. ein Feiertag, an dem nicht gearbeitet werden soll.

Eine „Konstantinische Wende"?

Obwohl Konstantin der Legende nach 312 n. Chr. im Zeichen des Kreuzes einen entscheidenden Sieg errungen hatte, ließ er sich erst kurz vor seinem Tode taufen. Erst damit wurde er formal ein Christ. Über die Motive des Kaisers und seine „wirklichen" inneren Überzeugungen streiten Historiker und Theologen bis heute. Gleichermaßen streiten sie darüber, ob Konstantin ein „großer" Herrscher war und welchen Einfluss er auf die weitere Entwicklung des römischen Reiches und der christlichen Kirche gehabt hat.

Q 1

Die Erscheinung des Kreuzes (Ausschnitt)
Fresko aus der Schule des Raffael (1483–1520). Apostolischer Palast, ca. 3 m x 7 m, 1. Viertel des 16. Jahrhunderts

Die Materialien erlauben Ihnen, anhand zeitgenössischer Quellen zu erklären, warum Konstantin „der Große" genannt wurde. Zugleich erlauben sie Ihnen, dessen Haltung gegenüber dem Christentum zu beurteilen und mit heutigen Deutungen zu vergleichen.

1 Vergleichen Sie die Deutungen Konstantins in Q 2–Q 7, D 2.
2 Verfassen Sie einen Brief an Zosimos (Q 5) aus der Sicht eines Anhängers von Konstantin.
3 Erklären Sie die „Wende" in Konstantins Leben. (Q 2)
4 Versetzen Sie sich in die Rolle eines Zeitgenossen, der Besuchern Roms die Bedeutung des Konstantinsbogens erklären soll (Q 7). Sie haben 10 Minuten Zeit.
5 Charakterisieren Sie zusammenfassend die Entwicklung des „Kaisertums" von Augustus bis Konstantin.

Q 2

Konstantin wird Alleinherrscher

Der aus Afrika stammende christliche Autor Lactantius (Laktanz, 250–320) über die Ereignisse des Jahres 312:

1. Schon war der Bürgerkrieg zwischen ihnen [Maxentius und Konstantin] zum Ausbruch gekommen. Und wenn auch Maxentius selbst sich in Rom aufhielt, weil er eine [göttliche] Antwort empfangen hatte, daß er sterben würde, wenn er sich vor die Tore der Stadt begäbe, so wurde der Krieg dennoch durch geeignete Feldherren geführt.

2. Maxentius verfügte über zahlenmäßig größere Streitkräfte, weil er das Heer seines Vaters von Severus übernommen und sein eigenes Heer neulich von Mauren und Gätulern abgezogen hatte.

3. Es wurde gekämpft, und die Soldaten des Maxentius behielten die Oberhand, bis schließlich Konstantin neuen Mut gefaßt hatte und, zu Sieg oder Untergang entschlossen, seine sämtlichen Truppen näher an die Stadt [Rom] heranführte und in dem Gebiet der Milvischen Brücke Stellung bezog.

4. Es nahte der Tag, an dem Maxentius seine Herrschaft angetreten hatte, d.h. der sechste Tag vor den Kalenden des November [27. Oktober], und die Fünfjahresjubiläen gingen zu Ende.

5. Im Schlaf wurde Konstantin ermahnt, das himmlische Zeichen Gottes an den Schilden anzubringen und so die Schlacht zu beginnen. Er verhält sich weisungsgemäß und bezeichnet Christus auf den Schilden, indem er den Buchstaben X umlegte und die oberste Spitze umbog.

6. Mit diesem Zeichen gerüstet greift das Heer zu den Waffen. Der Feind rückt ohne den Befehlshaber entgegen und überschreitet die Brücke. Die Schlachtreihen treffen in gleicher Front aufeinander, mit höchstem Einsatz wird auf beiden Seiten gekämpft: ‚Nicht Flucht gilt hüben und drüben' [Vergil, Aeneis X 757].

In der Stadt kommt es zu einem Aufruhr, der Befehlshaber [Maxentius] wird als Schädiger des öffentlichen Wohls beschimpft. Als man seiner ansichtig wurde – er veranstaltete gerade Zirkusspiele wegen seines Geburtstages –, ruft plötzlich das Volk einmütig, Konstantin könne nicht besiegt werden. Durch diesen Ausruf erschreckt, stürzt Maxentius aus dem Zirkus und befiehlt einigen zusammengerufenen Senatoren, die Sibyllinischen Bücher zu befra gen: Denen ist zu entnehmen, daß an jenem Tage ein Feind der Römer zugrunde gehen würde.

9. Durch diese Auskunft mit Siegeszuversicht erfüllt, rückt Maxentius vor und zieht in die Schlacht. In seinem Rücken wird die Brücke zerstört. Bei seinem Anblick wird die Schlacht heftiger, und Gottes Hand war über dem Schlachtfeld. Sein Heer wird vom Schrecken ergriffen, er selbst flieht in Richtung der Brücke, die zerstört war, und wird unter dem Druck der fliehenden Massen in den Tiber gestürzt.

10. So war endlich der schreckliche Krieg beendet, als Konstantin unter großem Jubel des Senats und des römischen Volkes als Kaiser empfangen wurde. […]

Hartwin Brandt: Geschichte der römischen Kaiserzeit. Von Diokletian und Konstantin bis zum Ende der konstantinischen Dynastie (284–363). Akademie Verlag, Berlin 1998, S. 105 f.

Q 3

Für den Größten

Aus einer Inschrift des Senats für Konstantin:

Für Kaiser Flavius Constantinus, den größten, frommen, glückbringenden, unbesiegbaren Augustus, den Oberpriester, den größten dreimaligen Sieger über die Germanen, den größten Sieger über die Sarmaten, den größten Sieger über die Britannier, den größten Sieger über die Karpen, den größten Sieger über die Araber, den größten Sieger über die Perser, den größten Sieger über die Armenier, den größten Sieger über die Goten, den Inhaber der tribunizischen Gewalt zum 14. Male, den 13mal zum siegreichen Feldherrn Akklamierten, den vierfachen Konsul, Vater des Vaterlandes, Proconsul [hat] Flavius Terentianus, Angehöriger des Ritterstandes, Statthalter der Provinz Mauretania Sitifensis, völlig und stets ergeben seiner göttlichen Wirkungskraft und Majestät, [diese Inschrift gesetzt] […]

In dieser Weise schenkte Gott ihm [Konstantin] Siege über alle Völkerschaften, so daß sich ihm auch freiwillig diverse Barbarenstämme unterstellen wollten.

Hartwin Brandt: Geschichte der römischen Kaiserzeit. Von Diokletian und Konstantin bis zum Ende der konstantinischen Dynastie (284–363). Akademie Verlag, Berlin 1998, S. 105 f.

Q 4

Kein Großer

Der spätantike Schriftsteller und bekennende „Heide" Zosimos (geb. um 450 n. Chr.) über Konstantin:

Als Constantinus Alleinherrscher geworden war, verbarg er seine natürliche Bosheit nicht länger, sondern zeigte sie offen durch Willkür und Gewalttat. Die von den Vätern überkommenen Religionsgebräuche beobachtete er noch, nicht so sehr aus Ehrfurcht, sondern weil er sie brauchte. Deshalb folgte er auch noch der Stimme der Seher; er hatte ja erfahren, daß sie ihm die Wahrheit vorhergesagt hatten bei allem, was ihm bisher geglückt war. Als er aber voller Anmaßung nach Rom kam, da glaubte er, mit dem Frevel im eigenen Hause beginnen zu müssen. Sein Sohn Crispus [vom Vater vergiftet 326 n. Chr.], den er [...] kaiserlicher Ehren gewürdigt hatte, war verdächtigt worden, mit Fausta, seiner Stiefmutter, unerlaubten Umgang zu pflegen. Constantinus räumte ihn aus dem Wege, ohne die Bande der Natur zu achten. Als dann seine Mutter Helena über eine so leidenschaftliche Tat zürnte und die Ermordung des jungen Mannes nicht verschmerzen konnte, tröstete sie Constantinus, indem er das erste Übel durch ein größeres vergessen machte. Er ließ für Fausta ein Bad so übermäßig heizen [...], daß man sie tot herausbrachte. Nachmals fielen ihm diese Taten aufs Gewissen, dazu auch seine Eidbrüche; da ging er denn zu den Priestern und fragte sie nach Sühnemitteln für seine Sünden; die sagten ihm aber, es sei kein Mittel überliefert, solche Frevel zu tilgen. Nun war aus Spanien ein Ägypter nach Rom gekommen, und da er mit den Frauen im Palast vertraut geworden war, traf er auch mit dem Kaiser zusammen und versicherte ihm, der Christenglaube tilge jede Sünde und verheiße den Übeltätern, die sich zu ihm bekennten, sofortige Sündlosigkeit. Constantinus nahm diese Verkündigung ohne Bedenken an, hielt sich an das, was ihm der Ägypter mitteilte, und kehrte sich von dem Glauben der Väter ab. So begann sein frevelhaftes Mißtrauen in die Kunst unserer Seher. Da ihm durch sie vieles von seinem Glück vorausgesagt worden war, wie es hernach auch wirklich eintraf, so fürchtete er, es könnte auch einmal andern die Zukunft vorausgesagt werden, die gegen sein Interesse das Orakel befragten; aus dieser Befürchtung kam er dazu, die Orakel aufzulösen. Als aber das vaterländische Fest gekommen war [die Feier des angeblichen Gründungstages von Rom], an dem die Besatzung nach dem Herkommen auf das Kapitol zog und die vorgeschriebenen Opfer darbrachte, nahm Constantinus aus Furcht vor den Soldaten daran teil. Da sandte ihm der Ägypter ein Zeichen, das den Aufzug auf das Kapitol ganz zügellos verspottete; daraufhin wandte sich Constantinus von der heiligen Handlung ab und brachte dadurch Senat und Volk gegen sich auf.

Zosimos, zit. nach Walter Arend: Geschichte in Quellen. Bd. 1: Altertum. Bayerischer Schulbuch-Verlag, München 1975, S. 740 f.

Q 5

Von Gott gewollt

Eusebios von Caesarea berichtet über Erlasse Konstantins an die östlichen Provinzen nach dem Siege über Licinius (324 n. Chr.):

Da nun eine so große und so drückende Gottlosigkeit auf den Menschen lastete, da dem Staate wie von einer pestartigen Krankheit gänzliche Zerrüttung drohte und eine gründliche hilfreiche Rettung not tat, welch eine Erleichterung, welch eine Rettung aus dem Unheil ersann da die Gottheit? Das Wesen ist aber durchaus unter der Gottheit zu verstehen, das die Gottheit allein und in Wirklichkeit ist und eine Macht besitzt, die über alle Zeit hin sich erstreckt. Keineswegs ist es aber eitle Prahlerei, die von dem höchsten Wesen empfangenen Wohltaten zu bekennen und mit lobpreisenden Worten zu feiern. Meinen Dienst hat Gott gewollt und zur Ausführung seines Entschlusses für geeignet erachtet; und so habe ich, angefangen vom Meer dort bei den Britannen und von den Ländern, in denen die Sonne nach dem Gesetz der Natur untergehen muß, in höherer Macht die überall herrschenden Schrecknisse vertrieben und zerstreut, damit das Menschengeschlecht, durch meine Vermittlung belehrt, zum Dienste des heiligsten Gesetzes zurückkehre und zugleich der seligste Glaube unter der mächtigen Leitung des Höchsten sich ausbreite. [...]

29. Nie ja möchte ich vergessen, welchen Dank ich Gott schulde. Da ich die Überzeugung gewonnen habe, daß dies die herrlichste Aufgabe, dies ein gnadenvolles Geschenk an mich sei, komme ich auch bis zu den Ländern des Ostens, die, von schwereren Leiden heimgesucht, auch eine größere Hilfe von uns verlangten. Ich bin aber des zuversichtlichen Glaubens, daß ich meine ganze Seele und jeden Atemzug und überhaupt jede Regung in meinem innersten Geiste ganz und vollständig dem höchsten Gotte schulde. [...]

56. Daß Dein Volk in Frieden lebe und frei von allem inneren Zwiste bleibe, das wünsche ich zum gemeinsamen Wohle des Erdkreises und aller Menschen. Gleichen Frieden und gleiche Ruhe wie die Gläubigen sollen die Irrenden erhalten und freudig genießen. Denn diese süße Gemeinschaft wird auch jene aufzurichten und auf den rechten Weg zu führen vermögen. Keiner soll den andern belästigen; wie sein Herz es will, soll jeder es haben, jeder es halten. Die Gutgesinnten müssen aber überzeugt sein, daß diejenigen allein heilig und rein leben, die Du sel-

ber rufst, zu ruhen in Deinen heiligen Gesetzen. Die sich aber dem entziehen wollen, sollen die Tempel ihres Truges nach ihrem Willen haben; wir haben das strahlende Haus Deiner Wahrheit. […]

60. Doch darf keiner mit dem, was er selbst aus Überzeugung angenommen hat, einem andern schaden … denn etwas anderes ist es, den Kampf um die Unsterblichkeit freiwillig aufzunehmen, etwas anderes, mit Strafen dazu zu zwingen.

Eusebios von Caesarea, zit. nach Walter Arend: Geschichte in Quellen. Bd. 1: Altertum. Bayerischer Schulbuch-Verlag, München 1975, S. 744 f.

Q 7

Wann Überfluss und Habgier begannen

Aus einer anonymen antiken Schrift:

Zu Zeiten Konstantins wies die verschwenderische Freigebigkeit Gold statt Bronze, welcher vorher großer Wert zugemessen wurde, den einfachen Geschäften zu; der Ursprung dieser Habgier liegt, so glaubt man, in folgendem begründet.

1. Als nämlich Gold, Silber und eine große Menge wertvoller Edelsteine, die seit alten Zeiten in den Tempeln aufbewahrt wurden, in die Öffentlichkeit gelangt waren, entbrannte bei allen Leuten die Begierde, auszugeben und zu besitzen.

2. Und obgleich schon die Ausgabe von Bronze selbst – welche, wie gesagt, mit dem Porträt der Könige geprägt war – aufwendig und schwierig schien, gab es dennoch nichtsdestoweniger aus irgendeiner Blindheit heraus ein unmäßiges Verlangen nach der Ausmünzung von Gold, welches als kostbarer galt.

3. Aus dieser Masse von Gold füllten sich die Privathäuser der Mächtigen; sie wurden, zum Schaden der Armen, immer prächtiger, während die rangniederen Leute offensichtlich durch Gewalt unterdrückt wurden.

Q 6

Konstantinbogen in Rom

Auf den beiden Attiken (Flächen über dem Mittelbogen) steht:
„Für den Imperator Caesar Flavius Constantinus, den größten, frommen und glückbringenden Augustus, haben Senat und Volk von Rom, weil er durch Eingebung einer Gottheit mit der Größe seines Geistes und mit seinem Heer gleichzeitig den Staat sowohl an dem Tyrannen als auch an der gesamten Anhängerschaft mit gerechten Waffen gerächt hat, diesen durch Triumphe ausgezeichneten Bogen geweiht."
Im mittleren Durchgang ist zu lesen:
„Für den Befreier der Stadt. Für den Begründer der friedlichen Stabilität."
An den Außenseiten des Bogens ist in abgekürzter Form zu lesen:
„Zu den Dezennalien wurden Gelübde eingelöst und neue für die folgenden zehn Jahre gelobt."

4. Aber die niedergedrückten Armen wurden zu verschiedenen Versuchen von Verbrechen aufgestachelt; ohne jede Ehrfurcht gegenüber dem Recht und ohne jede Neigung zur Ehrerbietung suchten sie ihr Heil im Verbrechen.

Hartwin Brandt: Geschichte der römischen Kaiserzeit. Von Diokletian und Konstantin bis zum Ende der konstantinischen Dynastie (284–363). Akademie Verlag, Berlin 1998, S. 105f.

D 1

Zwei Möglichkeiten

Die Historikern Karen Piepenbrink über die Hinwendung Konstantins zum Christentum, 2002:

Wir haben […] beobachtet, dass die Tetrarchen eine theologische Begründung des Kaisertums entwickelt hatten. Sie hatten sich dazu auf die traditionelle römische Religion berufen und Jupiter als den Gott begriffen, der den führenden Augustus autorisierte und die Normen vorgab, nach denen das Gemeinwesen zu gestalten war. Unter diesen Bedingungen war es notwendig gewesen, sich gegen all die Religionen zu wenden, die mit der römischen nicht übereinstimmten. Neben dem Manichäismus war davon besonders das Christentum betroffen. Eine Übereinstimmung zwischen diesen Religionen und der römischen herzustellen, war aufgrund ihrer inhaltlichen wie strukurellen Verschiedenheit nicht möglich.

Für Konstantin gab es damit theoretisch nur zwei Möglichkeiten: Die erste Option war die, die Politik der Tetrarchen fortzusetzen. Dies aber empfahl sich aus praktischen Gründen nicht, nachdem die massive Christenverfolgung, die auf die Vernichtung dieser Religion gezielt hatte, gescheitert war. Die zweite Möglichkeit bestand darin, sich auf den Christengott zu berufen und die kaiserliche Herrschaft von ihm abzuleiten. Diese Option war auch deshalb klug, weil sich der Christengott und die monotheistische christliche Religion besser zur Legitimation der Kaiserherrschaft eigneten als die traditionell polytheistische pagane Religion. Konstantins Entscheidung war damit auch unter politischen Gesichtspunkten sinnvoll. Inwieweit dies dem Kaiser bewusst war, ist freilich schwer zu beurteilen. Ohne christliche Berater wie Eusebius, die neben der Kenntnis der christlichen Lehre ein ausgeprägtes Verständnis für politische Zusammenhänge hatten, dürfte er schwerlich darauf gekommen sein. Voraussetzung dafür war, dass der Herrscher sich bereit zeigte, intensiv mit Christen zu kommunizieren und sie als Berater heranzuziehen. Ohne persönliche Affinitäten des Augustus zum Christentum scheint dies kaum vorstellbar.

Karen Piepenbrink: Konstantin der Große und seine Zeit. Wissenschaftliche Buchgesellschaft, Darmstadt 2002, S. 123.

D 2

Verschiedene Strategien der Krisenbewältigung

Der Historiker Eckhard Meyer-Zwiffelhoffer (* 1955) über Krisenphasen des Römischen Reiches, 2017:

Nur wenigen Imperien gelang es […], sich nach ihrer Expansionsphase dauerhaft zu behaupten und ihre Herrschaft zu konsolidieren. Auch das Imperium Romanum stand in seiner langen Geschichte dreimal kurz vor seiner Auflösung: gegen Ende der Republik, gegen Ende des 3. Jh.s n.Chr. und schließlich im 5. Jh. Sowohl Augustus als auch Konstantin gelang es aber, das Reich wieder zu stabilisieren. Augustus hatte Erfolg, weil er auf allen Ebenen Machtmittel mobilisieren konnte, die sich gegenseitig verstärkten: Nach der Ausschaltung seiner innenpolitischen Gegner bekam er das Heer unter seine Kontrolle, weshalb Rom seinen provinzialen Untertanen mit geballter militärischer Macht entgegentreten konnte. Die politische Macht des Zentrums wurde durch den Systemwechsel zur Monarchie bedeutend gesteigert, wobei die alte senatorische Führungsschicht nicht nur integriert, sondern auch die römische Herrschaft über die Provinzen gemildert wurde. Mit der pax Augusta wuchsen auch bald die ökonomischen Ressourcen des Reiches, die sowohl den Provinzialen wie dem Kaiser und seinen römischen Untertanen zugutekamen. Und schließlich begleitete Augustus den Umbau der res publica mit einer Erneuerung des Kultes und Festwesens, in dem er selbst eine zentrale Stellung als Vermittler göttlichen Heils für seine Untertanen einnahm.

In der 2. Hälfte des 3. Jh.s waren diese Machtmittel verbraucht. Militärisch war das Reich in der Defensive, die politische Machtstellung der Kaiser erschüttert, das Reich ökonomisch am Boden, und alle Versuche, den Beistand der Götter zu erlangen, fruchteten nichts. Diokletian gelang es zwar, durch militärische Erfolge und einen umfassenden militärischen, politischen und ökonomischen Umbau der res publica das Imperium kurzfristig zu stabilisieren, doch die Bürgerkriege, die sofort nach seinem Rückzug einsetzten, zeigten, dass dies nicht mehr ausreichte. Erst als Konstantin nicht nur seine innenpolitischen Gegner ausgeschaltet, sondern seit 312 mit der Förderung des Christentums auch eine religiöse Neuorientierung vorgenommen hatte, die die Stellung des Kaisers neu begründete, wurde das Imperium wieder konsolidiert. […]

Eckhard Meyer-Zwiffelhoffer, Imperium Romanum. Geschichte der römischen Provinzen. 2. Aufl., C.H. Beck, München 2017, 120 f.

Die „Völkerwanderung"

Es ist der Normalfall in der Geschichte, dass Menschen ihre Siedlungsgebiete oder Wohnorte verlassen und sich an anderer Stelle niederlassen. Oft wird davon kaum Notiz genommen. Es hat aber auch immer wieder große Migrationsbewegungen gegeben, mit denen sich sowohl die Zeitgenossen als auch Historiker späterer Zeiten auseinandersetzten und zu ganz unterschiedlichen Deutungen gelangten. Das trifft insbesondere für solche Migrationen zu, die langfristige und dauerhafte Wandlungsprozesse in Gang setzten. Dazu gehört auch die sogenannte „Völkerwanderung" in der Zeit der Spätantike. Diese Epoche markiert einen entscheidenden Umbruch in der Geschichte Europas beim Übergang von der Antike zum frühen Mittelalter. Die Wirkungen sind bis in die Gegenwart hinein sichtbar. Zugleich dienten die Deutungen dieser historischen Prozesse im 19. und im 20. Jahrhundert – bisweilen sogar bis in die heutige Zeit – der Legitimation nationaler und politischer Identitäten.

Was wurde und was wird unter dem Begriff der „Völkerwanderung" verstanden?
Was waren die Ursachen für die Migrationsprozesse zur Zeit der Spätantike?
Welche Bedeutung hatten diese Prozesse für die Menschen, die ihre angestammten Lebensräume verließen und in weit entfernte Siedlungsgebiete vorstießen?
Welche Folgen brachten diese Migrationsprozesse für die in Mittel- und Westeuropa bestehende spätantike Gesellschaft?
Welche Wechselwirkungen zwischen Kontinuität und Wandel prägten die Entwicklungsprozesse in Europa nach dem Ende des Imperium Romanum?

In diesem Kapitel können Sie anhand von Beispielen Wechselwirkungen und Anpassungsprozesse in der Zeit der „Völkerwanderung“ analysieren, deuten und bewerten. Mit folgenden Schritten erreichen Sie das Ziel:

Ursachen der Bevölke-rungsverschiebung

Das Römische Reich und die „Völkerwanderung“

Analysieren, Deuten und Bewerten der im 4. Jahrhundert einsetzenden Wanderungsbewegungen von Südosteuropa in Richtung Römisches Reich

- → mit Kategorien und Begriffen arbeiten
- → mit Perspektiven umgehen
- → Sach- und Werturteile formulieren

„Völkerwanderung“ und „Ethnogenese“

Aktualität des histori-schen Phänomens der „Völkerwanderung“

Die Wanderungszüge germanischer Stammes-verbände im 4. und 5. Jahrhundert

Ansiedlung von Germanen im Römischen Reich

Analysieren, Deuten und Bewerten des Zusammenhangs von „Völkerwanderung“ und Zerfall des Römischen Reiches

- → mit Perspektiven umgehen
- → mit Kategorien und Begriffen arbeiten
- → Sach- und Werturteile formulieren

Das Verhältnis von Römern und Barbaren

Ursachen für den Zerfall des Römischen Reiches

Die Königreiche der Ost- und Westgoten, der Langobarden, Vandalen und Franken

Die unterschiedliche Aus-prägung von Anpassungs-prozessen in den neuen Reichen

Analysieren, Deuten und Bewerten der Entstehung neuer Reiche auf dem Gebiet des Imperium Romanum

- → mit Kategorien und Begriffen arbeiten
- → mit Perspektiven umgehen
- → Sach- und Werturteile formulieren
- → theoriebezogenes Deuten der Bedingungen und Formen von Wechselwirkungen und Anpassungs-prozessen in der Geschichte

Kontinuität und Wandel in den neu entstandenen Königreichen

Die Herausbildung neuer Identitäten in den germa-nischen Königreichen

Abbildung: „Germanenzug“: Das Bild ist repräsentativ für die Vorstellungen, die im Deutschland des späten 19. Jahrhunderts von der „Völkerwanderung“ dominierten. Holzstich nach einer Zeichnung von Otto Knille (1832–1898). Spätere Kolorierung

„Völkerwanderung" – ein irreführender Begriff?

In manchen Veröffentlichungen kommt noch heute die Vorstellung zum Ausdruck, dass sich zwischen den Jahren 375 und 568 ganze „Völker" auf den Weg machten, um ins Römische Reich zu gelangen. Europäische Staaten wie Deutschland oder Frankreich führten zeitweise ihre Existenz auf diese Wanderungsbewegungen zurück. Doch was hat es mit den „Völkern" und ihrer „Wanderung" auf sich?

Der Darstellungsteil geht auf die historische Dimension des Begriffes „Völkerwanderung" und seine Bedeutung ein. Sie erhalten einen Überblick, wie sich dieser Begriff vor allem im Diskurs um das deutsche Nationalverständnis entwickelte.

1 Stellen Sie dar, welche historische Entwicklung der Begriff „Völkerwanderung" genommen hat.
2 Beurteilen Sie, inwieweit man in der Spätantike von „Völkern" sprechen kann.
3 Überprüfen Sie, inwieweit der Begriff „Wanderung" als Kennzeichnung der historischen Ereignisse in der Spätantike geeignet ist.
4 Analysieren Sie Q 1.
5 Stellen Sie dar, welche Bedeutung der „Völkerwanderung" im Rahmen der deutschen Nationalbewegung gegeben wurde.

Die „Völkerwanderung" – das Ende Roms?

Gewöhnlich lassen Historiker die „Völkerwanderung" im Jahr 375 mit dem Einfall von Hunnen in Europa beginnen. Die Ankunft dieser aus Mittelasien stammenden berittenen Gruppen setzte von der heutigen Ukraine aus eine Kettenbewegung von Bevölkerungsgruppen in Gang, von denen sich einige auf dem Boden des Römischen Reiches ansiedelten und später eigene unabhängige Reiche bildeten. Diese großen „Wanderungen" dauerten mit unterschiedlicher Intensität bis zum Einfall der germanischen Langobarden in Italien 568 n. Chr. Die „Völkerwanderung" trug wesentlich zum Ende des Weströmischen Reiches bei, das im staatlichen Sinne 476 n. Chr. aufhörte zu existieren. Vielfach lebten jedoch die römischen Traditionen in den germanischen Reichen fort, und das Oströmische Reich existierte, wenn auch in verkleinerter Form, bis zur Eroberung durch die Türken 1453 weiter.

„Völker" auf dem Weg?

Der Humanist Wolfgang Lazius (1514–1565) spricht als Erster von „Völkerwanderungen" und der Historiker Ignaz Schmidt verwendet 1778 den Begriff „Völkerwanderung" in seiner „Geschichte der Teutschen" erstmals im Singular.

In den zeitgenössischen antiken Quellen taucht der Begriff „Völkerwanderung" hingegen nicht auf. Die spätantiken Autoren verwenden vielmehr Begriffe wie „Barbareneinfall", „Barbareneinbruch" oder auch „Barbarenbewegung". Das Wort „Volk" (lateinisch: populus) behielten sich die Römer in der Regel für sich und ihr eigenes Gemeinwesen vor. Mit Blick auf die Germanen sprachen sie vielmehr von Stämmen (lateinisch: gentes).

Wie die neuere Forschung ergeben hat, bildete sich bei den germanischen Stämmen der Spätantike kein so weitreichendes Gemeinschaftsbewusstsein heraus, dass man von einheitlichen „Völkern" oder gar „Nationen" sprechen könnte. Die jeweiligen germanischen Stämme hatten zwar zweifellos ein Gemeinschaftsgefühl und zumindest für einen bestimmten Zeithorizont weitreichende gemeinsame Ziele. Dennoch waren sie keine homogenen, unveränderlichen Gebilde. Vielmehr teilten sie sich im Lauf ihrer Geschichte in unterschiedliche Gefolgschaften von Anführern, schlossen sich mit anderen Gruppen zusammen und wurden durch andere Stammessplitter ergänzt. Je nach den Gegebenheiten wie Siegen oder Niederlagen gesellten sich weitere Menschen zu den oft multiethnischen Verbänden oder schieden aus ihnen aus. Oft waren es bewaffnete Männer, die sich auf den Weg machten und denen sich nur vergleichsweise wenige Frauen und Kinder im Tross anschlossen, so dass diese Verbände schon deshalb nicht als „Völker" angesehen werden können. Es war nicht etwa das Bewusstsein, einem „Volk" anzugehören, das die Menschen zusammenschweißte, sondern in erster Linie waren es zeitlich begrenzte gemeinsame Interessen wie das Streben nach Wohlstand und Sicherheit. Oft begünstigte eher die gemeinsame Sprache als die Herkunft das Zusammengehörigkeitsgefühl unterschiedlicher Stämme. Doch wurden im Laufe der Zeit auch Gruppen in die Wanderungsbewegungen integriert, die, wie z. B. die Alanen, eine nichtgermanische Sprache sprachen.

Auch die Römer traten den germanischen Stammesverbänden nicht als einheitliches „Volk" gegenüber. Das Römische Reich war traditionell ein multiethnisches Gebilde und seine Armeen bestanden in der Spätantike aus Soldaten unterschiedlichster Herkunft von diesseits und jenseits der Grenzen.

Eine „Wanderung"?

Die Stammesverbände der Germanen waren im Laufe der Geschichte immer in „Bewegung" und keinesfalls dauerhaft sesshaft und an feste Gebiete gebunden. Der Begriff „Völkerwanderung" legt den Schluss nahe, dass zu einer gewissen Zeit „Wanderungen" stattgefunden haben, davor und danach jedoch nicht. Diese Annahme ist irreführend und historisch unzutreffend. Wir wissen, dass bereits seit dem 3. Jahrtausend vor Christus umfassende Wanderungen der Germanen stattfanden. Einige von ihnen hatten schon vor der Zeit, die wir als „Völkerwanderung" bezeichnen, ihre Wohnsitze verlassen und in großen Gruppen um eine Aufnahme ins Römische Reich nachgesucht. Erstmals geschah das um 100 v. Chr. bei den Stämmen, die wir ausgehend von der römischen Überlieferung als Kimbern und Teutonen bezeichnen. Diese Entwicklung verstärkte sich seit der Regierungszeit Marc Aurels (161–180 n. Chr.) und noch umfassender seit dem 3. Jahrhundert. „Wanderungen" von Stammesverbänden waren somit nicht neu. Allerdings nahm deren Intensität in der Zeit, die wir als „Völkerwanderung" bezeichnen, wesentlich zu.

„Völkerwanderung" und deutsches Nationalgefühl

Im Ausland wird die Zeit der „Völkerwanderung" meist ganz anders bezeichnet. Im Englischen herrscht die Bezeichnung „migration of (the) peoples" vor. In Frankreich spricht man von den „invasions barbares", in Italien von den „invasioni barbariche". Die beiden letzteren Bezeichnungen übernehmen die römische Pespektive und drücken damit zugleich aus, dass diese Zeit mit der Zerstörung einer weit entwickelten Zivilisation durch fremde, kulturell niedrig stehende Menschen verbunden gewesen sei.

In Deutschland sah man die „Völkerwanderung" meist wesentlich positiver. Schon früh betrachtete man die Germanen auf unhistorische Weise als „Deutsche" oder zumindest als deren Vorläufer. Im Zuge der Befreiungskriege gegen Napoleon und der Nationalbewegung des 19. Jahrhunderts verstärkte sich diese Entwicklung. In diesem Zusammenhang gewann der Begriff „Volk" eine besondere Bedeutung für das aus vielen Einzelstaaten bestehende Deutschland. Für die „Völkerwanderung" tauchten positiv besetzte Bezeichnungen wie „Völkerfrühling" oder „Völkermorgen" auf. Die Überwindung der römischen Herrschaft wurde gar als „Völkerglück" verstanden. Häufig hatte man beim Kampf der Germanen gegen die Römer die Auseinandersetzung der Deutschen mit den Franzosen im Blick.

Die unhistorische Verklärung der Germanen und der Missbrauch der „Völkerwanderung" in ideologischem Sinne fanden in der NS-Zeit ihren Höhepunkt. Hitler sah in den Germanen frühe „Deutsche", die sich „Lebensraum" verschafften und Europa als „arische" Menschen beherrschten.

Q 1

„Victoria", allegorische Darstellung der Vereinigung von Nord- und Süddeutschland durch zwei germanische „Recken"

Wandgemälde für den Rathaussaal in Saarbrücken von Anton von Werner, 1880

Auf Grundlage der Quellen Q 2–Q 4 können Sie überprüfen, wie der Begriff „Völkerwanderung" vor allem im Deutschland des 19. Jahrhunderts verwendet wurde. In den Darstellungstexten wird zuerst die Bezeichnung „Völkerwanderung" auf ihre Stichhaltigkeit hin überprüft und in den historischen Kontext eingeordnet. Dann wird nach der politischen Funktion des jeweiligen Völkerwanderungsbildes gefragt.

1 Analysieren Sie die Karte D 1 und benennen Sie Probleme der Kartendarstellung.

2 Erläutern Sie die Aussagen in Q 2 und Q 3 von der Rolle der „Deutschen" in der Spätantike vor dem Hintergrund des 19. Jahrhunderts. Ziehen Sie dazu auch D 2 heran.

3 Nennen Sie zentrale Begriffe, die Leopold von Ranke (Q 4) im Zusammenhang mit den „wandernden Völkern" verwendet, und überprüfen Sie, inwieweit sie als passend angesehen werden können.

4 Beurteilen Sie die Verwendung der Begriffe „Volk" und „Nation/Nationalität" in Q 2 und Q 3 mithilfe von D 3 und D 4.

5 Analysieren Sie Q 5 und und stellen Sie Vermutungen an, warum diese Aufschrift gewählt wurde.

6 Erläutern Sie, inwiefern die Völkerwanderungszeit für aktuelle politische Konflikte in Osteuropa instrumentalisiert werden kann. (D 5)

7 Nennen Sie andere Begriffe, die sinnvoll an die Stelle von „Völkerwanderung" treten könnten, und begründen Sie Ihre Auswahl.

D 1

Siedlungsgebiete und Wanderzüge überwiegend germanischer Stammesverbände im 4. und 5. Jahrhundert

Q 2

Germanen als „Deutsche"?

Der Historiker Heinrich Luden hält 1808 nach dem Sieg Napoleons über die Preußen bei Jena und Auerstädt eine Vorlesung und geht auch auf die Völkerwanderung ein:

Da standen die Deutschen da in alter Kraft, Tapferkeit und Einfalt [hier: Einfachheit, Reinheit]. Die Welt lag vor ihnen: Sie waren die Herren der Welt, sobald sie es sein wollten. Sie wurden die Herren der Welt! In alle Länder Europas trugen sie deutsches Leben und deutsche Sitte und verpflanzten die deutsche Verfassung hierhin und dorthin: alle Völker Europas verdanken ihre Gesetze und Rechte und den Grund ihrer ganzen gesellschaftlichen Verfassung den Deutschen.

Heinrich Luden, zit. nach Klaus Rosen: Die Völkerwanderung. 4. Aufl., C.H. Beck, München 2009, S. 111f.

Q 3

Rückkehr des „gesunden Lebens"?

Der preußische Offizier und Schriftsteller Helmuth von Moltke (1800–1891) führt 1841 über die „Völkerwanderung" aus:

Die Niederlassung deutscher Eroberer ein ihrem Lande war ebensosehr ein Glück und Heil für die Gallier, als früher die Niederlassung der Römer ein Unglück und Unheil für sie gewesen war. Durch die Römer hatten sie die Nationalität, die Selbständigkeit, die Freiheit, die guten Sitten und gesunde Existenz verloren, durch die Deutschen erhielten sie dieselben. Erst durch die Vermischung der sklavischen und in Laster versunkenen Bevölkerung mit den freien und kräftigen Franken, Gothen und Burgundern kam wieder ein gesundes Leben in die Bevölkerung Galliens, ein neues Nationalgefühl, eine neue Volkssitte, gegründet auf die Ehre, und ein neuer Rechtszustand, gegründet auf die Freiheit.

Helmuth v. Moltke, zit. nach Klaus Rosen: Die Völkerwanderung. 4. Aufl., C.H. Beck, München 2009, S. 112.

Q 4

Völker und Nationen?

Der Historiker Leopold von Ranke (1795–1886) schreibt mit Blick auf die Völkerwanderung und den Westgotenkönig Alarich:

Eine starke germanische Völkerschaft befand sich im vollen Besitz der Übergänge über den Strom [die Donau]; man konnte nichts anderes erwarten, als daß andere Stämme ebenfalls eindringen und die Völkerfluthen, die das römische Reich bisher abgewehrt hatte, sich über dasselbe ergießen würden. [...] Alarich, der sich nicht mehr als bloßer Stammeshäuptling, sondern als König seiner Nation fühlte, hatte danach gestrebt, für sich selbst eine allgemein anerkannte Stellung und für sein Volk eine genügende Ausstattung entweder durch Lieferungen oder durch förmlichen Besitz einer Landschaft zu erlangen. Er hatte unendlich viel erreicht; alleine die eigentliche Aufgabe, welche darin bestand, das nationale Dasein einer kriegerischen Bevölkerung mit der Unterordnung unter Rom zu vereinigen, hatte er nicht gelöst.

Leopold von Ranke: Das Kaisertum in Konstantinopel und der Ursprung romanisch-germanischer Königreiche. Erste Abtheilung, Duncker & Humblot, Leipzig 1883, S. 165, 259.

D 2

„Die Völkerwanderung" – Germanen als „Deutsche"?

Der Althistoriker Mischa Meier über die „Völkerwanderung" (2016):

Seit jeher geht von der „Völkerwanderung" eine schaurige Faszination aus. Die Vorstellung endloser Wagentrecks aus hünenhaften Kämpfern und ihren Familien, die sich aus dem Innern Germaniens oder von noch entlegeneren Orten aus in Richtung des Römischen Reichs aufmachten und nach einer langen Phase des Ringens und Kämpfens auf dessen Boden ihre eigenen Reiche errichteten, hat sich in das kulturelle Gedächtnis Europas eingebrannt. [...]

Nicht zufällig nimmt im deutschsprachigen Raum der Terminus „Völkerwanderung" als Bezeichnung jenes tief greifenden, mit Migrationen und Konflikten einhergehenden Transformationsprozesses, der den Übergang von der Spätantike in das Frühmittelalter gestaltet hat, eine dominierende Stellung ein und transportiert damit bereits eine wirkmächtige Interpretation: Die Initiative beziehungsweise Gestaltungsmacht soll damals bei den wandernden Gruppen gelegen haben. In den romanischen Sprachen wird demgegenüber eine andere Perspektive eingenommen: Wenn diese von invasions barbares oder invasioni barbariche sprechen, nehmen sie eher einen römischen Blickwinkel ein, verweisen damit auf jenes Gebilde, das von den Geschehnissen in besonderer Weise betroffen war, und suggerieren eine katastrophische Deutung. [...]

Im Zuge der Nationsbildungsprozesse in Europa suchte man auch in Deutschland nach vermeintlichen historischen Anknüpfungspunkten für eine kollektive Geschichte; fündig wurde man in der Vorstellung einer Überwindung des Imperium Romanum durch germanische Stämme, worin man eine erste identitätsstiftende Großtat der frühen Deutschen sah. Der Zusammenhang zwischen den „frühen" und den „gegenwärtigen" Deutschen wurde unter Rückgriff auf den [...] Volksbegriff akzentuiert. Im politisch parzellierten Deutschland [des 19. Jahrhunderts] gewann die Vorstellung eines einheitlichen Volkes, das als Kollektivsubjekt agieren konnte und ähnliche Eigenschaften besaß wie ein Individuum – Eigenschaften, die sich in „Volksliedern", „Volksdichtung" oder „Volkskultur" manifestierten – an Attraktivität. Die Amalgamierung [hier: Vereinigung] von Germanen und Deutschen zu einem überzeitlich agierenden „Volk" ermöglichte Rück- und Vorausprojektionen vermeintlicher Heldentaten und Ereignisse und ließ sich im Kontext eines zunehmenden Nationalbewusstseins instrumentalisieren. Hier liegt eine wesentliche Ursache für die bald als selbstverständlich geltende Verknüpfung von „Völkerwanderung" und dem Untergang des Römischen Reichs: Die vermeintlichen Vorfahren der Deutschen hatten mit den Römern die Ahnherren des Erzfeinds Frankreich überwunden und an die Stelle des Imperium Romanum die Grundlagen des mittelalterlichen Europas gesetzt. Eine Folge dieser Sichtweise war die zeitliche Eingrenzung der „Völkerwanderung" auf den Zeitraum 375–568, also die Phase der „germanischen" Aktivitäten. Die im 6. Jahrhundert einsetzenden slawischen Bewegungen wurden in dieser Konzeption ebenso ausgeklammert wie die arabische Expansion seit dem frühen 7. Jahrhundert. Sie fügten sich nicht in die Vorstellung von der „Völkerwanderung" als einer von Germanen und damit dem deutschen Volk getragenen Bewegung ein.

Mischa Meier: Die Völkerwanderung. 24.6.2016, unter: www.bpb.de/apuz/229813/die-voelkerwanderung?p=all (Zugriff: 01.10.2018).

D 3

Gab und gibt es „ethnisch reine" Völker?

Der deutsche Historiker Walter Pohl schreibt dazu 2002:

Völker stellte man sich [im 19. Jahrhundert] als Individualitäten vor, die wahren Subjekte der Geschichte, jeweils mit eigener „Volksseele" ausgestattet und wie bei menschlichen Stammbäumen auseinander hervorgegangen. Aus den Indogermanen entstanden unter anderem die Germanen, durch besondere Eigenschaften (Tapferkeit, Einfachheit, Treue) von anderen Völkern abgehoben. Diese Germanen/Deutschen zerfielen wiederum in diverse „deutsche Stämme" [...] Manche von ihnen wanderten während der Völkerwanderung aus und gingen unter. In anderen behauptete sich trotz starker Gegenkräfte letztlich die deutsche Einheit. So ungefähr sah das Geschichtsbild des 19. Jahrhunderts aus.

Dazu kam gegen Ende des Jahrhunderts zunehmend die Vorstellung, die Germanen gehörten einer überlegenen Rasse an und seien quasi naturgesetzlich zur Herrschaft über andere Völker berufen. Dabei zog man nicht zuletzt die Germanenreiche der Völkerwanderungszeit als Beispiele heran. Der politische Gebrauch solcher Vorstellungen, mit seinem schrecklichen Höhepunkt während des Nationalsozialismus, ist bekannt. [...]

Im Bewußtsein der Öffentlichkeit hat sich die Vorstellung von den Völkern als quasi naturwüchsigen Einheiten weitgehend gehalten. Die modernen Nationen prägen dabei die Kategorien. Doch genügt es, sich zu vergegenwärtigen, daß selbst die europäischen Nationen der Gegenwart mit ihrem beachtlichen Apparat zur ethnischen Vereinheitlichung – Schulen, Medien, durchgreifende Bürokratie – fast nirgendwo ein ethnisch einheitliches Staatsvolk geschaffen haben, im Gegenteil: Der Mythos von der „ethnischen Reinheit" hat im 20. Jahrhundert unendliches Leid über Europa gebracht.

Trotz aller Bemühungen bleiben ethnische Identitäten wandelbar und widersprüchlich. Umstritten ist heute, ob es ein bosnisches, katalanisches, padanisches, ukrainisches, kurdisches Volk gibt. Sind Wolgadeutsche, die nicht deutsch sprechen, oder sind in Deutschland geborene Kinder von Türken Deutsche? Sind die Südtiroler Tiroler, Österreicher, Deutsche oder Italiener, oder vielleicht alles zugleich? Völker sind Abstraktionen, deren scheinbare Evidenz [das augenscheinlich Erkennbare] auf ganz wenigen Merkmalen aus der großen Vielfalt menschlicher Lebensformen beruht. Für alle objektiven Kriterien, die für die Zugehörigkeit zu einem Volk genannt werden – Sprache,Kultur, Territorium, gemeinsame Geschichte –, gibt es genügend Gegenbeispiele, wo sie nicht gelten.

Walter Pohl: Die Völkerwanderung. Eroberung und Integration. Kohlhammer, Stuttgart 2002, S. 17 f. Alte Rechtschreibung im Original.

Q 5

Chlodwig: ein König der Franzosen?

Dieses Medaillon wurde 1833 in Frankreich zur Erinnerung an den 511 gestorbenen fränkischen König geprägt. Die Aufschrift lautet: CLOVIS ROY DE FRANCE – „Chlodwig, König von Frankreich".

D 4

„Völkerwanderung" – eine passende Bezeichnung?

Der Historiker Mischa Meier (vgl. D 2) führt weiter aus:

Heute wissen wir sehr gut, dass die romantische Vorstellung von Völkern als handelnden, überzeitlich existenten Einheiten jeglichem empirischen Befund widerspricht. Völker sind [...] höchst instabile soziale Gebilde, die permanenten Transformationsprozessen ausgesetzt sind, vorwiegend durch politische Klammern definiert werden und deren Zusammenhalt auf komplexen Identitätsbildungsprozessen beruht [...].

Zu einer politischen Einheit sogenannter germanischer Verbände ist es zu keinem Zeitpunkt gekommen. Das liegt nicht so sehr daran, dass allein die Frage, wie man denn eigentlich „germanisch" beziehungsweise „Germane" definieren soll, höchst umstritten ist und sogar zu der Forderung geführt hat, auf das Adjektiv „germanisch" im wissenschaftlichen Kontext ganz zu verzichten [...].

Vor allem aber existierte keine Form eines germanischen Gemeinschaftsbewusstseins, das Identitätsbildungsprozesse, die für den Aufbau komplexerer politischer Strukturen unerlässlich sind, hätte grundieren können. Auch die Großverbände, die sich im Verlauf des 3. Jahrhunderts herausgebildet haben (Goten, Hunnen, Alamannen, Franken, Sachsen, Burgunder und weitere), besaßen kein derartiges Kollektivbewusstsein.

Mischa Meier: Die Völkerwanderung. 24.6.2016, unter: www.bpb.de/apuz/229813/die-voelkerwanderung?p=all (Zugriff: 01.10.2018).

D 5

Vom „Nutzen" spezifischer Interpretationen der „Völkerwanderung"

Der amerikanische Historiker Patrick J. Geary schreibt 2002:

Die Interpretation jener Epoche, in der das römische Imperium unterging und die Barbaren zu ihren Wanderungen aufbrachen, ist zum Drehpunkt des politischen Diskurses geworden, der weite Teile Europas erfaßt hat. [...]

Am 28. Juni 1989 [zum Beispiel] organisierte der serbische Kriegstreiber Slobodan Milošević eine Massenveranstaltung, an der angeblich über eine Million Menschen teilnahmen, auf dem „Kosowo polje", dem „Amselfeld", wo am gleichen Tag des Jahres 1389 die serbische Armee von den ottomanischen Türken geschlagen wurde. Der Aufmarsch sollte die Entschlossenheit der Serben unterstreichen, dieses umstrittene Territorium niemals aus der Hand zu geben. Der Anspruch der albanischen Mehrheit konnte jedoch gegenüber dem der Serben Priorität geltend machen: Die Serben hatten den Kosovo schließlich nur knapp dreihundert Jahre lang kontrolliert [...]. Die Albaner hingegen verstehen sich als Nachfahren der antiken Illyrer [...] und somit – der gleichen todbringenden Logik folgend – als Volk mit den ältesten Rechten. Derartige Ansprüche und Gegenansprüche führen direkt zu den Schrecken des Kosovo-Krieges, die bis heute kein Ende gefunden haben. [...]

Nicht nur nationalistische Führer spannen die Geschichte für ihre Politik ein. Auch angesehene Wissenschaftler werden in die polemische Instrumentalisierung der Vergangenheit verwickelt.

In Siebenbürgen [im heutigen Rumänien], einer Region, die im 11. Jahrhundert von den Ungarn erobert und im 12. Jahrhundert von den Sachsen[1] besiedelt wurde, bevor nacheinander Türken, Habsburger und Ungarn die Herrschaft antraten, bis 1920 Rumänien den Zuschlag bekam, wird die politische Legitimitätsdebatte ganz im Rahmen der Geschichtswissenschaft des 19. Jahrhunderts geführt.

[...] Fielen die Reiter der nomadischen Magyaren in eine Region ein, die von einer blühenden „eingeborenen romanischen" Bevölkerung besiedelt war, oder hatten slawische Invasoren das Gebiet schon vorher verwüstet? Die Rumänen interpretieren die spärlichen archäologischen Fund im Sinne der ersten Hypothese und behaupten, daß ihre Vorfahren [...] die Region seit den Zeiten der Römer bewohnt hätten und ihnen selbst deshalb auch nach eintausendjähriger Fremdherrschaft das Recht auf Siebenbürgen zustünde. Führende ungarische Archäologen und Historiker verweisen hingegen auf Funde, die nahelegen, daß die Überreste der romanischen Gesellschaft zur Zeit der Ankunft der Magyaren seit langem untergegangen waren – folglich sei Siebenbürgen ein rechtmäßiger Teil Ungarns.

[...] Die Souveränitätsansprüche, die heute in Ost- und Mitteleuropa erhoben werden, sind ein Produkt des 19. Jahrhunderts. [...] In Wirklichkeit waren die europäischen Völker im ersten Jahrtausend weit wandlungsfähiger, komplexer und dynamischer, als moderne Nationalisten es wahrhaben wollen. Viele Völkernamen mögen uns nach eintausend Jahren vertraut erscheinen, die soziale, kulturelle und politische Realität aber, die sie im frühen Mittelalter bezeichneten, unterscheidet sich von der heutigen radikal.

Patrick J. Geary: Europäische Völker im frühen Mittelalter. Zur Legende vom Werden der Nationen. Fischer, Frankfurt a. M. 2002, S. 15–18, 20–22. Übers. v. Elisabeth Vorspohl. Alte Rechtschreibung im Original.

1 deutsche Siedler, vorwiegend aus Südwestdeutschland

Das Verhältnis von Römern und Germanen vor der Völkerwanderung

Römer und Germanen haben Jahrhunderte lang nebeneinander und miteinander gelebt. Teils unterhielten sie friedliche Handelsbeziehungen, teils bekriegten sie sich bis hin zu vernichtenden Niederlagen auf der einen oder der anderen Seite. Wie entwickelte sich die Beziehung bis zum Beginn der Völkerwanderung?

Der darstellende Text beschreibt, welche Germanenpolitik die Römer traditionell betrieben, und fasst wesentliche Etappen in der Geschichte von Römern und Germanen vor der eigentlichen spätantiken Völkerwanderung zusammen.

1 Erläutern Sie das Germanenbild der Römer und begründen Sie, warum es teils widersprüchliche Züge trägt.

2 Nennen Sie Beispiele für germanische „Wanderungen" in der Zeit zwischen dem 2. Jahrhundert vor Christus und dem 3. Jahrhundert nach Christus.

3 Erläutern Sie, wie die Römer versuchten, die an ihren Grenzen lebenden Germanen in ihrem Sinne zu beeinflussen, und beurteilen Sie diese Vorgehensweise vor dem Hintergrund der (späteren) historischen Ereignisse.

Römer und Germanen: zwischen Bewunderung und Verachtung

Wie die Germanen über die Römer dachten, können wir nicht genau sagen, da keine germanischen Schriftquellen überliefert sind. Fest steht jedoch, dass das Römische Reich in mehrerlei Hinsicht eine große Faszination auf die Germanen ausübte. Von Anfang an waren viele Germanen interessiert, dort zu leben, weil sie sich einen besseren Lebensstandard versprachen. Bis nach Dänemark trieben die Römer mit den Germanen Handel, was wir an archäologischen Funden nachvollziehen können. Daran zeigt sich, dass die Germanen gerne auf römische Produkte wie Werkzeuge, Vasen und Schmuckstücke zurückgriffen und sie auch als Vorbilder für eigene Produktionen nahmen.

Die Germanen begegnen uns in den römischen Quellen zumeist als „Barbaren". Die Römer bezeichneten mit diesem Ausdruck Menschen, die außerhalb des griechisch-römischen Kulturkreises standen. Die Bewohner des fremden, kaum erschlossenen Gebietes außerhalb des Imperiums konnten in den Augen der Römer nur ungebildete „Wilde" sein. Die römischen Quellen vermitteln ein weitgehend einheitliches Bild, was solche „Barbaren" ausmache: riesige Körper, furchterregendes Erscheinungsbild, blondes Haar, ungepflegtes Äußeres. Der „Barbar" ist in diesen Schilderungen meist böse, jähzornig und dumm. Auf der anderen Seite bewunderten die Römer Mut und Körperkraft der Männer aus dem Norden, und das blonde Haar der Frauen wurde geradezu zum Schönheitsideal einiger Römerinnen aus der Oberschicht. Somit bleibt über alle Jahrhunderte ein spannungsvoller Widerspruch in dem Bild, das die Römer von den „barbarischen" Germanen skizzieren. Zum Gefühl der kulturellen Überlegenheit gesellte sich auch Angst oder zumindest Beklemmung. Das hing auch mit den Erfahrungen zusammen, die die Römer gleich zu Anfang mit den Germanen machten.

Kimbern und Teutonen – die „Erste Völkerwanderung"?

Die erste Begegnung zwischen Römern und Germanen war kriegerischer Natur. Um 120 v. Chr. brachen germanische Stämme, die in den römischen Quellen als Kimbern und Teutonen bezeichnet werden, aus Südskandinavien auf und zogen auf der Suche nach neuem Siedlungsland nach Süden. Gründe dafür waren wohl Klimaprobleme, Sturmfluten und auch Missernten in ihren Wohngebieten. Schätzungen gehen davon aus, dass sich bis zu 300 000 Männer, Frauen und Kinder auf den Weg machten. Schreckensnachrichten von den bis zu den Alpen vorgedrungenen Stämmen verbreiteten sich schnell. Die Römer verweigerten den Germanen das erbetene Siedlungsland und wollten sie militärisch zurückdrängen. Doch dabei erlitten sie schwere Niederlagen. Zwar gelang es den Römern in der Folge, die Kimbern und Teutonen zu vertreiben, und sie verschwinden fortan auch wieder aus den historischen Quellen. Doch blieb das Trauma von den aus dem Norden stammenden wilden und kaum beherrschbaren „Barbaren“ im römischen Bewusstsein verankert. In der Forschung wird der Zug der Kimbern und Teutonen bisweilen als „Erste Völkerwanderung“ bezeichnet.

Zwischen Abwehr und Eroberung: von Julius Caesar bis zur Errichtung des Limes

Das nächste Mal gerieten die Germanen mit den Römern in Konflikt, als diese unter dem Befehl von Julius Caesar das keltisch besiedelte Gallien eroberten (58–51 v. Chr.). Caesar gelang es, den Suebenkönig Ariovist, der mehrfach über den Rhein in das neue römische Gebiet eingefallen war, zurückzuschlagen und den Fluss als römische Grenze gegenüber den Germanen festzulegen.

Der Plan von Kaiser Augustus, Germanien bis zur Elbe zu unterwerfen, scheiterte wenige Jahrzehnte später an der Vernichtung von drei Legionen in einem Hinterhalt in der Nähe des heutigen Osnabrück („Schlacht im Teutoburger Wald“ 9 n. Chr.). Zwar eroberten die Römer seit Kaiser Domitian (81–96 n. Chr.) das Gebiet zwischen Rhein und Donau und sicherten es mit einer Grenzbefestigung, dem Limes. Dennoch bildeten ansonsten der Rhein und die Donau die Grenze zwischen Römern und Germanen. Grenzen waren allerdings in der Antike keine festgelegten Linien, sondern Zonen von wechselnder Breite. Auch der Limes war nicht undurchlässig, sondern stand beispielsweise Händlern offen.

Römer und Germanen: ein Verhältnis zwischen Kampf und Diplomatie

Die Römer waren den germanischen Stämmen dank ihrer hervorragenden Organisation und Ausrüstung militärisch überlegen. Hinzu kam, dass sie Streitigkeiten zwischen germanischen Stämmen häufig ausnutzten, um die Gegner zu schwächen. Oft wurden auch im sogenannten „freien“ Germanien durch die dortigen Eliten Stammesführer eingesetzt, die die Römer zuvor durch Macht- und Geldmittel gefördert hatten und über die sie auch jenseits ihrer Grenzen Einfluss ausübten. Daneben hatten die Römer noch andere erfolgreiche Methoden, die Germanenstämme gefügig zu machen und die Grenzen zu entlasten. Einerseits waren das zielgerichtete militärische Vorstöße in feindliche Gebiete, wenn z. B. ein regionaler Germanenherrscher als Risiko eingeschätzt wurde. Andererseits nahmen die Römer aber auch zahlreiche Germanen in das Reich auf, um den Druck auf die Grenzen zu verringern. Ihnen wurde zumeist in dünn besiedelten Grenzgebieten Siedlungsland zugeteilt. Dabei achtete die Verwaltung aber darauf, dass sich nicht ganze Stammesverbände niederließen, sondern die Neuankömmlinge in kleinere Gruppen an verschiedenen Orten aufgeteilt wurden. Auf diese Weise integrierten und assimilierten sich die Germanen meist sehr gut und hörten auch in den Augen der Römer nach und nach auf, „Barbaren“ zu sein. Die Römer waren froh über die zusätzlichen Bauern, die Steuern zahlten und bei Bedarf militärische Unterstützung leisteten. Nicht zuletzt profitierten Römer und Germanen von gegenseitigen umfassenden Handelskontakten. Wie lange es dauerte, bis diese Siedler sich selbst als Römer ansahen, wissen wir nicht.

Die Lage verändert sich: Beginn der „Kleinen Völkerwanderung“?

Unter Kaiser Marc Aurel (161–180 n. Chr.) begannen sich die äußeren Bedingungen für das Römische Reich grundlegend zu verändern. Teile der Goten, die im heutigen Polen an der Weichsel lebten, verließen ihre Siedlungsgebiete und drängten die Burgunder nach Westen und die Vandalen nach Süden. Dadurch wurde eine Kettenreaktion ausgelöst. Vor allem die Stämme der Markomannen und Quaden bedrohten in großem Stil die Donaugrenze, einzelne Gruppen drangen bis Italien vor. Nur mit größter Mühe konnten die Römer sie zurückschlagen.

Im Jahr 213 trafen die Römer erstmals am Rhein und am Limes auf den schlagkräftigen Großstamm der Alamannen. Seit 233 kam es an nahezu allen nördlichen Grenzen zu verstärkten Einfällen von Germanen; man spricht in der Geschichtswissenschaft bisweilen von der „Kleinen Völkerwanderung“ im 3. Jahrhundert. 238 stießen erstmals größere Gruppen von Goten über die Donau vor. Sie hatten kurz zuvor ihre Wohnsitze an das Schwarze Meer verlegt. Obwohl die Römer große Geldmengen an sie zahlten, um sie zum Frieden zu bewegen, blieben sie eine dauernde und ernsthafte Bedrohung. Im dritten Jahrhundert tauchten auch erstmals die Franken am Rhein auf und fielen in Gallien ein. 260 n. Chr. mussten die Römer unter dem Druck der Angreifer das Limesgebiet dauerhaft aufgeben.

Den Kaisern Aurelian (270–275) und Probus (276–282) gelang es durch Siege über die verschiedenen Germanenstämme die Grenzen wieder einigermaßen zu stabilisieren. Unter Diokletian und Konstantin verbesserte sich die Lage für die Römer noch einmal. Konstantin [vgl. S. 78 f.] nahm rund 300 000 Germanen im Römischen Reich auf, viele wurden ins römische Heer eingegliedert und erlangten teils hohe Offiziersstellen. Auch mithilfe solcher Strategien gelang es den Römern, die Grenzen trotz vieler Germaneneinfälle immer wieder erfolgreich zu verteidigen. Vor allem der spätere Kaiser Julian (361–363) und nach ihm Valentinian (364–375) gingen sogar in die Offensive. Doch der Druck auf die Grenzen blieb hoch, die Germanen waren zu einer dauerhaften Bedrohung geworden, die nicht mehr nachhaltig gebannt werden konnte.

Die Quellen dieses Kapitels spiegeln das Verhältnis von Römern und Germanen zu verschiedenen Zeiten. Es wird dabei deutlich, dass lediglich die römische Perspektive erkennbar ist.

1. Arbeiten Sie aus Q 1 heraus, was für ein Bild Julius Caesar von den Germanen zeichnet. Begründen Sie, warum es für Caesar wichtig war, die Stärke der Germanen zu betonen.
2. Erklären Sie, was für ein historischer Sachverhalt in Q 2 zum Ausdruck kommt, und begründen Sie, warum es dem Kaiser wichtig war, eine solche Darstellung auf Münzen zu wählen.
3. Tacitus (Q 3) war ein Kritiker des Prinzipats und Anhänger der (alten) Republik (vgl. S. 34–37). Arbeiten Sie heraus, inwieweit diese Position Einfluss auf seine Darstellung der Germanen gehabt haben könnte.
4. Analysieren Sie Q 4 und Q 5 und überprüfen Sie jeweils, inwieweit die römische Perspektive zum Ausdruck kommt.
5. Charakterisieren Sie das Leben an der römischen Rheingrenze in ihrer Anfangsphase (D 1).
6. Analysieren Sie Q 6 und D 2 und erläutern Sie, welche Informationen den Materialien über die historische Situation des Römischen Reiches im dritten Jahrhundert zu entnehmen sind.

Q 1

Germanen als unüberwindliche Gegner?

Caesar berichtet in seinem Buch über den Gallischen Krieg auch, wie seine Soldaten auf die bevorstehenden Kämpfe mit den Germanen reagierten:

Während er [Caesar] sich wenige Tage der Verpflegung und Zufuhr wegen bei Besançon aufhielt, befiel plötzlich ein so großer Schrecken das ganze Heer, daß alle in bedenklicher Weise Kopf und Herz verloren. Auf die Fragen der Römer hin hatten nämlich Gallier und Kaufleute überall erzählt, die Germanen seinen ungeheuer groß, unglaublich tapfer und waffengeübt. Häufig seien sie mit ihnen zusammengestoßen und hätten nicht einmal ihre Miene und den stechenden Blick ihrer Augen ertragen können. Diese Angst befiel zuerst die Militärtribunen, Präfekten und die übrigen, die aus Rom aus persönlicher Freundschaft Caesar begleitet hatten, aber keine große Kriegserfahrung besaßen. Von ihnen baten die einen aus diesem, die anderen jenem Vorwande, der angeblich die Rückreise nach Rom erforderlich mache, um Beurlaubung. Einige jedoch schämten sich und blieben, um dem Verdacht der Furcht zu entgehen, da. Aber sie konnten weder ihre Miene verstellen noch bisweilen ihre Tränen zurückhalten; in ihren Zelten versteckt, bejammerten sie entweder ihr persönliches Los oder beklagten mit ihren Freunden die gemeinsame Gefahr. Allgemein wurden im ganzen Lager Testamente abgefasst. Durch das Gerede und die Furcht dieser Leute wurden allmählich auch die kriegserfahrenen Soldaten, Centurionen und Reiterführer ängstlich. Von ihnen erklärten die, welche als weniger furchtsam gelten wollten, sie hätten vor dem Feind keine Angst, scheuten aber die Engpässe, die großen zwischen ihnen und Ariovist liegenden Wälder oder die nicht ausreichende Möglichkeit, den Proviant herbeizuschaffen. Einige gaben Caesar auch zu verstehen, daß die Truppe, wenn er den Befehl zum Aufbruch und Angriff gebe, keine Folge leisten und aus Furcht nicht marschieren werde.

Gaius Julius Caesar: Bellum Gallicum I, Übersetzt und herausgegeben von Georg Dorminger. München 1981, S. 39–41. .

Q 2

Ein germanischer König von Roms Gnaden?

Sesterz, Rom 143 n. Chr.
Links: Porträt des Kaisers Antonius mit Lorbeerkranz.
Rückseite (rechts): REX QVADIS DATVS // SC („Den Quaden ist ein König gegeben worden"). Abgebildet ist stehend ein König aus dem germanischen Stamm der Quaden mit Umhang; rechts daneben steht Kaiser Antoninus Pius in Toga und mit Diadem. Der Kaiser hält in der linken Hand eine (Papier-)Rolle.

Q 3

Stellung der Könige

Der römische Historiker Publius Cornelius Tacitus (um 58 – um 120 n. Chr.) führt in seiner Schrift De origine et situ Germanorum liber aus:

Könige wählen sie nach Maßgabe des Adels, Heerführer nach der Tapferkeit. Selbst die Könige haben keine unbeschränkte oder freie Herrschergewalt, und die Heerführer erreichen mehr durch ihr Beispiel als durch Befehle: sie werden bewundert, wenn sie stets zur Stelle sind, wenn sie sich auszeichnen, wenn sie in vorderster Linie kämpfen. Übrigens ist es nur den Priestern erlaubt, jemanden hinzurichten, zu fesseln oder auch nur zu schlagen, und sie handeln nicht, um zu strafen oder auf Befehl des Heerführers, sondern gewissermaßen auf Geheiß der Gottheit, die, wie man glaubt, den Kämpfenden zur Seite steht.

Tacitus: Germania 7. Lateinisch und Deutsch, übersetzt und erläutert von Manfred Fuhrmann, Reclam-Verlag, Stuttgart 1992, S. 13.

Q 4

Germanen: zur Unterwerfung bereit?

Germanen unterwerfen sich Kaiser Marcus Aurelius (Marc Aurel) während der Markomannenkriege (166–180).

Römisches Relief aus dem Triumphbogen des Marcus Aurelius, 2. Jahrhundert

D 1

Germanen: Angepasst an das römische Leben?

Der Historiker Reinhard Wolters schreibt 2004 über das Leben in den germanischen Provinzen im Römischen Reich:

Die dauerhafte Stationierung umfangreicher römischer Truppenverbände leitete für das linksrheinische Gebiet eine grundlegende Umgestaltung von Wirtschaft und Gesellschaft ein.

Für die Versorgung der Truppen mit Getreide und Öl, Kleidung und Ausrüstung sorgte prinzipiell der römische Staat. Doch die Soldaten brachten aus ihrer Heimat unterschiedliche Lebens- und Ernährungsgewohnheiten mit, die durch diese Grundfürsorge nicht abgedeckt werden konnten, und ebenso dankbar waren sie für abwechslungsreiche Zukost, die die eintönige Lagerverpflegung ergänzte. Die Stationierungsorte der Truppen lagen in einem gallisch-germanischen Umfeld. Das linke Niederrheingebiet war von den über den Rhein gekommenen Batavern, Cannanefaten, Ubiern und Sugambrern besiedelt, doch auch die Bevölkerung des Oberrheins war bereits vor der Erweiterung des Limes nach Osten durch eingewanderte suebische Gruppen überwiegend germanisch. Das Territorium, auf dem die Zivilisten siedelten, unterstand vermutlich bis zur Errichtung der beiden germanischen Provinzen dem Militär, sodass wir hier eine eigenartige Form des zivil-militärischen Zusammenlebens und der grundsätzlichen militärischen Dominanz vor uns haben. Die Stationierung der Soldaten öffnete den Altsiedlern und den Hinzugezogenen gänzlich neue wirtschaftliche Perspektiven. In der Regel waren sie Bauern und bewirtschafteten ihre

Felder. Einen Teil ihrer Erträge dürfte der römische Staat als Steuer direkt in Naturalien erhoben haben, um sie dann zur Versorgung der Truppen zu verwenden. Konnten die Siedler darüber hinaus weitere Erträge erzielen, so bestand die Möglichkeit, ihre Produkte vor den benachbarten Heerlagern zu verkaufen. Für die Ackerbauern war solch ein Geschäft überhaupt erst ein Weg, um ihrerseits zu Geld zu kommen, das die vielen anderen Möglichkeiten des Austausches eröffnete. Hohe Kaufkraft und ebenso hohe Bedürfnisse der Soldaten veranlassten weiterhin, dass sich bald immer mehr Handwerker, Händler, Gastwirte und andere Gewerbetreibende in der Nähe der Truppenstandorte niederließen oder ihre Geschäftsverbindungen bis dorthin ausweiteten. Aus dem inneren Gallien setzte eine Binnenwanderung zum Rhein ein, und ganze Produktionsorte wurden zu den Abnehmern verlagert, um aufwendige Transporte zu ersparen. Angetrieben von den weit überdurchschnittlichen wirtschaftlichen Möglichkeiten, vielleicht auch dem besonderen „Flair" der multikulturellen Bevölkerung, wurde das Rheingebiet zu einer Zone besonderer wirtschaftlicher und gesellschaftlicher Dynamik.

Um die Militärlager und Kastelle herum entstanden rasch die sogenannten canabae, ungeordnete Baracken, in denen sich all jene niederließen, die mit den Soldaten Geschäfte machen wollten. Die canabae konnten sich zu vici entwickeln, zu schon dorfähnlichen Siedlungen. [...] In den canabae und vici betrieben Kaufleute, Händler, Handwerker und Gastwirte ihre Geschäfte.

Reinhard Wolters: Die Römer in Germanien. C.H. Beck, München 2004 (4. Aufl.), S. 76–77.

Q 5

Kämpfe zwischen Germanen und Römern auf dem sogenannten Ludivisi-Sarkophag

Die Darstellung auf dem Sarkophag stammt aus dem 3. Jahrhundert n. Chr. und wurde zu Ehren der römischen Kaiserfamilie angefertigt. Das Relief entstand während der Reichskrise, als das Limesgebiet im heutigen Süddeutschland an die immer weiter nach Süden vordringenden Germanen verloren ging.

Q 6

Die „Kleine Völkerwanderung“?

Der Historiker Aurelius Victor (4. Jahrhundert) berichtet über die Situation des Römischen Reiches in der zweiten Hälfte des 3. Jahrhunderts:

Die Goten drangen, ohne Widerstand zu finden, nach Thrakien vor und besetzten Makedonien, Achaia (Griechenland) und die benachbarten Gebiete Asiens, die Parther [persische Dynastie, gegen deren Reich Rom lange Kriege führte], Mesopotamien, der Orient war in der Hand von Räubern […]. Die Macht der Alamannen besetzte damals in ähnlicher Weise Italien, Frankenstämme plünderten Gallien und setzten sich in Spanien fest, wo sie die Stadt Tarraco (Tarragona) verwüsteten und fast völlig ausplünderten; ja, ein Teil von ihnen drang auf Schiffen, die ihnen in die Hände gefallen waren, bis nach Afrika vor; verloren ging alles, was Trajanus (römischer Kaiser 98–117 n. Chr.) jenseits der Donau erobert hatte. So wurde alles, Kleines und Großes, Unterstes und Oberstes, durcheinandergeworfen. Zugleich drang die Pest in Rom ein.

Aurelius Victor: Über die Kaiser. 33,3 f. In: Geschichte in Quellen. Bd. I: Altertum. Hrsg. v. Wolfgang Lautemann u. a., 2. Aufl., Bayerischer Schulbuch-Verlag, München 1975, S. 700.

D 2

Das Römische Reich unter Druck, 3. Jahrhundert n. Chr.

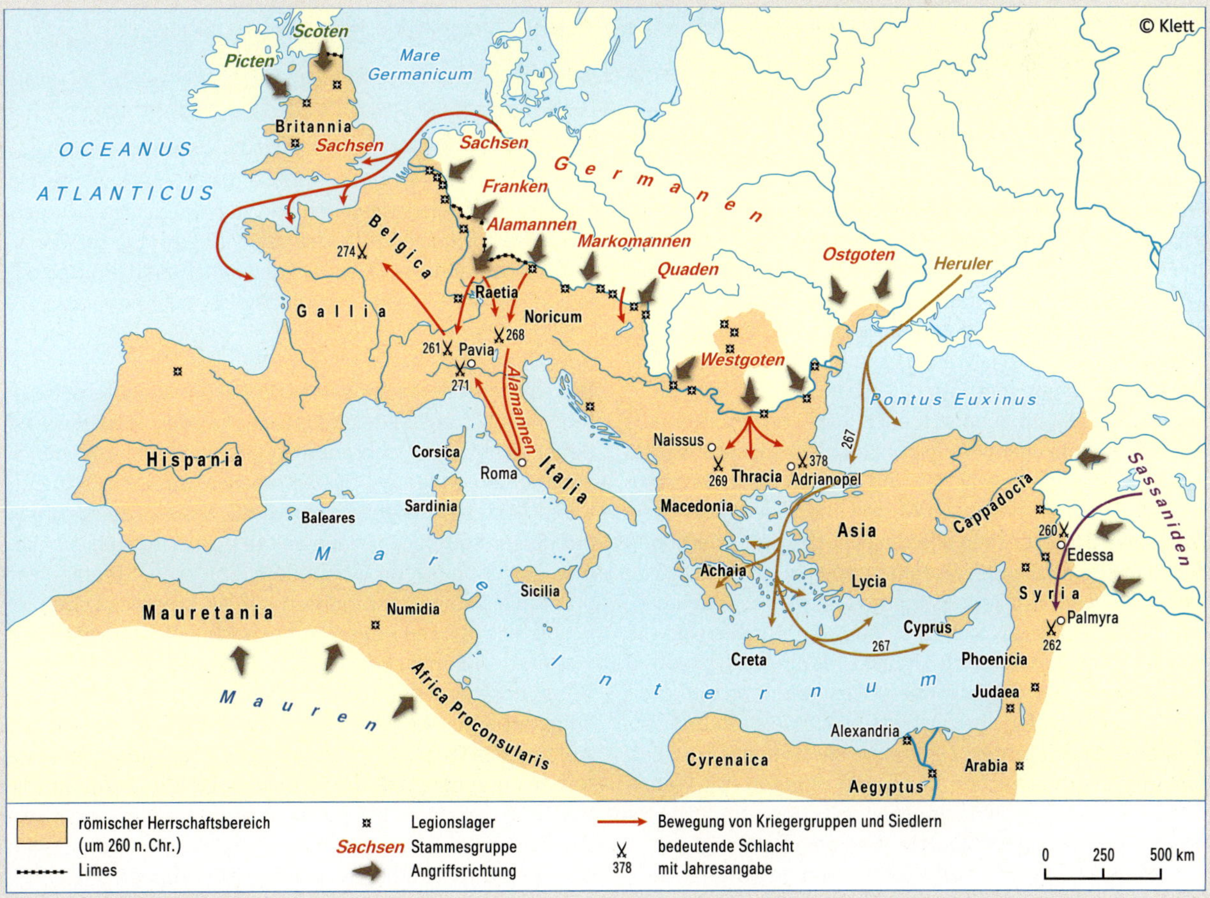

Die Völkerwanderung – der Untergang des Römischen Reiches?

Im letzten Viertel des vierten Jahrhunderts sah sich das Römische Reich von neuen Feinden bedroht, die es in bisher ungeahnter Weise herausforderten. Führte diese Bedrohung von außen zum Untergang des Westteils des Reiches?

Der Darstellungstext umreißt die wichtigsten Ursachen für die Wanderungsbewegungen des vierten Jahrhunderts und zeigt das ambivalente Bild der germanischen Stämme als Gegner und Unterstützer der kaiserlichen Zentralgewalt. Ein besonderer Schwerpunkt liegt auf der Frage, inwieweit sich Kontinuität und Wandel in der späteren römischen Germanenpolitik erkennen lassen.

1. Stellen Sie unter Bezug auf D 1 und D 2 den historischen Rahmen dar, in dem sich die Schlacht von Adrianopel ereignete, und nennen Sie die Folgen der Schlacht.
2. Erläutern Sie, welche Vor- und Nachteile die Aufnahme von Germanen für die Römer hatte.
3. Analysieren Sie Q 1.
4. Überprüfen Sie, wo die Germanenpolitik der Römer im vierten und fünften Jahrhundert an bisherige Grundsätze anknüpft und wo sie sich veränderte.
5. Beurteilen Sie, inwieweit die veränderte Germanenpolitik der Römer zur Schwächung des Reiches beigetragen hat.

Wichtige Akteure: Goten und Hunnen

Die Situation des Römischen Reiches änderte sich dramatisch, als das zentralasiatische Reitervolk der Hunnen in der zweiten Hälfte des 4. Jahrhunderts in Europa auftauchte. Unter dem Namen Hunnen waren nach heutigen Erkenntnissen mehrere Stämme zusammengefasst, die sich nicht mehr konkret differenzieren lassen, auf jeden Fall handelte es sich aber um multiethnische Verbände.

Als zielsichere Schützen auch vom Pferderücken aus verbreiteten sie überall Angst und Schrecken, unterwarfen zahlreiche Germanenstämme und sorgten dafür, dass große Teile dieser Stämme nach Westen und Süden auswichen. Zahlreiche Goten blieben allerdings auch unter Oberhoheit der Hunnen und dienten als Hilfstruppen in deren Heer. Wie dieser Prozess nördlich des Schwarzen Meeres genau ablief, wissen wir nicht. Sicher ist, dass die Hunnen und die iranischen Alanen ab etwa 370 die Greutungen (Ostgoten) und wenig später die Terwingen (Westgoten) an der unteren Donau angriffen, ihre Gebiete ausplünderten und verwüsteten. Jetzt suchten Zehntausende Goten Schutz und Aufnahme im Römischen Reich und drangen mit Frauen und Kindern an die Donaugrenze vor. Schon seit der Mitte des dritten Jahrhunderts hatten die Goten Raubzüge in das von Bürgerkriegen und Wirtschaftskrisen geschwächte Römische Reich unternommen. Doch den Römern war es gelungen, sie zurückzuschlagen und zum Frieden zu zwingen. Teilweise hatten enge Handelsbeziehungen über die Donau hinweg bestanden. Wie sollten die Römer auf die Bitten der vielen Menschen reagieren, die täglich mehr wurden?

Aufnahme der Goten als Lösung?

Der oströmische Kaiser Valens (364–378) erlaubte den Goten angeblich aus Mitleid (misericordia), den Grenzfluss auf dem Balkan zu überschreiten und sich im Römischen Reich anzusiedeln. Ihnen wurde versprochen, dass ihnen fruchtbares Ackerland zugewiesen werde. Diese Lösung schien auf den ersten Blick für alle Seiten positiv zu sein: Die Römer gewannen neue Verbündete, Soldaten, Steuerzahler und Bauern. Die Goten hofften auf ein besseres Leben im Schutz des in ihren Augen immer noch wohlhabenden und wehrhaften Römischen Reiches. Nach der Aufnahme der Goten entstanden jedoch bald Probleme, und die Situation geriet außer Kontrolle. Die aufgenommenen Menschen wurden schlecht versorgt, römische Offiziere nutzten ihre Not aus und bereicherten sich an ihnen. Die Goten glaubten nicht mehr, dass die Römer es ernst meinten und ihnen das versprochene Land zuteilen wollten. Die Spannungen wuchsen, zumal immer neue und große Gruppen unkontrolliert über die Grenze strömten. Die Goten wollten nicht in ihre von den Hunnen verwüsteten ehemaligen Wohnsitze zurückkehren, in denen sie sich nicht mehr sicher fühlten. Sie begannen Gebiete in der römischen Provinz Thrakien zu plündern und viele davon unter ihre Kontrolle zu bringen. Splittergruppen von Hunnen und Alanen schlossen sich ihnen an. Die Römer schienen gegenüber dem feindlichen Bündnis hilflos zu sein. Aus Bittstellern waren mächtige Angreifer geworden. Heute sieht man in der Flucht der Goten vor den Hunnen und ihrem Vordringen in das Römische Reich den eigentlichen Beginn der Völkerwanderung.

Die Schlacht von Adrianopel – ein Wendepunkt?

Der oströmische Kaiser Valens trat im Jahr 378 den Goten mit einer großen Streitmacht bei Adrianopel (dem heutige Edirne in der Türkei) persönlich entgegen. Er wollte die Bedrohung ein für alle Mal beseitigen. Hoffnungen auf eine Verhandlungslösung hatten sich zuvor zerschlagen. Valens und seine Befehlshaber handelten unüberlegt und übereilt. So wartete der Herrscher nicht ab, bis sein weströmischer Mitkaiser und Neffe Gratian eintraf, der ihn mit einem großen Heer unterstützen wollte. Es kam zur Schlacht zwischen den (Ost-) Römern und den Goten. Die Römer erlitten eine vernichtende Niederlage. Zwei Drittel der römischen Streitmacht kamen ums Leben, darunter auch Kaiser Valens selbst. Vielfach verglich man die Katastrophe mit der verheerenden Niederlage der Römer gegen Hannibal bei Cannae knapp 600 Jahre zuvor.

Die Goten – Feinde oder Verbündete?

Gotische Anführer beherrschten jetzt die Balkanprovinzen. Nur die befestigten Städte konnten sie nicht einnehmen. Doch die Niederlage bei Adrianopel hatte auch eine gewaltige Symbolwirkung: Sie hatte gezeigt, dass der Kaiser und seine schlagkräftigste Armee von eindringenden Stämmen besiegt werden konnten. Erst 382 n. Chr. schlossen die Römer mit den Goten Frieden. Theodosius, der Nachfolger des gefallenen oströmischen Kaisers Valens, erlaubte ihnen, südlich der Donau zu siedeln.

Die Aufnahme von Fremden ins Römische Reich war an sich nichts Ungewöhnliches. Neu war allerdings, dass derart große Mengen von Menschen in das Reich gelangten und nicht – wie bisher üblich – verstreut angesiedelt wurden, sondern auf römischem Territorium in ganzen Stammesverbänden zusammenlebten. Die Römer gingen mit den Siedlern einen Vertrag ein. Die Goten erhielten steuerfrei Land, auf dem sie als Bauern leben konnten. Gleichzeitig verpflichten sie sich, den Römern als Verbündete (foederati) Kriegsdienst zu leisten. Solche Bündnisse hatte es bisher nur mit Germanen außerhalb der Grenzen gegeben. Damit waren die Goten zwar Reichsangehörige, blieben aber eine dauerhaft abgegrenzte Bevölkerungsgruppe. Das drückte sich auch in ihrem rechtlichen Status aus. Die Einwanderer durften keine Ehen mit Römerinnen und Römern eingehen und in rechtlichem Sinne keinen Besitz erwerben. Ihre Siedlungsgebiete gehörten formell zum Hoheitsgebiet des Imperiums, gleichzeitig lebten sie aber dort weitgehend nach eigenem „mitgebrachtem" Recht. Somit gingen die

D 1

Donauübertritt der Goten im 4. Jahrhundert

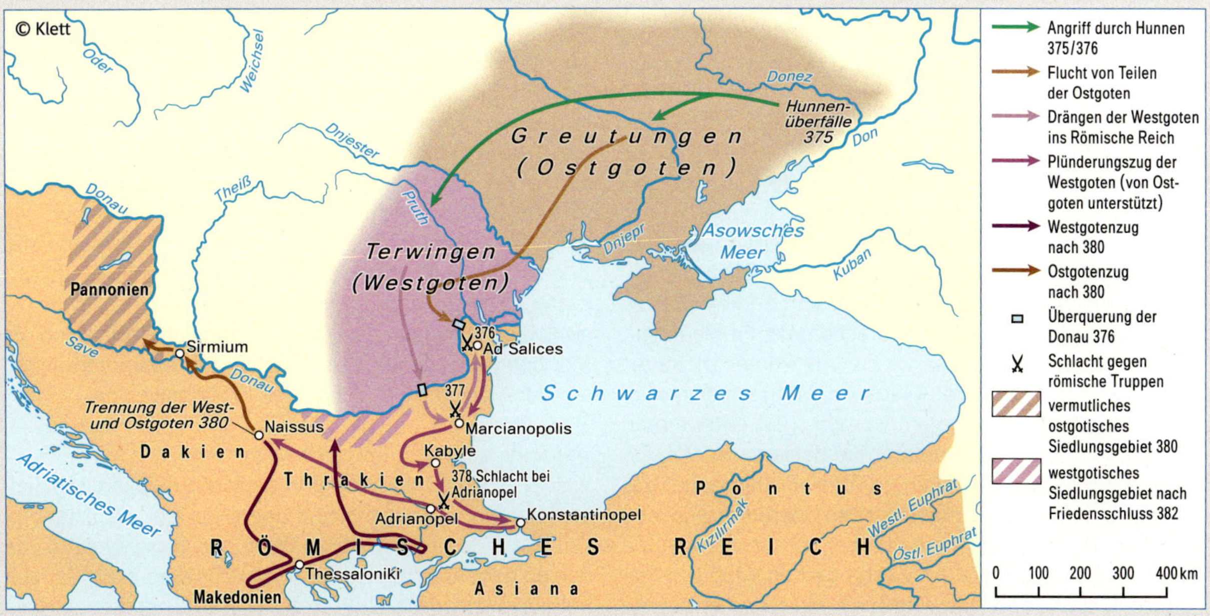

D 2

Zentrale Ereignisse im Rahmen der „Völkerwanderung“

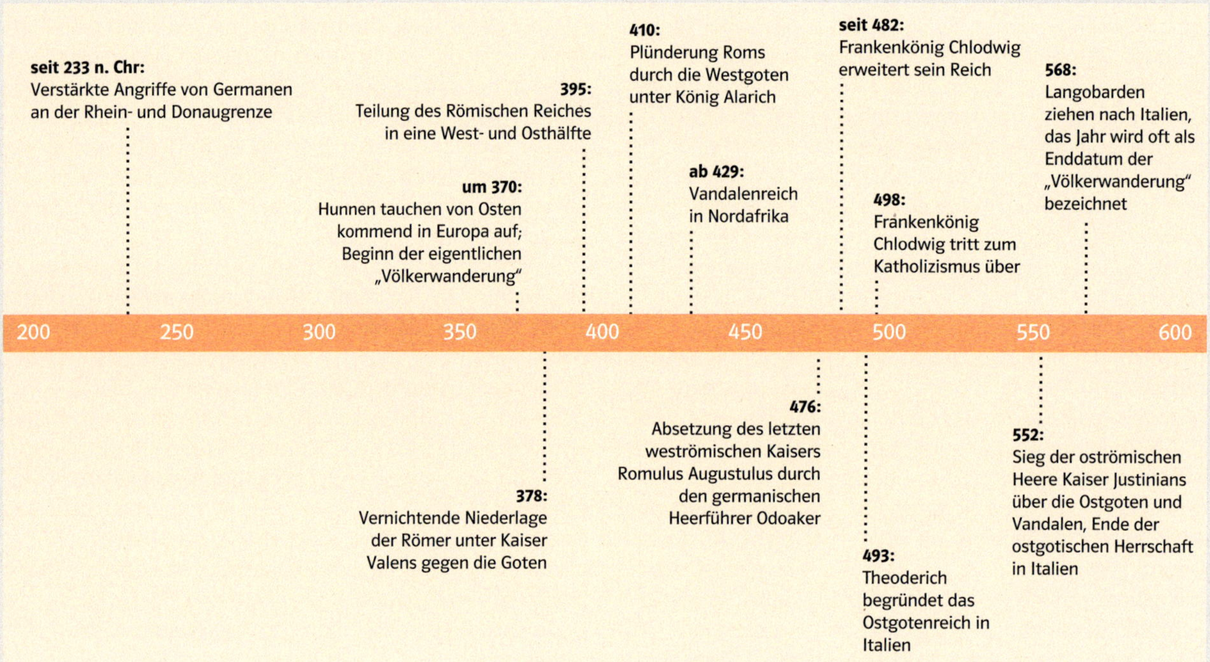

Goten nicht wie germanische Siedler in den Jahrhunderten davor in der ansässigen Bevölkerung auf. Sie hatten jetzt einen weitgehend autonomen Sonderstatus erhalten. Die Römer waren gezwungen, ihnen immer mehr Rechte zuzugestehen. 391 n. Chr. offenbarte sich, wie selbstbewusst die Germanen jetzt innerhalb der Reichsgrenzen auftraten. Der formell in römischen Diensten stehende westgotische Anführer Alarich besiegte die Armee des Kaisers Theodosius und plünderte in der Folge fast nach Belieben römische Gebiete in Griechenland.

Stilicho, Alarich und der Fall Roms 410 n. Chr.

Nach dem Tod des Kaisers Theodosius 395 n. Chr. wurde das Reich zwischen seinen beiden minderjährigen Söhnen Honorius (Westrom) und Arcadius (Ostrom) aufgeteilt. Dass Kaiser im Kindesalter an die Macht kamen, war zu dieser Zeit nicht ungewöhnlich, brachte aber Probleme mit sich: Die Stellung von Regenten wurde immer wichtiger, die statt der minderjährigen Kaiser die Herrschaft ausüben. Um die Frage, wer Regent werden solle, entbrannten mehrfach heftige Machtkämpfe. Für Honorius im Westen regierte der vandalischstämmige Offizier Stilicho, der das Amt eines Heermeisters (militärischen Oberbefehlshabers) innehatte. Der noch im Kindesalter befindliche oströmische Kaiser Arcadius ernannte den westgotischen Häuptling Alarich, der wenige Jahre zuvor noch ein militärischer Gegner gewesen war, zum Heermeister im Osten. Somit standen jeweils Germanen an der Spitze des Reiches im Osten und im Westen. Hinzu kam, dass dem Goten Alarich mit Illyricum erstmals eine ganze Provinz zur eigenständigen Verwaltung übertragen wurde.

Im Jahr 408 wurde Stilicho ermordet, Anfang 409 seine Familie und viele seiner Anhänger. Es waren Gerüchte laut geworden, er strebe für seinen Sohn die Kaiserwürde an. Es kam zu bürgerkriegsähnlichen Zuständen. Alarich fühlte sich durch seine Machtfülle ermutigt und zog, obwohl offiziell immer noch Amtsträger des Ostreiches, in die Westhälfte des Reiches nach Italien bis nach Rom. Es gelang ihm am 24. August 410 n. Chr., die Stadt einzunehmen, die er drei Tage lang plündern ließ. Wenn Rom auch seine alte Bedeutung als alleinige Hauptstadt des Reiches eingebüßt hatte, so hatte dieses Ereignis dennoch eine gewaltige symbolische Bedeutung. 800 Jahre lang hatte kein Feind die Metropole am Tiber betreten können. Die Westgoten siedelten sich schließlich in Aquitanien in Südgallien an.

Das Ende des weströmischen Kaisertums

Viele germanische Anführer in römischen Diensten behielten jetzt ihren Königstitel und zeigten so ihre Eigenständigkeit. Fast alle Heermeister in West- und Ostrom waren von nun an germanischer Herkunft. Alarichs Nachfolger Athaulf heiratete sogar die Tochter des Kaisers Theodosius, Galla

Placidia. Die weitgehend machtlose kaiserliche Regierung konnte nicht verhindern, dass Germanenstämme das Reich fast nach Belieben plünderten. 406 hatten Alanen, Sueben und Vandalen den Rhein überschritten und zogen über Gallien nach Spanien, wo sie sich ansiedelten. Den weströmischen Heermeistern, die im Auftrag der schwachen Kaiser handelten, blieb nur übrig, zwischen den unterschiedlichen auf römischem Gebiet lebenden Stämmen zu vermitteln und sie nach Möglichkeit für eigene Interessen einzuspannen. Dabei wechselten häufig die Bündnisse, teils halfen sogar hunnische Söldner den Römern, die germanischen Stämme einigermaßen in Schach zu halten. 429 zog der Vandalenkönig Geiserich über Spanien in die afrikanischen Provinzen, der weströmischen Regierung blieb nur übrig, diese Ansiedlung im Nachhinein zu bestätigen. Geiserich gab sich allerdings nicht damit zufrieden und plünderte 455 wie die Westgoten zuvor Rom. Britannien, in dem sich Sachsen, Angeln und Jüten niederließen, wurde ab 410 von den Römern aufgegeben und sich selbst überlassen. Die Franken nahmen weite Gebiete Galliens in Besitz, die Alamannen besetzten Rätien, Teile Noricums und drangen bis Norditalien vor. Dem weströmischen Heermeister Aëtius gelang es, mithilfe gallischer, fränkischer, burgundischer, sächsischer und vor allem westgotischer Verbände die Hunnen 451 unter deren König Attila auf den Katalaunischen Feldern bei Troyes im heutigen Frankreich zu schlagen. Die Hunnen zogen sich nun wieder aus Europa zurück.

Das Weströmische Reich hatte allerdings keinen Bestand mehr. Odoaker, bezeichnenderweise ein Heerführer germanischer und hunnischer Herkunft, setzte 476 den letzten weströmischen Kaiser Romulus Augustulus ab. Odoaker bezeichnete sich mit einem neuen Herrschertitel als König von Italien (rex Italiae). Er hatte erkannt, dass der Kaisertitel des Westens wertlos geworden war.

Was wird aus Ostrom?

Das Oströmische Reich überdauerte den Untergang Westroms und bestand, wenn auch stark verkleinert, bis zur Eroberung Konstantinopels durch die Türken 1453 fort. Die verschiedenen germanischen Stämme, die Ostrom in seinem Gebiet aufgenommen hatte, waren nicht stark genug, um die Herrschaft Konstantinopels ernsthaft zu gefährden. Das Ostreich war ohnehin weitaus weniger von den Wanderbewegungen der Stammesverbände betroffen, die zudem untereinander stark rivalisierten. Die Politik in Konstantinopel war klug genug, die Stämme durch geschicktes Vorgehen und durch Geld soweit zu beeinflussen, dass die von ihnen ausgehende Gefahr begrenzt blieb.

Q 1

Doppelbildnis des Heermeisters und Konsuls Flavius Stilicho und seiner Frau Serena mit dem Sohn Eucherius

Elfenbeintäfelchen, um 396, Domschatz von Monza (Italien), jeweils 32,2 x 16,2 cm

In den Materialien stehen die Hunnen (Q 2) und die Goten (Q 3) im Mittelpunkt, ferner die Frage nach der Bedeutung der Schlacht von Adrianopel (Q 4, D 3). Ein wesentliches Thema ist auch die Frage, inwieweit man mit Blick auf das Jahr 476 n. Chr. vom Untergang des Römischen Reiches sprechen kann (D 4).

1 Nennen Sie wesentliche Eigenschaften, die Ammianus Marcellinus den Hunnen zuschreibt. (Q 2)

2 Arbeiten Sie aus Q 3 heraus, wie Ammianus Marcellinus die Aufnahme der Goten ins Römische Reich bewertet, und beurteilen Sie anschließend seine Aussagen vor dem Hintergrund der weiteren historischen Ereignisse.

3 Erörtern Sie auf Grund von Q 4, ob die Schlacht von Adrianopel als historischer „Wendepunkt" angesehen werden kann.

4 Arbeiten Sie aus Q 5 heraus, wie der Autor seine Gegenwart politisch einschätzt und welche sprachlichen Mittel er in seiner Darstellung verwendet.

5 Nennen Sie weitere Gründe, die zur Schwächung des Römischen Reiches geführt haben. (D 3, D 4)

6 Analysieren Sie Q 6 und erläutern Sie, wie sich Kaiser Valens darstellen wollte.

7 Das Jahr 476 n. Chr. wird häufig als Datum herangezogen, an dem man die Antike enden und das Mittelalter beginnen lässt. Beurteilen Sie mithilfe von D 5, ob diese Sichtweise zutreffend ist.

8 Nennen Sie Probleme, die sich in der spätantiken römischen Armee erkennen lassen. (D 6) Beurteilen Sie vor dem Hintergrund der Bedrohungslage des Römischen Reiches während der Völkerwanderung, inwieweit diese Missstände zum Untergang Roms beigetragen haben.

Q 2

Hunnen als „Tiere"?

Der antike Historiker Ammianus Marcellinus (ca. 330–400), der als Offizier in der römischen Armee gedient hat, schreibt in seiner Römischen Geschichte über die Hunnen:

Das Volk der Hunnen ist den alten Schriften nur wenig bekannt. Es […] lebt im Zustand unbeschreiblicher Wildheit. […] Alle besitzen sie gedrungene und starke Glieder und einen muskulösen Nacken und sind so entsetzlich entstellt und gekrümmt, dass man sie für zweibeinige Bestien oder für Figuren aus Blöcken halten könnte, wie sie für die Seitenbegrenzung von Brücken roh behauen werden. Bei ihrer reizlosen Menschengestalt sind sie durch ihre Lebensweise so abgehärtet, dass sie keines Feuers und keiner gewürzten Speise bedürfen, sondern von den Wurzeln wilder Kräuter und dem halbrohen Fleisch von jedwedem Getier leben, das sie zwischen ihre Schenkel und den Pferderücken legen und etwas erwärmen. Sie kennen niemals den Schutz von Gebäuden, meiden solche eher wie Gräber, die vom allgemeinen Verkehr völlig abgeschieden sind. Auch kann man bei ihnen nicht einmal eine mit Rohr gedeckte Hütte finden. Sondern ruhelos schweifen sie durch Berge und Wälder und sind von klein auf gewöhnt, Kälte, Hunger und Durst zu ertragen. Nur wenn äußerste Notwendigkeit sie zwingt, gehen sie in der Fremde unter ein Dach, denn sie glauben, unter Dächern nicht sicher zu sein. […] Bei Kämpfen […] galoppieren sie hin und her, und wegen ihrer gewaltigen Schnelligkeit sieht man sie kaum, wenn sie in eine Befestigung eindringen oder ein feindliches Lager plündern. […] Niemand pflügt bei ihnen oder berührt jemals den Pflug. Denn sie alle kennen keine festen Wohnsitze, sondern schweifen umher, ohne Haus, ohne Gesetz und feste Lebensweise, immer wie auf der Flucht mit ihren Wagen, auf denen sie wohnen. Hier nähen ihre Frauen für sie die schmutzigen Kleidungsstücke, hier paaren sie sich mit ihren Männern, gebären ihre Kinder und ziehen sie bis zur Mannbarkeit auf. Niemand bei ihnen kann auf die Frage, woher er stamme, eine Antwort geben, denn irgendwo wurde er gezeugt, weit fort davon geboren und in noch größerer Entfernung erzogen. […] Wie Tiere, die keinen Verstand haben, kennen sie keinen Begriff von Ehre und Ehrlosigkeit, führen zweideutige und dunkle Reden und unterliegen keinem Einfluss von Ehrerbietung vor einer Religion oder auch nur einem Aberglauben. Doch brennen sie von unmäßiger Begierde nach Gold. So wankelmütig sind sie, und ihr Zorn ist so leicht erregbar, dass sie sich oft an ein und demselben Tag ohne jegliche Ursache von ihren Bundesgenossen trennen und sich ebenso schnell wieder versöhnen, ohne dass jemand sie besänftigt.

Dieses kampfkräftige und ungezähmte Menschengeschlecht, das von einer schrecklichen Begierde erfüllt ist, fremdes Gut zu rauben, durchquerte raubend und mordend die Nachbarländer.

Zit. nach: Attila und die Hunnen. Historisches Museum der Pfalz. Speyer 2007, S. 34–35. Die Übersetzung folgt im Wesentlichen (mit einigen Modernisierungen) der Ausgabe: Ammianus Marcellinus, Römische Geschichte, lat.-dt. und mit einem Kommentar versehen, hrsg. v. W. Seyfarth, 4. Teil, Bde. 26–31, Berlin 1971.

Q 3

Aufnahme von „Reichszerstörern"?

Ammianus Marcellinus berichtet über die Aufnahme der Goten im Römischen Reich um 375 n. Chr.:

Während diese Ereignisse in entfernten Ländern spielten, verbreiteten sich furchtbare Gerüchte, wonach die Nordvölker neuartige und ungewöhnlich schwerwiegende Bewegungen einleiteten. Über den ganzen Raum, der sich von den Markomannen und Quaden bis hin zum Pontus [das Schwarze Meer] erstreckt, solle sich eine Masse unbekannter Barbarenstämme, durch plötzliche Gewalt aus ihren ursprünglichen Wohnsitzen verdrängt, unstet mit Weib und Kind in einzelnen Gruppen am Donauufer umhertreiben. Ganz zu Anfang nahmen unsere Leute die Sache nicht für ernst, und zwar deshalb, weil man gewohnt war, in jenen Gebieten nur von bereits beendeten oder gütlich beigelegten Kriegen zu hören, die bei entfernten Völkern spielen. Allmählich konnte man aber den Ereignissen größeren Glauben schenken, und die Ankunft von Gesandten aus dem Barbarenland bestärkte ihn noch. Flehentlich und unter Beschwörungen baten sie, die landflüchtige Volksmenge diesseits des Stromes aufzunehmen. Die Angelegenheit weckte indessen anfänglich mehr Freude als Angst, da die erfahrenen Schmeichler des Kaisers Glück in höchsten Tönen priesen, das ihm aus den fernsten Gegenden so viele Jungmannschaften zuführe und ihm wider Erwarten die Möglichkeit anbiete, die eigenen und fremdstämmigen Streitkräfte zu vereinigen und dadurch ein unbesiegliches Heer zu gewinnen. [...] In dieser Hoffnung schickte man verschiedene Beamte mit dem Auftrag ab, die wilde Menschenmenge samt ihren Fahrzeugen über den Fluß herüberzuholen, und alle Sorgfalt wurde darauf verwendet, daß kein einziger von den künftigen Reichszerstörern, und sei er selbst von tödlicher Krankheit ergriffen, zurückgelassen wurde. Die Goten bekamen auf diese Weise mit Erlaubnis des Kaisers die Möglichkeit, die Donau zu überqueren und Teile Thrakiens zu bewohnen, und Tag und Nacht kamen sie nun truppenweise auf Schiffen, auf Flößen und auch auf Einbaumstämmen herüber [...]. So holte man in stürmischem Eifer [...] das Verderben selbst in die römische Welt herein. Auf jeden Fall besteht darüber volle Klarheit und Sicherheit, daß die unseligen Beamten, welche die Barbarenmenge über den Fluß zu setzen hatten, zwar wiederholt den Versuch machten, ihre Zahl rechnerisch festzuhalten, schließlich aber ihr fruchtloses Bemühen aufgaben.

Ammianus Marcellinus: Das Römische Weltreich vor dem Untergang 31,4.2-6. Übersetzt von Otto Veh. Artemis & Winkler, München/Zürich 1974, S. 717–719.

Q 4

Hoffnungen auch nach der Niederlage von Adrianopel?

Ammianus Marcellinus kommentiert die Schlacht von Adrianopel 378 n. Chr. folgendermaßen:

Nun sagen zwar einige, die nichts von alter Geschichte wissen, daß niemals solch furchtbare Leidensnacht den Staat bedeckt habe, aber sie irren sich, wenn sie sich von dem Schauder über die jüngsten Heimsuchungen die Besinnung rauben lassen. Denn wenn man die Darstellungen früherer oder erst jüngst vergangener Menschenalter aufschlägt, so werden sie uns beweisen, wie doch solch traurige Erschütterungen sich wiederholt schon zugetragen haben: So überschwemmten auf ihrem Wege von versteckten Teilen des Ozeans her die Teutonen und Cimbern plötzlich Italien, doch wurden sie, nachdem sie dem römischen Staate unermeßliche Schäden zugefügt hatten, in den letzten Schlachten besiegt und mußten, mit Stumpf und Stiel ausgerottet, in schwersten Entscheidungen erfahren, was Kriegsstärke im Verein mit Klugheit auszurichten vermag. Unter der Regierung des Kaisers Marc Aurel hatte der einmütige Wahnsinn sonst so uneiniger Volksstämme nach unendlichem Kriegsgetöse, nach dem Verluste eroberter und ausgeraubter Städte und der Züchtigung der Feinde wegen des Todes eines Feldherrn, nur kleine Teile von ihnen unberührt übrig gelassen. Dennoch wurden bald nach den schmerzlichen Verlusten die Dinge wieder in Ordnung gebracht.

Ammianus Marcellinus: Das Römische Weltreich vor dem Untergang. Übersetzt von Otto Veh. Artemis & Winkler München/Zürich 1974, S. 717–719, S. 723 f.

Q 5

Die Völkerwanderung als Weltende?

Der Dichter und Bischof Orientius (erste Hälfte 5. Jahrhundert) zur Situation im Römischen Reich:

Müde erwartet alles das greisenhafte Ende der Welt, und schon läuft die Zeit am letzten Tage ab. Siehe, wie rasch der Tod die ganze Welt bezwungen und welch starke Völker die Wucht des Krieges zu Boden geworfen hat! Da lagen welche als Futter der Hunde, die brennenden Häuser wurden für viele zu Scheiterhaufen, der sie des Lebens beraubte. [...] Nicht dichter Wald, nicht die Unwirtlichkeit eines hohen Gebirges, nicht die reißenden Strudel mächtiger Flüsse, nicht feste Burgen, nicht Städte im Schutze ihrer Mauern, nicht das wegelose Meer, nicht die Öde der Wildnis [...] waren imstande, die barbarischen Horden zu hintergehen [...]. Ganz Gallien rauchte als einziger Scheiterhaufen [...]. Doch was soll ich den Leichenzug der hinsinkenden Welt beschreiben, der ohne Unterbrechung seine gewohnte Bahn zieht?

Orientius: Commonitorium, 2,163 ff. In: Joseph Fischer: Die Völkerwanderung im Urteil der zeitgenössischen kirchlichen Schriftsteller Galliens. Kemper, Heidelberg/Waibstadt 1948, S. 112 f..

ihm erfuhren, und in den Kulturländern die Wehrkraft sank, je länger das Leben im friedlichen Wohlstand andauerte, erfolgte irgendwann der Einmarsch.

Alexander Demandt: Geschichte der Spätantike. 3. Aufl., C.H. Beck, München 2018, S. 516–518.

Q 6

Valens als Sieger und Wiederhersteller des Staates?

Die Umschrift auf der Vorderseite lautet: D(ominus) N(oster) Valens P(ius) F(elix) AUG(ustus) – „Unser Herr Valens, der Fromme und Glückliche, der Augustus“.
Rückseite: Dort ist Valens mit Victoria (Siegesgöttin) auf einer Erdkugel abgebildet, die Umschrift lautet: RESTITUTOR REI PUBLICAE – „Wiederhersteller des Staates“.

D 3

Völkerwanderung als „Teufelskreis?“

Dazu schreibt der Historiker Alexander Demandt 2018:

Seit der Niederlage von Adrianopel 378 stand die römische Germanenpolitik unter einer verhängnisvollen Antinomie (Widerspruch): je schlimmer die Verluste waren, die man von den Barbaren erlitt, desto größere Anstrengungen mussten unternommen werden, sie als Krieger und Siedler zu gewinnen, um so die durch Germanen geschlagenen Lücken mit Germanen aufzufüllen. Der in senatorischen und kirchlichen Kreisen verbreitete Widerwille gegenüber den Barbaren bot keine Grundlage für eine erfolgreiche Politik. Als Sklaven wie als Söldner waren Reichsfremde längst unentbehrlich. […]

Die Anpassungsbereitschaft der Germanen ans römische System verminderte sich mit der wachsenden Zahl der Einwanderer. […] Somit lässt sich die Auflösung des Reiches nicht nur als gescheiterte Abwehr, sondern ebenso als missglückte Einbürgerung der Germanen auffassen. Ob den Römern daraus ein Vorwurf gemacht werden kann, ist schwer zu entscheiden […]. Für sich betrachtet, ist das Verhalten beider Seiten verständlich: auf römischer Seite der Wunsch, was man hatte, zu behalten (das konservative Prinzip), und auf germanischer Seite der Wunsch, die eigene Lage zu verbessern (das progressive Prinzip). Das Ende des Imperiums ist unter diesem Blickwinkel das Resultat des misslungenen Ausgleichs der beiden Prinzipien. Misslungen deswegen, weil die Römer schließlich doch das verloren, was sie hatten, die Germanen aber nicht das gewannen, was sie suchten. Die ihnen so begehrenswert erscheinende römische Kultur vermochten sie nicht fortzuführen, das eroberte Land haben sie nicht zu halten verstanden. Mit Ausnahme des Frankenreiches sind die germanischen Staatsbildungen auf Reichsboden wieder verschwunden. […] Stets zeigt sich bei den Kulturstaaten eine Tendenz zur Abkapselung gegen das barbarische Ausland, die jedoch nie verhindern konnte, dass die Barbaren sich in der Kriegstechnik auf die Höhe der Kulturvölker erhoben. Und indem bei den Barbaren der Wunsch nach dem Reichtum der Kulturländer um so größer wurde, je mehr sie von

D 4

Wäre Rom zu „retten“ gewesen?

Der Historiker Klaus Rosen schreibt 2009:

Theodosius, den Gratian nach Valens’ Tod wegen seiner militärischen Fähigkeiten zum Mitkaiser berufen hatte, war als Feldherr ein würdiger Nachfolger. Doch dann riss die Tradition ab. Bis zum Ende der Kaiserherrschaft im Westen 476 n. Chr. konnte man von keinem legitimen Throninhaber mehr sagen, dass er im ursprünglichen Sinn des Wortes Imperator gewesen wäre und, von zaghaften Ansätzen abgesehen, kraft seiner feldherrlichen Gewalt, seines Imperium, Truppen gegen den äußeren Feind geführt hätte. Vom Fundament des Kaisertums brach der wichtigste Teil weg, der die anderen Teile zusammenhielt und damit zugleich den Bestand des Reiches sicherte. Der Grund dafür war, dass alle Nachkommen des Theodosius, die bis zum Ende seiner Dynastie 455 n. Chr. regierten, als Knaben oder sogar als Kinder auf den Thron kamen. Sie konnten zunächst gar kein Heer führen, und auch später füllten sie die Feldherrenrolle nie überzeugend aus. In den sechs Jahrzehnten nach Theodosius’ Tod 395, die sich zur kritischsten Epoche für das Reich im Westen auswuchsen, war dessen Spitze stets schwach, bis sie schließlich ganz abbrach. […]

Die Aufgaben, die sich an Rhein und Donau, dazu an den anderen Fronten stellten, waren seit 376 gewiss so groß wie in den schwersten Zeiten, die das Reich erlebt und überlebt hatte. Aber sie wären von einer tatkräftigen Reichsspitze zu bewältigen gewesen. […]

Zwei Kaiser hätten sich in die Aufgaben teilen und sich ihnen vor Ort stellen können, wie dies das System Diocletians vorsah, das noch von Valentinian, Valens und Gratian befolgt wurde. Oder ein einzelner Kaiser hätte, von einem Caesar unterstützt, zwischen den Fronten pendeln müssen, wie das Constantius tat. Aber nach Theodosius gab es solche Kaiser nicht mehr. Die vielfältigen politischen und sozialen, kulturellen und religiösen Gründe, die man für die Auflösung des weströmischen Reiches verantwortlich gemacht hat, sind zweitrangig. Denn in welchem Ausmaß sie auch immer mitgespielt haben mögen – sie änderten im 5. Jahrhundert nichts an der Schwäche der Reichsspitze, folglich auch nichts an den unmittelbaren Folgen dieser Tatsache ersten Ranges.

Klaus Rosen: Die Völkerwanderung. 4. Aufl., C. H. Beck, München 2009, S. 98f., 101.

D 5

476 n. Chr. – doch kein Ende des Weströmischen Reiches?

Der Historiker Rudolf Simek führt dazu 2011 aus:

Mit dem Ende der Kaiser Westroms wurde [...] früher der „Untergang des Römischen Reiches“ festgesetzt, den man aber besser als „Nicht-Untergang“ des Römischen Reiches“ bezeichnen sollte, und zwar nicht nur im Hinblick darauf, dass der „Untergang“ von den Einwohnern der Provinzen kaum als solcher wahrgenommen wurde, oder etwa darauf, dass es im Jahr 800 durch die Krönung Karls des Großen ja zu einem Neubeginn des Reiches, wieder unter „Kaisern“ kam. Vielmehr zeigt sich, dass der Zusammenbruch des Römischen Reiches (in seiner Funktion als verwaltungstechnische Einheit) keineswegs auf ein bestimmtes Datum festgelegt werden kann, wenn man denn einen völligen Zusammenbruch überhaupt akzeptiert: Einerseits fühlte sich Odoaker selbst, wenn schon nicht als Kaiser, dann doch als Herrscher des Römischen Reiches [...], andererseits hatten sich, wenn auch nicht in Italien, dann wenigstens in den gallischen Provinzen unter nomineller Herrschaft von „barbarischen“ gentes (Stämmen) ganze Reichsteile ihre römische Natur weitgehend erhalten. [...]. Aufgrund dieser Identifikation der germanischen Eliten mit Ämtern, Titeln und Funktionen des Römischen Reiches lag es nahe, dass sie dieses Reich (wenn auch nur in jeweils beschränkten Grenzen) mit den ihnen zur Verfügung stehenden politischen und militärischen Mitteln am Leben zu erhalten suchten. Überhaupt führten die barbarischen „Eindringlinge“ in das Reich nicht so sehr zu dessen Ende, sondern letztlich zu seiner Weiterführung unter anderem Vorzeichen.

Rudolf Simek: Die Germanen. 2. Aufl., Reclam, Stuttgart 2011, S. 126f.

D 6

Missstände in der römischen Armee – Stärkung der „Barbaren“?

Der Historiker Alexander Demandt über die Missstände im spätantiken römischen Heer:

Die Liste der Übel ist lang. Die römischen Soldaten zeigten wenig Lust zum Kämpfen und bedrückten stattdessen die Provinzialen [die Provinzbewohner]. Sie gehorchten ihren Vorgesetzten nicht, überzogen ihren Urlaub, übten zivile Berufe aus und führten ein luxuriöses Leben. Die Offiziere bereicherten sich, indem sie in die Militärkasse griffen, Sold für Karteileichen einstrichen und den Bauern gegen die Steuereinnehmer Schutz gewährten. Sie ließen sich gesetzwidrig Privatbäder heizen, verkauften ihren Soldaten eigenmächtig Urlaub und entließen sie, nicht umsonst, vorzeitig als Veteranen. Der Schutz des römischen Wohlstandes gegenüber dem Zugriff der Barbaren war nicht mehr zu gewährleisten, weil sich das militärische Kräfteverhältnis verschoben hatte. Der soziale Aufstieg [für Römer] über den Heeresdienst fand nur noch begrenzt statt, seitdem die Zivilverwaltung für Personen militärischen Standes verschlossen war. Die Söhne barbarischer Offiziere gingen [...] nicht auf römische Schulen, sondern traten in die Fußstapfen ihrer Väter. Der römisch-zivile und der barbarisch-militärische Sektor fielen auseinander.

Die Barbarisierung des spätrömischen Heeres brachte eine Arbeitsteilung: die Römer schufteten, und die Germanen kämpften. Abgesehen von mehrfach bezeugtem Landesverrat ging das solange gut, wie die rein römischen Truppen hinreichend stark waren, um zu verhindern, dass die germanischen Söldner die Provinzialen als Feinde behandelten. Die Spannung zwischen den römischen und den germanischen Truppen haben sich nicht selten blutig entladen [...]. Zunehmend kam den foederierten [verbündeten] Germanen zum Bewusstsein, dass es in ihrem eigenen Ermessen lag, gegen wen sie kämpften. Der dauernde Wechsel zwischen Bündnis und Feindschaft ist bezeichnend für die Schwäche des Kaisers. Aus der Sicht der Provinzialen bedeutete es allerdings keinen großen Unterschied, ob die Erträge von den römischen Beamten eingezogen und an die Germanen weitergegeben oder aber von diesen selbst eingetrieben wurden.

Die Germanisierung des Heerwesens führte zu einem Niveaugewinn der germanischen, aber zu einem Niveauverlust der römischen Kriegskunst.

Alexander Demandt: Geschichte der Spätantike. 3. Aufl., C. H. Beck, München 2018, S. 257f.

Theoderich – Nachfolger der weströmischen Kaiser?

Der letzte weströmische Kaiser war 476 n. Chr. abgesetzt worden. Im Westen herrschten Germanenkönige. Gleichzeitig wirkten viele römische Traditionen nach. Hinzu kam, dass die Kaiser in Konstantinopel vor allem in Italien, dem alten Kernland des Römischen Reiches, ihren Einfluss behalten wollten. Wie sah dort die weitere Entwicklung aus?

Mithilfe der Darstellung können Sie die Entstehung des Ostgotenreiches und ihre Hintergründe historisch einordnen und die Besonderheiten dieses Reiches beschreiben und bewerten. Im Mittelpunkt steht dabei die Frage, inwieweit eine Form der Gleichberechtigung zwischen Römern und Goten möglich war.

1 Charakterisieren Sie die in D 1 dargestellte Herausbildung von Herrschaftsbereichen.
2 Erläutern Sie, wie im Reich des Theoderich Römer und Goten zusammenlebten.
3 Überprüfen Sie die Ansicht, dass Römer und Goten unter Theoderich gleichberechtigt waren.
4 Überprüfen Sie, inwieweit man Theoderich als Nachfolger der römischen Kaiser ansehen kann.
5 Theoderich wurde der „Große“ genannt. Erörtern Sie mit Blick auf ihn als König und Feldherrn, ob diese Bezeichnung zutreffend ist.
6 Beschreiben Sie das Mosaik Q 1 und gehen Sie besonders auf die Darstellung Justinians ein. Erläutern Sie, wodurch deutlich wird, dass es sich bei ihm um einen Herrscher handelt. Begründen Sie, warum Justinian seine Nähe zur katholischen Kirche betont.

Was soll mit den Goten geschehen?

Der ostgotische Adlige Theoderich hatte vom oströmischen Kaiser Zenon (474–491 n. Chr.) für sich und seinen Stamm Siedlungsland auf dem Balkan erhalten. Das militärisch einflussreiche Amt eines Heermeisters, das ihm der Kaiser bald übertrug, hielt ihn aber nicht davon ab, mit seinen Männern weite Landstriche auszuplündern. Aus Sicht Konstantinopels stellte der Gote wie viele andere mächtige Germanen zugleich eine Bedrohung und eine Hilfe dar. Zenon versuchte nun, den kaum kontrollierbaren Theoderich und dessen Stamm loszuwerden. Er drängte ihn im Jahr 488, nach Italien zu ziehen. Dem Kaiser bereitete nämlich auch der mächtige aus dem germanischen Verbund der Skiren stammende Odoaker Sorgen, der sich nach Absetzung des letzten weströmischen Kaisers zum König von Italien aufgeschwungen hatte. Odoaker hatte die Oberherrschaft des oströmischen Kaisers zwar formell anerkannt, doch herrschte er völlig unabhängig und aus Sicht Zenons allzu eigenmächtig. Theoderich brach schließlich mit einem großen Heer nach Italien auf. Der Kaiser hatte ihn offiziell zum Patrizius, einem kaiserlichen Militärbeauftragten, erhoben und seinen Zug nach Italien legitimiert. Sollte es für den Ostkaiser möglich sein, die beiden Machthaber zu schwächen, indem er sie zu Rivalen machte?

Das Königreich der Ostgoten entsteht

Tatsächlich gelang es Theoderich, Odoaker in mehreren Kämpfen zu besiegen. Hatten beide zwischenzeitlich vereinbart, Italien gemeinsam zu regieren, zog es der Ostgote vor, seinen Gegner 493 zu ermorden. Damit stand Theoderich unangefochten an der Spitze Italiens. Er legte sich selbst den Titel eines Königs der Goten zu. Allerdings zögerten die schon wieder misstrauischen Kaiser in Konstantinopel noch lange, dieses Königtum auch offiziell anzuerkennen und zu legalisieren. Das geschah erst 10 Jahre später unter Zenons Nachfolger Anastasius (491–518 n. Chr.). Die oströmischen Kaiser waren nicht daran interessiert, dass Theoderich zu mächtig wurde. So schloss die Regierung in Konstantinopel zugleich Bündnisse mit Burgundern und Franken, um die neue Macht in Italien zu einzudämmen. Theoderich herrschte nun über das kulturell hoch entwickelte Kerngebiet des ehemaligen Römischen Reiches.

Die ansässige römische Bevölkerung machte den weitaus größten Teil der dort lebenden Menschen aus. Die meisten Römer waren katholisch, die Goten gehörten der christlichen Glaubensrichtung der Arianer an. Die Arianer beriefen sich auf den Bischof Arius (260–327 n. Chr.). Letzterer vertrat die Ansicht, dass Gott und Jesus Christus nicht wesensgleich seien, sondern der Sohn dem Vater untergeordnet sei. Damit stellten sich Arius und seine Anhänger gegen die Mehrheit der christlichen Bischöfe. Diese hatten auf dem Konzil von Nicäa 325 n.Chr. festgelegt, dass Gott und Jesus Christus wesensgleich und somit gleichrangig seien, eine Auffassung, die heute noch in den katholischen und protestantischen Kirchen vertreten wird.

Konnte es Theoderich gelingen, trotz deutlicher religiöser und kultureller Unterschiede, mit einer militärisch zwar schlagkräftigen, aber zahlenmäßig relativ geringen Anzahl von Goten über Italien zu herrschen?

Goten als Herrscher – Römer als Unterworfene?

In erster Linie ging es Theoderich darum, in seinem neu gewonnenen Reich seine Macht zu sichern. Er bemühte sich geschickt darum, keinen Konflikt zwischen den Goten und den Römern zu provozieren. Daher verzichtete er weitgehend darauf, Ländereien der ansässigen Familien zu enteignen, und teilte den Ostgoten zumeist Gebiete aus staatlichem Besitz sowie von den gefallenen Anhängern Odoakers zu. Das Kalkül Theoderichs ging auf: Die Römer und vor allem der immer noch einflussreiche römische Adel akzeptierten seine tolerante und rücksichtsvolle Herrschaft. Theoderich garantierte den römischen Bürgern dafür Schutz und Frieden, dass sie für die Soldaten aufkamen und sie mit Lebensmitteln versorgten. Das war nach den Wirren und blutigen Unruhen der letzten Jahrzehnte alles andere als selbstverständlich.

Auch die nach wie vor vorhandene römische Zivilverwaltung mit ihren bewährten Hierarchien ließ Theoderich in Italien weitgehend unangetastet. Der König zog viele erfahrene römische Adlige auf seine Seite und setzte zumeist Römer für die Zivilverwaltung ein, die sich mit ihren speziellen Kenntnissen als unentbehrlich erwiesen. Römer unterstützten auch seinen gotischen Hofrat bei der Regierung. Für die Abfassung seiner Urkunden und Schriften zog Theoderich den römischen Aristokraten, Schriftsteller und

D 1

Reichsbildungen um 500

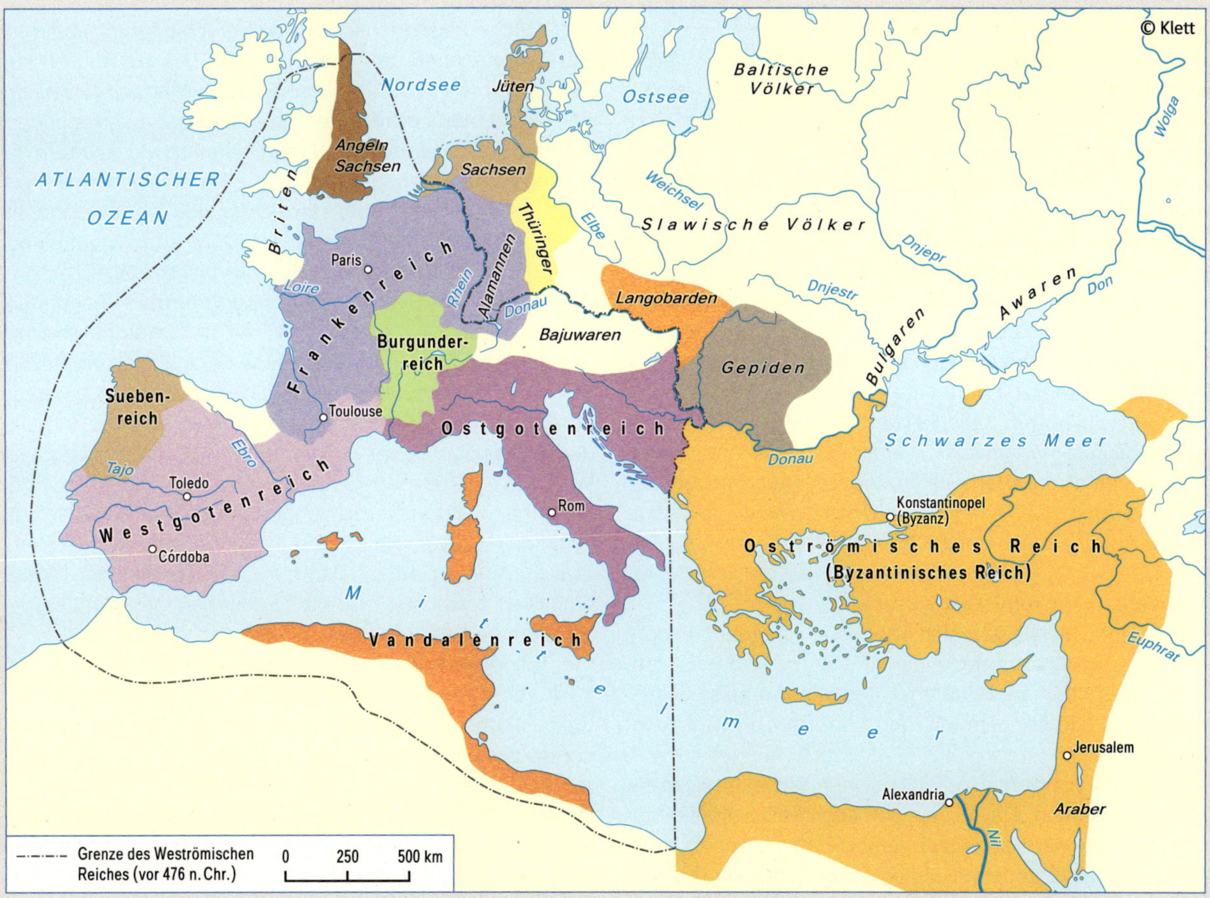

Staatsmann Cassiodor heran. Dem altehrwürdigen Senat in Rom begegnete der König mit Respekt – auch wenn er selbst nicht in Rom residierte, sondern im norditalienischen Ravenna. Viele römische Richter beließ Theoderich in ihren Ämtern. Überhaupt sah er im römischen Recht einen Ordnungsfaktor. Das Theoderich-Edikt, in dem der König das für sein Reich geltende Recht festlegte, basierte weitgehend auf römischen Rechtsgrundsätzen und galt für Römer wie für Goten gleichermaßen. Auch die Steuern wurden für alle bisherigen und neuen Bewohner Italiens vereinheitlicht.

Während sich Theoderich bei der Zivilverwaltung vor allem auf Römer stützte, bestand im Gegensatz dazu die Armee und die Gruppe der Offiziere durchweg aus Goten. So blieb das Heer, die eigentliche Grundlage der Königsmacht, in seinen Händen. Auf diese Weise hatte der König eine strenge Trennung zwischen Römern und Goten verfügt. Häufig spricht man in diesem Zusammenhang von einem regelrechten „Doppelstaat". Neben den Römern waren auch die Goten mit der neuen Situation meist zufrieden, da sie nun in Italien ein geordnetes Leben in relativem Wohlstand führen konnten. Viele von ihnen lernten Latein, und bald gab es auch Ehen zwischen Goten und Römern.

Religiöse Toleranz als Taktik?

Obwohl Theoderich und fast alle Goten Arianer waren, zeigte sich der König gegenüber den Katholiken in Italien sehr tolerant und unterhielt auch zum Papst in Rom meist eine gute Beziehung. Den katholischen Bischöfen gewährte er großen Spielraum. Theoderich ließ es sogar zu, dass seine eigene arianische Mutter zum Katholizismus übertrat. Der König hielt allerdings sicher auch deshalb am Arianismus fest, um zu verhindern, dass die Goten unter den Einfluss der römischen Bischöfe gerieten. Wie in der Verwaltung setzte der König auf das Prinzip der Trennung beider Bevölkerungsgruppen und zugleich auf sehr weitgehende Toleranz. Damit wollte er gewährleisten, dass die Goten ihre Macht in Italien sicherten. Historiker sprechen in diesem Zusammenhang von einer Politik der „Integration durch Separation" (Hans-Ulrich Wiemer). Auch gegenüber Juden verhielt sich Theoderich rücksichtsvoll und schützte sie vor Anfeindungen durch Christen.

Theoderich – ein römischer Kaiser im Westen?

Trotz seiner Macht gab sich Theoderich gegenüber dem oströmischen Kaiser bescheiden und erkannte dessen offizielle Oberhoheit an. Seine Gold- und Silbermünzen trugen häufig das Bild der oströmischen Herrscher, obwohl Theoderich in Italien faktisch alleine regierte.

Um 500 nahm Theoderich in seiner offiziellen Bezeichnung den Namen „Flavius" an, den auch Kaiser Konstantin und einige seiner Nachfolger geführt hatten. Dennoch bezeichnete sich Theoderich immer als rex (König) und nie als imperator (Kaiser), nicht zuletzt, um es sich mit Konstantinopel nicht zu verderben, dessen Herrscher alleine den Anspruch auf diesen Titel erhoben. Theoderich verzichtete auch darauf, die kaiserlichen Insignien zu tragen (Diadem, Zepter, Purpurgewand). Andererseits duldete er die alte, seit Augustus übliche Anrede princeps (ursprünglich: „erster Bürger") und die spätantike kaiserliche Bezeichnung dominus („Herr").

Theoderich knüpfte vielfach an Traditionen der römischen Kaiser an. Er residierte wie die meisten weströmischen Herrscher der letzten Jahrzehnte in Ravenna und ließ sich dort einen eigenen prächtigen Palast errichten. Er übernahm auch Aufgaben in Italien, die ursprünglich kaiserliches Privileg waren: So fungierte er als oberster Richter und ernannte römische Senatoren. Gemäß dem altrömischen kaiserlichen Motto „Brot und Spiele" spendete der König Gratisrationen von Getreide an die Bevölkerung von Rom und veranstaltete Circusspiele. Theoderich trat auch als Bauherr auf, ließ Kirchen errichten und große kaiserliche Bauwerke Roms restaurieren, darunter das Kolosseum und die Stadtmauern.

Theoderichs Außenpolitik – erfolgreich im Zeichen des Friedens?

Das Reich Theoderichs war von verschiedenen anderen Germanenreichen umgeben: dem der Vandalen in Afrika, der Westgoten in Südfrankreich, der Burgunder in Gallien, der Alamannen nördlich der Alpen und der aufstrebenden Franken unter Chlodwig in Nordgallien. Theoderich hatte allerdings eine besondere Stellung unter den germanischen Fürsten inne, weil seine Herrschaft von Konstantinopel schließlich legitimiert wurde und er im alten Stammland des Römischen Reiches, in Italien, herrschte. Als ein besonderes Mittel zur Herrschaftssicherung betrieb Theoderich eine umfassende Heiratspolitik, mit der er einflussreiche Herrscher anderer Reiche auf seine Seite ziehen wollte. So vermählte er seine Schwester mit dem mächtigen Frankenkönig Chlodwig. Er selbst heiratete die Tochter des Burgunderkönigs und gab seine Tochter dem Westgotenkönig zur Frau. Auch zu den Vandalen und den Thüringern knüpfte Theoderich Heiratsverbindungen über Frauen aus seiner Familie. Nie zuvor gab es so viele politisch motivierte Ehen zwischen unterschiedlichen europäischen Reichen. Allerdings war dieser Heiratspolitik im Sinne eines Bündnissystems nur kurzzeitiger Erfolg beschieden.

Theoderich zeigte sich beunruhigt, als der oströmische Kaiser dem Frankenkönig Chlodwig den höchsten Ehrentitel, das Konsulat, zuerkannte und ihm die Insignien eines Königs zusandte. Als Chlodwig die Westgoten angriff, deren König der Schwiegersohn Theoderichs war, zielte der Ostgotenkönig darauf ab, die Macht der Franken einzudämmen, und griff schließlich militärisch ein. Zwar unterlagen die Westgoten, doch ein Teil des von den Franken besiegten Reiches fiel Theoderich zu. 511 übernahm er auch das west-

Q 1

Der oströmische Kaiser Justinian mit Gefolge
Mosaik, Kirche San Vitale, Ravenna, vor 547 n. Chr. Dargestellt v. re.:
zwei Diakone, der katholische Erzbischof Maximianus, ein Beamter, der Kaiser, zwei Patrizier und die Leibwache

gotische Königsamt. Damit war er nun Herrscher aller Goten und hatte den Zenit seiner Macht erreicht. Er herrschte jetzt nicht nur über Italien, sondern auch über Spanien, Südfrankreich und Teile des westlichen Balkans.

Was wird aus dem Ostgotenreich in Italien?

Trotz aller Toleranz des Königs blieb durch den zumeist arianischen Glauben der Goten und den Katholizismus der Römer eine Kluft zwischen der ansässigen und der neu hinzugekommenen Bevölkerungsgruppe bestehen. In den letzten Lebensjahren Theoderichs verschlechterte sich die Beziehung zwischen ihm und den römischen Senatoren. Zudem bildete sich unter den strengen Katholiken eine Opposition gegen seine Herrschaft. Andererseits warfen ihm viele Goten vor, dass er den Römern zu weit entgegengekommen sei. Nach Theoderichs Tod 526 n. Chr. führte seine Tochter eine Zeitlang die Regierung für ihren unmündigen Sohn, musste aber mit innerem Widerstand kämpfen und scheiterte schließlich. Als Justinian 527 neuer Kaiser in Konstantinopel wurde, zeichnete sich schnell ab, dass er eine neue und extrem ehrgeizige Politik gegenüber dem Westen verfolgte. Er strebte die Wiederherstellung des gesamten Imperium Romanum unter seiner Herrschaft an und setzte auf expansive Politik. Die Ostgoten konnten nicht verhindern, dass der Kaiser bald weite Teile Italiens beherrschte und viele wichtige Städte, darunter Rom, eroberte. 552 n. Chr. fiel Totila, einer der Nachfolger Theoderichs, im Kampf gegen das oströmische Heer. Wenig später war die Herrschaft der Ostgoten über Italien beendet. Doch Justinian hatte die Kräfte des oströmischen Reiches überdehnt und scheiterte schließlich mit seinem Versuch, das Imperium Romanum wiederherzustellen. Die Langobarden eroberten unter ihrem König Alboin ab dem Jahr 568 Italien. Dieser letzte große Zug wird oft als Enddatum der Völkerwanderung und teilweise sogar der Antike angesehen.

Zahlreiche Texte, die Theoderich herausgab, stammen aus der Feder des bedeutenden Gelehrten Cassiodor und lassen dessen geschickten Stil erkennen (Q 4, Q 6–Q 8). Durch Quellen anderer wichtiger Autoren (Q 5, Q 9) sowie archäologisches Material (vor allem Q 1a) wird dieses Bild abgerundet und durch einen Forschertext kontrastiert (D 2).

1 Vergleichen Sie die Darstellung Theoderichs auf dem Medaillon (Q 2) mit der von Kaiser Konstantin (Q 3) und Kaiser Valens (S. 104). Vergleichen Sie Ihre Ergebnisse mit den Aussagen in Q 4.

2 Beschreiben Sie die Darstellung des Palastes von Theoderich in Ravenna (Q 5) sowie das Bild seines Mausoleums (Q 6). Erläutern Sie, wie mithilfe solcher Darstellungen sein Herrschaftsanspruch deutlich werden sollte.

3 In den Bögen des Mosaiks (Q 5) waren ursprünglich Theoderich und Vertreter seines Hofstaates dargestellt. Sie wurden nach dem Tod des Ostgotenkönigs getilgt. Nennen Sie mögliche Gründe dafür.

4 Arbeiten Sie aus Q 7 heraus, was für ein Verhältnis zwischen Theoderich und dem oströmischen Kaiser zum Ausdruck kommt. Belegen Sie Ihre Aussagen mit geeigneten Zitaten aus dem Text.

5 Vergleichen Sie die Aussagen Theoderichs über den Frankenkönig Chlodwig in Q 8 und Q 9. Stellen Sie dar, was für ein Verhältnis zwischen beiden zum Ausdruck kommt.

6 Der römische Gelehrte Cassiodor arbeitete für Theoderich und war ihm treu ergeben. Erläutern Sie anhand von Q 7, Q 8 und Q 9, wie die Loyalität des Autors gegenüber dem König deutlich wird.

7 Arbeiten Sie heraus, wie die Herrschaft des Theoderich in Q 10 und Q 11 bewertet wird. Überprüfen Sie diese Einschätzung mithilfe von D 2.

8 Arbeiten Sie aus Q 12 heraus, wie in der (oströmischen) Quelle der gotische Gesandte und der oströmische Offizier Belisar die Herrschaft des Theoderich jeweils bewerten. Überprüfen Sie das von beiden entworfene Bild von Theoderich und den Goten im historischen Kontext.

9 Entwickeln Sie Thesen, warum Kaiser Maximilian I. sein Grab mit einem Bildnis des Theoderich (Q 13) schmücken ließ.

Q 2

Medaillon Theoderichs:

Theoderich hält auf dem Medaillon eine Weltkugel mit Victoria (Siegesgöttin) in der Hand.
Die Umschrift lautet: REX THEODERICUS PIUS PRINC(eps) I(nvictu)S – „König Theoderich, der Fromme, der erste Bürger, der Unbesiegte“.

Q 3

Münzbild Kaiser Konstantins (306–337)

Konstantin (im Vordergrund) ist hier gemeinsam mit dem Sonnengott dargestellt.
Die Umschrift lautet: INVICTUS CONSTANTINUS MAX(imus) AUG(ustus) – „Der unbesiegte Konstantin, der Größte, der Augustus“

Q 4

Theoderich – ein Kaiser im Westen?

Der oströmische Historiker Prokop (um 500 – um 562) schreibt in seiner Bewertung Theoderichs:

Tracht und Titel eines römischen Kaisers wollte er nicht in Besitz nehmen, sondern ließ sich weiter König nennen [...], aber er regierte seine Untertanen so, daß er alles an sich hatte, was dem Wesen nach einem Kaiser ansteht. Denn er sorgte aufs äußerste für Gerechtigkeit und bewahrte die Gesetze in fester Geltung, und vor den ringsumher wohnenden Barbaren ließ er das Land in sicherer Hut, und an Klugheit und Tapferkeit stand er so hoch wie nur möglich. Und Unrecht gegen seine Untertanen tat er fast niemals und ließ auch keinen anderen, der es versuchte, welches tun, außer daß die Goten den Anteil an Grund und Boden untereinander verteilten, den Odoaker seinen Parteigängern gegeben hatte. Theoderich war dem Wesen nach ein Usurpator [jemand, der widerrechtlich die Macht an sich reißt], in Wirklichkeit aber ein wahrer Kaiser, genauso gut wie irgendeiner von denen, die von Anfang an diese Würde besessen hatten. Und die Liebe zu ihm war bei Goten und Italikern gleich groß, ganz gegen die menschliche Art [...]. Er lebte noch 37 Jahre [nach seinem Sieg über Odoaker], ein Schrecken aller seiner Feinde; Verlangen nach sich aber ließ er bei seinen Untertanen zurück.

Prokop: Gotenkrieg 1,1,25 f. In: Geschichte in Quellen. Mittelalter. Hrsg. v. Wolfgang Lautemann u. a. 2. Aufl., Bayerischer Schulbuch-Verlag, München 1978, S. 827 f.

Q 5

Palast des Theoderich in Ravenna

Darstellung des Palastes auf einem zeitgenössischen Mosaik in der nahe gelegenen Basilika Sant Apollinare Nuovo in Ravenna

Der Begriff Palatium stand ursprünglich für den Palast der Kaiser in Rom, der sich auf dem Hügel Palatin (Palatium) befand. Man vermutet, dass ursprünglich in der Mitte Theoderich und an den Seiten Mitglieder seiner Familie und seines Hofstaats abgebildet waren. Wenige Reste dieser Figuren sind noch erkennbar. Vermutlich noch im 6. Jahrhundert wurden die Goten aus der Abbildung getilgt bzw. mit Vorhängen kaschiert.

Q 6

Mausoleum Theoderichs in Ravenna
Links: heutige Aufnahme; rechts: Rekonstruktion von Bruno Schulz, 1911
Theoderich ließ das Mausoleum bereits zu seinen Lebzeiten bauen. Augustus, der erste römische Kaiser, hatte ebenfalls schon früh sein Mausoleum in Rom errichten lassen, um seine Verbundenheit mit der Hauptstadt zu zeigen.

Q 7

Theoderich – ein „Diener“ des Kaisers in Konstantinopel?

Nachdem es Unstimmigkeiten zwischen den Ostgoten und Konstantinopel gegeben hatte, wandte sich Theoderich direkt an den oströmischen Kaiser Anastasius (um 508):

Wir müssen, huldvollster Kaiser, den Frieden suchen, da wir anerkanntermaßen keinen Anlaß zu zürnen haben. [...] Eure Macht und Ehre, frommster Fürst, verpflichtet uns, vollkommene Einhelligkeit mit Euch zu suchen, in dessen Liebe wir bis jetzt und ferner vorankommen. Ihr seid ja die herrlichste Zierde aller Reiche, Ihr, der heilbringende Schutz der ganzen Welt; mit Recht blicken zu Euch alle übrigen Fürsten auf, weil sie in Euch etwas ganz Einzigartiges erblicken, am meisten aber wir, die wir mit Gottes Hilfe in Eurem Staate gelernt haben, wie wir in Recht und Gerechtigkeit unsere Herrschaft über die Römer führen können. Unsere Regierung will nur eine Nachahmung der Euren sein, die Gestaltung eines guten Vorsatzes, das Abbild des einen Reiches. Wie sehr wir Euch hierin nachfolgen, um so viel sind wir den anderen Völkern voraus.

Ihr ermahnt mich unablässig, den Senat zu lieben, die Gesetze, welche die Kaiser gegeben haben, mit Freuden mir eigen zu machen, allen Teilen Italiens Ruhe zu bringen. Darum fühlen wir uns auch verpflichtet, an Eure hocherlauchte Frömmigkeit wiederholt Gesandte abzuordnen, damit der aufrichtige Friede, der aus deutlichen Gründen etwas gelitten hat, nach Beseitigung der strittigen Punkte so fest wie ehedem für alle Zeiten wiederhergestellt werde.

Denn Ihr könnt nach unsrer Meinung nicht dulden, daß zwischen den beiden Staaten, die unter den früheren Kaisern immer als ein Körper betrachtet wurden, irgendeine Unstimmigkeit fortdauere. Diese beiden Reiche sollen doch nicht bloß in tatenlosem Wohlwollen freundschaftlich verbunden sein, sondern sich auch mit gemeinsamen Kräften gegenseitig fördern. [...] Und was immer in unserer Kraft liegt, soll auf eure Verherrlichung hingerichtet sein. Deshalb machen wir auch unsre ehrerbietige Aufwartung und ersuchen ergebenen Sinnes, daß Ihr uns nicht die ruhmvolle Liebe Eurer Huld entzieht [...].

Cassiodorus: Variae 1,1. In: Geschichte in Quellen. Mittelalter. Hrsg. v. Wolfgang Lautemann. 2. Aufl., Bayerischer Schulbuch-Verlag, München 1978, S. 823.

Q 8

Theoderich und Chlodwig – „alte Freundschaft“?

Chlodwig hatte die Alamannen besiegt. Viele von ihnen wandten sich an Theoderich und erbaten von ihm Schutz, einige wurden in seinem Reich aufgenommen. In diesem Zusammenhang wendet sich der Ostgotenherrscher an Chlodwig (um 507):

Stolz auf die ruhmvolle Verwandtschaft mit Eurer Tapferkeit wünschen wir Glück, daß ihr das Frankenvolk aus seiner früheren Untätigkeit glücklich zu neuen Schlachten aufgerufen und Euch die Alamannen nach dem Fall ihrer Tapfersten gebeugt und mit Eurer siegreichen Rechten unterworfen habt. Nachdem aber ihre Ausschreitung schon bei den Anstiftern zur Treuelosigkeit beschnitten werden kann und die strafbare Schuld der Führer doch nicht an der Allgemeinheit gerächt werden soll, so mäßigt Eure Erbitterung gegen den erschöpften Rest. Übrigens verdienen doch die Gnade, die sich so deutlich in den Schutz Eurer Verwandten geflüchtet haben. Habt Nachsicht gegen sie, die sich verschüchtert in unserem Gebiet verborgen halten. Es ist ein denkwürdiger Triumph, dem wilden Alamannen solches Entsetzen eingejagt zu haben, daß er sich gezwungen sieht, Dich um sein Leben anzuflehen. Laß es Dir genügen, daß der König mit dem Stolz seines Volkes gefallen ist, laß es Dir genügen, dass der Stamm mit seinen zahllosen Kriegern zum Teil Deinem Schwerte erlegen und zum Teil Dir dienstbar geworden ist! Denn wenn du mit dem Rest noch weiterkämpfst, dann wird man nicht glauben, daß du alle besiegt hast. Nimm einen Rat von einem, der in diesen Dingen eine große Erfahrung hat: Alle Kriege, die mit Mäßigung beendet wurden, hatten für mich ein günstiges Ergebnis. Der erntet einen beständigen Sieg, der alles mit Maßen zu behandeln weiß, dieweil ein erfreuliches Gedeihen eher jenen schmeichelt, die sich nicht in allzu großer Härte versteifen. Gib also in Milde unserem Geiste nach, weil doch die Freundschaft dem Beispiel des Freundes zu folgen pflegt. Damit erfüllt Ihr auch unsere Bitten, und braucht Euch keine Sorge über unser Verhalten zu machen. Deshalb grüßen wir Euch in geziemender Ehrfurcht und Zuneigung und haben [...] unsere Gesandten in alter Freundschaft an Eure Herrlichkeit geschickt. Wir hoffen von ihnen die Nachricht von Eurem Wohlbefinden zu erhalten und durch sie die Erfüllung unseres Ersuchens zu erwirken. [...] Euer Heil ist ja stets unser Ruhm, und sooft wir eine gute Nachricht von Euch erhalten, glauben wir auch, dass unser Reich in Italien dadurch gewinnt.

Cassiodorus: Variae, 2,41. In: Geschichte in Quellen. Mittelalter. Hrsg. v. Wolfgang Lautemann u.a.. 2. Aufl., Bayerischer Schulbuch-Verlag, München 1978, S. 824.

Q 9

Eine ganz andere Perspektive auf Chlodwig?

Theoderich äußert sich gegenüber den Königen der Heruler, Warner und Thüringer über Chlodwig (507):

Die Gott immer so verhaßte Überhebung muß einmütig von allen bekämpft werden. Denn wer irgendein Volk in vorbedachter Ungerechtigkeit vernichten will, wird nie gegen die anderen gerecht sein wollen. Die schlimmste Gewohnheit ist Mißachtung der Wahrheit. Der Stolze, dem es gelungen ist, in einem verabscheuungswürdigen Kampfe zu siegen, glaubt, ihm müsse nun alles weichen. Sendet deshalb Ihr, denen das Bewußtsein Eurer Tapferkeit einen aufrechten Sinn verleiht und die Ihr über die abscheuliche Anmaßung so erbittert seid, Eure Boten zugleich mit den unsern und denen unseres Bruders, des Königs Gundobad (König der Burgunder), an den Frankenkönig Ludoin (Chlodwig), damit er auf Billigkeit Rücksicht nehmen lernt und so vom Kampfe gegen die Westgoten absteht und das Völkerrecht achtet. Will er dies nicht, so soll er wissen, daß er mit dem Angriffe aller zu rechnen hat, nachdem er wähnt, er brauche sich um das Urteil der übrigen Welt nicht zu kümmern. Was braucht denn der noch weitere Ziele anzustreben, der weiß, daß man ihm vollkommen gerecht werden will? Offen sei es gesagt: Wer gesetzlos zu handeln trachtet, strebt danach, jedes Reich zu stürzen. Es ist besser, wenn eine solche gefährliche Anmaßung gleich von Anfang an im Keime erstickt wird, damit mit vereinten Kräften aller mühelos erreicht wird, was sonst für den einzelnen ein bedenklicher Kampf werden würde. Erinnert Euch doch an die freundliche Gesinnung des alten Eurich (Westgotenkönig) und wie er immer so hilfsbereit gegen Euch gewesen ist, wie oft er Euch vor Kriegen, mit denen Euch die umliegenden Völker bedrohten, bewahrte! [...] Denn sollte Ludoin (Chlodwig) über einen so mächtigen König irgendwie Oberhand gewinnen, so wird er sich hernach ohne Bedenken gegen Euch wenden.

Cassiodorus: Variae, 3,3. In: Geschichte in Quellen. Mittelalter. Hrsg. v. Wolfgang Lautemann u.a.. 2. Aufl., Bayerischer Schulbuch-Verlag, München 1978, S. 824–825.

Q 10

Gerechte Regelungen in Italien?

Die Landnahme in Italien, bei der die Ostgoten ein Drittel des Bodens samt Inventar und Bediensteten bekamen, hatte in Theoderichs Auftrag der Senator Liberius durchgeführt. Der König führt dazu aus:

Es freut mich, darauf hinweisen zu können, in welcher Weise er (Liberius) bei der genannten Abschätzung der Drittel die Herzen der Goten und Römer ebenso miteinander verband wie ihre Besitzverhältnisse. Denn während gewöhnlich die Menschen wegen ihrer Nachbarschaft in Streit geraten, scheint jenen die Gemeinschaft der Güter die Ursache der Eintracht gebildet zu haben; so ist es nämlich gekommen, daß jede der beiden Nationen dadurch, daß sie in Gemeinschaft leben, übereingekommen ist, ein und dasselbe zu wollen. Wahrhaftig, eine neue und durchaus rühmenswerte Tatsache: infolge der Teilung des Bodens ist ein freundliches Verhältnis der Besitzer erfolgt; den beiden Völkern ist durch Schaden Freundschaft erwachsen, so daß die Sicherheit des Grundvermögens unversehrt bewahrt wurde. Ein und dasselbe Gesetz und eine unparteiische Ordnung umfaßt beide. Denn notwendig muß unter denen freundschaftliche Gesinnung erwachsen, die immer die festgesetzten Grenzen respektieren.

Cassiodorus: Variae, 2,16, 5 ff. In: Geschichte in Quellen. Mittelalter. Hrsg. v. Wolfgang Lautemann u. a.. 2. Aufl., Bayerischer Schulbuch-Verlag, München 1978, S. 826.

Q 11

Eine Zeit des Glücks und des Friedens?

Ein anonymer Autor berichtet im 9. Jahrhundert über Theoderich:

Er war ausgezeichnet und guten Willens in allem. Er regierte 33 Jahre. In seiner Zeit war Italien 30 Jahre lang vom Glück begleitet, derart, daß selbst Reisende Frieden hatten. Denn er tat nichts verkehrt. So regierte er die beiden Völker in einem, die Römer und die Goten. Er gehörte zwar selbst der arianischen Sekte an, unternahm aber doch nichts gegen die katholische Religion, gab Zirkusspiele und Amphitheater, so daß er auch von den Römern Trajanus (römischer Kaiser 98–117 n. Chr.) und Valentinianus (Kaiser 364–375 n. Chr.) genannt wurde, deren Zeit sein Vorbild war […].

Den Staatsdienst der Römer ließ er den gleichen sein wie unter den Kaisern. Er gab Spenden und Lebensmittel, und obwohl er den Staatsschatz ganz leer vorgefunden hatte, stellte er ihn mit seiner Arbeit wieder her und machte ihn reich. Während er ohne Bücherwissen war, besaß er doch solche Weisheit, daß manche seiner Worte beim Volk noch jetzt als Sprüche gelten. […] Er erneuerte die Wasserleitung von Ravenna, die der Kaiser Trajanus hergestellt hatte, und leitete nach langer Zeit wieder Wasser herein. Den Palast stellte er bis zur Vollendung her […].

Aber auch in den anderen Städten leistete er viel Gutes. […] Er hielt solche Zucht, daß, wenn jemand auf sein Landgut Silber oder Gold schicken wollte, man das für genau [so sicher] hielt, als wenn es innerhalb der Stadtmauern wäre […]. Und auch in der Stadt schloß man die Türen nicht zu. Jeder tat, was er zu tun hatte, zu welcher Stunde er wollte, gerade wie bei Tage.

Anonymus: Valesianus, 12, 59 ff. In: Friedrich Klingner: Römische Geisteswelt. 3. Aufl., Hermann Rinn Verlag, München 1956, S. 530 f.

D 2

Doch kein „perfekter" Herrscher?

Der Historiker Hans-Ulrich Wiemer fasst 2018 die Herrschaft des Theoderich folgendermaßen zusammen:

Diese Erfolgsgeschichte ist jedoch nur eine Seite der Medaille. Auf der anderen Seite steht die Tatsache, dass das von Theoderich begründete gotische Königreich in Italien nur zwei Generationen Bestand hatte. Theoderich war am Ende seines Lebens außenpolitisch isoliert. […]

Theoderich behandelte zwei christliche Konfessionen als gleichberechtigt. Im gotischen Italien herrschte de facto ein Zustand, der als Bikonfessionalität [hier: Existenz von zwei Glaubensrichtungen] bezeichnet werden kann. Dass der König Christen in seinen Dienst nahm, die sein Glaubensbekenntnis nicht teilten, und Juden schützte, die von Christen verfolgt wurden, hat ihm zu allen Zeiten die Wertschätzung aufgeklärter Geister eingetragen. […] Gleichwohl ist zu fragen, ob die Duldsamkeit Theoderichs nicht auch ein Zeichen von Schwäche war. Christen aller Konfessionen erwarteten damals von einem Herrscher, dass er sich für den wahren Glauben einsetzte. […]

Die soziale und kulturelle Trennung zwischen gotischen Kriegern und römischen Zivilisten konnte nicht unbegrenzt bestehen bleiben; das liegt auf der Hand. Die gotischen Einwanderer machten nur einen Bruchteil der einheimischen Bevölkerung aus und waren zudem weit verstreut. Eine sprachliche und kulturelle Abkapselung ist unter diesen Bedingungen schwer aufrechtzuerhalten. Zudem tendieren militärische und zivile Eliten auf lange Sicht dazu, ihr Kapital an Ansehen, Macht und Reichtum ungeachtet aller Differenzen in Lebensform und Wertesystem durch Heirat zu fusionieren. […] Natürlich war Theoderichs Reich nicht unverwundbar: Der gotisch-römische Kompromiss war nicht für die Ewigkeit geschlossen, sondern bedurfte stetiger Erneuerung. Das Verhältnis zwischen gotischen Kriegern und römischen Zivilisten war seiner Natur nach spannungsvoll. Der gotische Adel verlangte nach Ehre und Ruhm, die Senatoren wachten eifersüchtig über ihre Privilegien. Den katholischen Bischöfen war die Gleichberechtigung der Homöer [Arianer] ein Dorn im Auge. Theoderich selbst trug am Ende seines Lebens dazu bei, dass das Vertrauen in seine Person bei Senatoren und katholischen Klerikern erschüttert wurde. Die Hinrichtung des Boethius [ein Gelehrter und Philosoph] und des Symmachus [ein römischer Senator] war ein Menetekel [Vorzeichen des Unheils}; der Tod des gedemütigten Papstes Johannes brachte den König in den Ruf, ein Christenverfolger zu sein.

Hans-Ulrich Wiemer: Theoderich der Große. König der Goten – Herrscher der Römer. C. H. Beck, München 2018, S. 627, 631–632.

Q 12

Die Herrschaft des Theoderich: Fluch oder Segen?

Der Geschichtsschreiber Prokop (vgl. S. 111) berichtet über einen Wortwechsel zwischen einem gotischen Gesandten und dem oströmischen Feldherrn Belisar. Hintergrund ist der Feldzug von Kaiser Justinian zur Rückeroberung Italiens (533–553 n. Chr.). Der Gote beginnt laut Prokop folgendermaßen:

[…]. Die Goten haben nicht mit Gewalt das italische Land euch entrissen und in ihren Besitz genommen, sondern Odoaker hat den Kaiser gestürzt und das Land seiner Gewaltherrschaft unterworfen. Nun wollte Zenon, der damals im Osten herrschte, seinen Mitkaiser an dem Tyrannen rächen und das Land befreien; da er aber nicht imstande war, die Herrschaft Odoakers zu brechen, so überredete er unsern Herrscher Theoderich, obgleich dieser gerade den Kaiser und Byzanz belagern wollte, die Feindschaft gegen ihn fahren zu lassen und sich der Würde zu erinnern, derer er schon teilhaftig geworden war – er war nämlich Patrizius und Konsul –, den Odoaker aber für das Unrecht, das er dem Augustulus [dem letzten weströmischen Kaiser] angetan hatte, zu strafen und dann mit seinen Goten in aller Form Rechtens von dem Lande Besitz zu ergreifen. So haben wir die Herrschaft über Italien bekommen und haben die Gesetze und staatlichen Einrichtungen gerade so erhalten und gepflegt wie nur irgendein Kaiser; weder von Theoderich noch von einem seiner Nachfolger ist ein einziges neues Gesetz vorhanden, weder ein geschriebenes noch ein ungeschriebenes. Was ferner die Verehrung Gottes und den christlichen Glauben anbetrifft, so haben wir mit peinlicher Sorgfalt die Interessen der Römer wahrgenommen, so daß von den Italikern bis auf den heutigen Tag nicht ein einziger freiwillig oder gezwungen, seinen Glauben geändert hat, und die Goten, die übergetreten sind, hat man ganz unbehelligt gelassen. Die Heiligtümer der Römer haben wir sogar in höchsten Ehren gehalten; denn nie ist irgendwem, der dort ein Asyl suchte, auch nur ein Haar gekrümmt worden. Ihre Staatsämter haben die Römer ebenfalls ganz für sich behalten: kein Gote hat je eins bekleidet. Wenn jemand glaubt, daß dies nicht der Wahrheit gemäß sei, so mag er kommen und den Gegenbeweis führen. […] Man könnte vielmehr noch erwähnen, daß die Goten den Römern gestatteten, Jahr für Jahr ihre Konsuln von dem Kaiser des Ostens anerkennen zu lassen. Trotz dieser Sachlage habt ihr Italien nicht für euch in Anspruch genommen, als es von Odoaker und seinen barbarischen Scharen geknechtet wurde […].

Darauf erwiderte Belisar: […] Der Kaiser Zenon hat Theoderich ausgesandt, Odoaker zu bekriegen, aber nicht, damit er sich in Italien ein selbständiges Reich gründe. Was hätte denn dem Kaiser daran liegen können, einen Gewaltherrscher an die Stelle des anderen zu setzen? Das Land sollte vielmehr frei und Eigentum des Kaisers sein. Theoderich aber, der anfangs ganz rechtmäßig gegen den Usurpator vorgegangen war, hat nachher nicht geringe Undankbarkeit erwiesen, damit, daß er das Land seinen rechtmäßigen Herrschern nicht übergab. […]

Prokopios, Gotenkrieg, 2,6,14 In: Geschichte in Quellen. Mittelalter. Hrsg. v. Wolfgang Lautemann u. a.. 2. Aufl., Bayerischer Schulbuch-Verlag, München 1978, S. 839.

Q 13

Ein Vorbild für spätere Kaiser?

Darstellung des Theoderich, Bronzeplastik, o.J. (1. Viertel 16. Jh.) von Peter Vischer d. Ä. [um 1460–1529] am Grabdenkmal Kaiser Maximilians I. (1459–1519) Heiliges Römisches Reich Deutscher Nation), Hofkirche Innsbruck

Das Frankenreich: gelungenes Zusammenwachsen der Bevölkerung?

Als die Franken sich auf dem Gebiet des Römischen Reiches niederließen, waren sie zumeist keine Christen, sondern Anhänger traditioneller Kulte. Sie wurden von verschiedenen Kleinkönigen beherrscht. Als der Franke Karl der Große im Jahr 800 zum römischen Kaiser gekrönt wurde, war demgegenüber das einheitliche und christliche Frankenreich die beherrschende Macht Europas. Wo liegen die Voraussetzungen für diese erstaunliche Entwicklung?

Mithilfe des Darstellungstextes können Sie die Entstehung und Entwicklung des Frankenreiches erläutern. Dabei werden vor allem die zentralen Merkmale Herrschaft, Organisation und Religion in den Blick genommen.

1 Stellen Sie die Entwicklung des Frankenreiches in groben Zügen dar. (VT, D 1)
2 Erläutern Sie, was die Taufe Chlodwigs für den König und das Frankenreich bedeutete.
3 Erörtern Sie, inwieweit die Herrschaft der Franken an die der Römer anknüpfte.
4 Beurteilen Sie, ob Chlodwig als „Herr der Kirche" bezeichnet werden kann.

Die Franken und die Situation in Gallien

Römische Quellen berichten, dass schon seit der Mitte des 3. Jahrhunderts Gruppen von Franken über den Rhein nach Gallien eindrangen. Ging es zunächst um Raub- und Plünderungszüge, wurden zahlreiche Franken im 4. Jahrhundert in Gallien aufgenommen, um dort vor allem als Bauern zu leben. Gleichzeitig waren sie damit betraut, die römischen Grenzen gegen Feinde zu verteidigen. Viele Franken erhielten sogar das römische Bürgerrecht, manche erlangten bald hohe Kommandostellen im römischen Heer. In der Völkerwanderungszeit ließen sich neben den Westgoten und Burgundern auch verschiedene Stämme im römischen Gallien nieder, die heute unter dem Namen „Franken" zusammengefasst werden. An der Spitze dieser Teilstämme standen Kleinkönige. Der Frankenkönig Childerich (460–482) aus dem führenden Herrschergeschlecht der Merowinger regierte den Nordosten Galliens formell im Auftrag Roms.

Die Franken hingen zunächst noch germanischen Göttern an, und die Merowinger führten ihre Familie auf einen göttlichen Ahnherrn in Stiergestalt zurück. Auch Childerich blieb zeitlebens „Heide". Man glaubte an eine vom König ausgehende göttliche Wirkung und Heilkraft, das sogenannte Königsheil. Die Mehrheitsbevölkerung in Gallien war hingegen katholisch, und das Land war vom Wirken mächtiger katholischer Bischöfe geprägt, die nach römischem Prinzip vor allem in den Städten wichtige Verwaltungsaufgaben übernommen hatten. Obwohl selbst kein Christ, kooperierte Childerich mit den Bischöfen und unterhielt zu ihnen gute Beziehungen. Die führende Macht in Gallien war damals das vom südfranzösischen Toulouse aus regierte Westgotenreich des Königs Eurich (466–484). Der König und die Mehrheit der Westgoten gehörten anders als die gallorömische Bevölkerung dem arianischen Glauben an.

Chlodwig und die Expansion der Franken

Als Childerich starb, übernahm dessen Sohn Chlodwig 482 die Herrschaft. Rasch ging er gegen innere Rivalen vor und festigte so seine Stellung. Vor allem aber war Chlodwig darauf aus, das Gebiet seines Reiches umfassend zu erweitern. Er unterwarf die anderen fränkischen Könige und besiegte Syagrius, einen Römer, der nach dem Ende des weströmischen Kaisertums einen Teil Galliens zwischen Seine und Loire verwaltete. Nicht zuletzt mit diesem Sieg und der Anhängerschaft der Unterlegenen gelang es Chlodwig, seine Macht immer weiter auszubauen. Er unterwarf die rechts des Rheins siedelnden Thüringer und besiegte die Alamannen, die den Rhein von Osten aus überschritten hatten. 507 eroberte der König den Norden des Westgotenreiches von der Loire bis zur Garonne und drängte viele Westgoten über die Pyrenäen nach Spanien. Die Unterlegenen mussten den Franken ganz Aquitanien und Toulouse abtreten.

Nun hatten sich die Kräfte verschoben: Das ehemals mächtige Westgotenreich in Gallien war beseitigt, die Macht der Franken gegenüber dem Reich Theoderichs in Italien deutlich ausgebaut. Chlodwig beherrschte jetzt Gallien von der Nordsee bis zu den Pyrenäen. Unabhängig blieb hingegen das Königreich der Burgunder, das aber von seiner Bedeutung her zweitrangig war und sich von Zeit zu Zeit mit den Franken verbündete. Chlodwig vermählte sich mit der Tochter des burgundischen Königs und betrieb im Kleinen eine Heiratspolitik wie Theoderich, dem er seine Schwester zur Frau gegeben hatte. Der oströmische Kaiser Anastasius erkannte gleich die neue Situation. Er sandte Chlodwig die Insignien des Königs, die ihn offiziell zum Vertreter des Kaisers in Gallien machten. Ferner übertrug er ihm den Titel eines Ehrenkonsuls. Auch wenn Chlodwig unabhängig von Konstantinopel herrschte, so gaben ihm diese Akte Legitimität und Ansehen. Der König stand jetzt im gleichen Rang wie der in Italien herrschende Ostgotenkönig Theoderich. Umgekehrt war der oströmische Kaiser froh, dass Chlodwig eine Kompensation zur Macht Theoderichs bildete. Chlodwig verlegte bald seinen Regierungssitz von Tournai in das zentraler gelegene Paris.

Religion und Machtpolitik: Chlodwig lässt sich taufen

Zwischen den Franken und der gallorömischen Bevölkerung bestand wegen des unterschiedlichen Glaubens eine große religiöse Distanz. In der äußerst blutigen Schlacht gegen die Alamannen bei Zülpich 496 soll Chlodwig gelobt haben, sich im Falle eines Sieges katholisch taufen zu lassen. Vielleicht hatte ihn schon seine katholische Frau Chrodechilde (Chlothilde) in diesem Schritt bestärkt. Mit der Taufe und dem Übertritt zum Katholizismus setzte Chlodwig neue Maßstäbe in Hinblick auf die Festigung seiner Herrschaft. Zahlreiche Franken folgten dem Beispiel ihres Königs. Diese Entwicklung hatte nicht nur eine religiöse, sondern auch eine politische Dimension, und wir können

D 1

Die Entwicklung des Frankenreiches

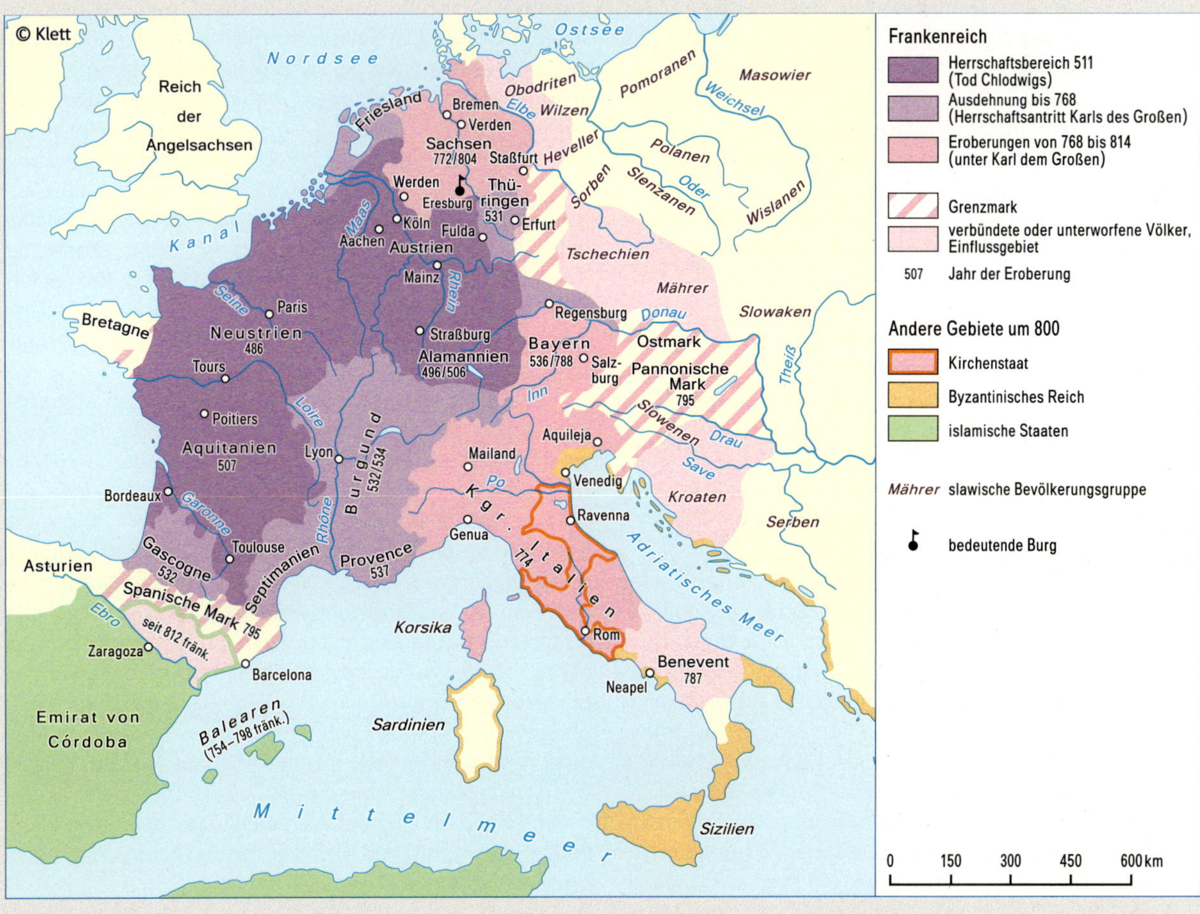

davon ausgehen, dass Chlodwig sie im Blick gehabt hat: Nach der Taufe des Königs und seinem Bekenntnis zum katholischen christlichen Glauben war die religiöse Schranke zwischen der seit Langem ansässigen katholischen Bevölkerung und den Franken aufgehoben. Chlodwig konnte jetzt nach seiner Taufe und der vieler seiner Anhänger ganz anders auf die Loyalität der einflussreichen Bischöfe sowie die seiner übrigen Untertanen setzen. Die mächtigen Bischöfe wie Martin von Tours hatten seit dem 4. Jahrhundert in der Verwaltung Galliens häufig auch als Stadtherren eine maßgebliche Rolle gespielt und sich bewusst von den Arianern abgegrenzt. Franken und Gallorömer konnten sich einander besser annähern, als das zuvor zwischen Westgoten und Gallorömern der Fall gewesen war – und schließlich verschmelzen. Damit war die Stellung des Königs deutlich gestärkt. Somit verfolgte Chlodwig eine andere Politik gegenüber der Bevölkerungsmehrheit in seinem Reich als beispielsweise der Ostgotenkönig Theoderich, der wie die meisten Goten Arianer blieb. Chlodwig soll nun als Katholik sogar die Auseinandersetzung mit den arianischen Westgoten als regelrechten Religionskrieg gegen die „Ketzer“ gesehen und somit legitimiert haben. Wenngleich Chlodwig jetzt dem katholischen Glauben angehörte, so blieb stillschweigend die Vorstellung bestehen, dass die fränkischen Könige über das Königsheil verfügen. Damit umgab den König weiterhin eine besondere Aura.

Bruch oder Kontinuität? Das Rechtswesen ...

Die Franken, die in Gallien eingedrungen waren, verzichteten weitgehend darauf, die dort ansässige römische Bevölkerung zu entrechten oder zu unterdrücken. Es kam bald zu einer wechselseitigen Beeinflussung vor allem im Bereich der Oberschicht. Rechtlich aber blieben Franken und Gallorömer getrennt. Jeder im Frankenreich lebende Mensch wurde in der Regel nach seinem Stammesrecht behandelt. Neben das weiter geltende römische Recht traten somit Rechtsvorstellungen der Germanen. Chodwig erlaubte auch den in seinem Reich gebliebenen Westgoten, weiterhin auf ihr bisheriges Recht zurückzugreifen. Auch sonst nahm der König Rücksicht auf lokale Traditionen. Chlodwig versuchte also, der Heterogenität seines erweiterten Reiches Rechnung zu tragen.

Zum Bild des spätantiken Herrschers gehörte aber auch, dass er neue Gesetze formulierte und Recht kodifizieren, also schriftlich erfassen ließ und so seine Untertanen an sich band. Chlodwig folgte dieser Tradition und ließ das Recht der Franken in der sogenannten Lex Salica aufschreiben. Der lateinisch abgefasste Text ist nach dem ursprünglichen fränkischen Teilstamm der Salier benannt. Diese Lex Salica geht im Wesentlichen auf germanisches Recht zurück und zeigt in der ältesten bekannten Fassung kaum römische Einflüsse. Primär geht es in dem Dokument darum, das Zusammenleben zwischen Germanen und Römern zu regeln und die verschiedenen, teils neu eroberten Reichshälften unter einheitlicher Herrschaft und einheitlichen rechtlichen Vorgaben zusammenwachsen zu lassen. Eine typische Eigenart der Lex Salica ist, dass Strafen nach Herkunft und sozialem Rang unterschiedlich ausfielen. So wurde beispielsweise der Mord an einem Franken schärfer geahndet als der an einem Gallier bzw. Römer. Verbrechen gegenüber Adligen wogen schwerer als gegenüber einem Vertreter unterer sozialer Schichten. Fast ausschließlich wurden – anders als im römischen Recht – in der Lex Salica Geldstrafen verhängt, wie sie für germanische Volksrechte kennzeichnend sind, also z. B. keine Haftstrafen. Somit waren die Franken von ihrem rechtlichen Status her gegenüber den gallo-römischen Einwohnern bevorzugt. Hatten die anfangs ins Römische Reich aufgenommenen „Barbaren“ weniger Rechte erhalten als die ansässige Bevölkerung, so kehrte sich dieser Sachverhalt nun teilweise ins Gegenteil.

... und die Verwaltung im fränkischen Reich

Die Franken veränderten weite Bereiche des öffentlichen Lebens nicht und übernahmen viele römische Einrichtungen. So blieben die bewährte städtische Selbstverwaltung und das Steuerwesen weitgehend bestehen. Die Franken orientierten sich an der bestehenden Struktur der städtischen Verwaltung in Gallien und nicht an der ihrer Teilstämme. So verschwanden die Namen dieser Teilstämme schon im 5. Jahrhundert aus der Überlieferung und werden unter dem einheitlichen Begriff „Franken“ zusammengefasst. Die römischen Verwaltungsbezirke und deren Struktur überdauerten demgegenüber die Zeit. Häufig griffen die Frankenkönige auf erfahrene römische Beamte zurück, die aber unter fränkischer Aufsicht standen. Auf Grund ethnischer und kultureller Unterschiede innerhalb des Frankenreiches kann man nicht von einer einheitlichen Verwaltung sprechen. Dennoch verschmolzen allmählich fränkische, römische und christliche Elemente miteinander.

Aus der germanischen Tradition hingegen stammte das fränkische Gefolgschaftswesen, durch das der König eine besonders mächtige Stellung erlangte und eine schlagkräftige Armee unterhalten konnte. Die Idee der Gefolgschaft bestand im Kern darin, dass der König seine Gefolgsleute um sich versammelte, die in ein freiwilliges Abhängigkeitsverhältnis traten. Der König gewährte ihnen Schutz, Unterhalt und Belohnung, die Gefolgsleute sicherten ihm im Gegenzug Treue zu, die vor allem dadurch sichtbar wurde, dass sie und ihre Untergebenen ihm Militärdienst leisteten. Auch die fränkischen Könige nach Chlodwig orientierten sich an römisch-kaiserlichen Vorbildern. Auch wenn sie formell im Rang unterhalb des Kaisers von Konstantinopel standen, so übernahmen sie teilweise das römische Herrschaftszeremoniell. Das musste vor allem bei der gallorömischen Bevölkerung den Eindruck von Kontinuität hinterlassen.

Chlodwig – der neue Herr der Kirche?

Chlodwig erkannte die katholische Kirche als wichtige Verbündete im Bemühen um Integration und berief 511 nach dem Vorbild von Kaiser Konstantin die Bischöfe seines Reiches zu einem großen Konzil nach Orléans. Ziel war es, die verschiedenen Formen der Kirchenorganisation innerhalb seines Reiches aufeinander abzustimmen, was letztlich auch auf die Vereinheitlichung der Verwaltung hinauslief. Da Chlodwig aktiv am Konzil mitwirkte und die Beschlüsse bestätigte, erschien er zudem als Förderer der Kirche. Somit bildete sich auf dem Konzil eine fränkische Reichskirche heraus. Es ist anzunehmen, dass Chlodwig sich auch ein Mitspracherecht bei der Wahl der Bischöfe vorbehielt, was seiner eigenen Stellung zugute kam, da er so sowohl in Glaubensfragen als auch in der Verwaltung großen Einfluss ausübte. Wenn das Konzil von Orléans wie auch spätere Konzile mit Gebeten für das Wohl von König und Reich begonnen und beendet wurden bzw. zeitgenössische Quellen dies betonen, so zeigt sich, dass die Kirche zur Stütze königlicher Macht im Frankenreich geworden war.

Chlodwigs Erbe

Keines der Reiche, die in der Völkerwanderung entstanden, hat so nachhaltig die Geschicke Europas beeinflusst wie das Frankenreich. Als Chlodwig 511 starb, gab es noch kein wirklich einheitliches Reich. Die Macht übernahmen seine vier Söhne. Sie alle waren gleichberechtigte Könige und herrschten innerhalb des vom Vater geerbten Reiches, ohne jedoch dessen Einheit in Frage zu stellen. Bezeichnenderweise wählten alle zentral gelegene Residenzen: Reims, Paris, Orléans und Soissons. Auch später wurde die Macht mehrfach auf diese Weise innerhalb der königlichen Familie geteilt, ohne dass die Reichseinheit dadurch in Gefahr geriet.

Im siebten Jahrhundert ging die Macht jedoch schrittweise an die höchsten Verwalter des Reiches über, die sogenannten Hausmeier. Ab 737 herrschte der Hausmeier Karl Martell praktisch alleine über das Reich und konnte seinen Anspruch sogar an seine Söhne vererben. Die von ihm begründete Dynastie wird Karolinger genannt. 751 kam es zum entscheidenden Schritt: Der Hausmeier Pippin setzte den letzten Merowingerkönig Childerich III. ab und bestieg auch offiziell den Thron des Frankenreiches. Dieser Prozess vollzog sich mit Einwilligung des Papstes und wäre ohne den Übertritt Chlodwigs zum katholischen Glauben 250 Jahre zuvor und die Herausbildung einer fränkischen katholischen Reichskirche nicht möglich gewesen. Gleichzeitig versprach Pippin dem Papst seine Unterstützung gegen dessen Feinde, insbesondere die Langobarden in Italien. Die Grundlage für ein weitergehendes Bündnis zwischen Karolingern und den Päpsten war gelegt.

Karl der Große – ein römischer Kaiser?

In der Nachfolge seines Vaters Pippin herrschte Karl der Große seit 771 als König über das Frankenreich. In vielen Kriegen dehnte er die Grenzen massiv aus, eroberte Sachsen und Bayern, unterwarf die Langobarden in Italien und vernichtete das Reich der Awaren im heutigen Ungarn. Karl machte das Frankenreich zur bestimmenden Macht in Europa. Viele seiner Zeitgenossen erinnerte die machtvolle Stellung Karls an die der römischen Kaiser.

Das Bündnis der Karolinger mit den Päpsten ermöglichte es schließlich, dass Karl der Große im Jahr 800 in Rom von Papst Leo III. zum Kaiser gekrönt werden konnte. Der Frankenherrscher hatte den Papst zuvor gegen interne Widersacher in der Kirche verteidigt. Damit knüpfte erstmals wieder nach über 300 Jahren ein Herrscher an die Tradition der weströmischen Kaiser an. Im Westen gab es jetzt ein Reich, dem weite Teile des heutigen Deutschland, Frankreich und Italien angehörten. Viele sehen darin die Keimzelle des späteren Europa. In Konstantinopel allerdings herrschte parallel dazu weiterhin der oströmische Kaiser, der sich letztlich mit der Kaiserwürde der fränkische Herrscher arrangieren musste.

Q 1

Münze Karls des Großen, geprägt nach 800.
Umschrift: KAROLUS IMP(erator) AUG(ustus)

Mithilfe der Materialien können Sie analysieren und beurteilen, inwieweit sich im Frankenreich Kontinuität und Wandel beobachten lassen. Dazu bieten sich Bildquellen (Q 1, Q 2, Q 3, Q 6) und Textquellen (Q 5, Q 7–Q 9) sowie Forschertexte (D 1–D 3) an, die verschiedene Perspektiven beleuchten.

1 Analysieren Sie die Herrscherbilder Q 1, Q 2, Q 3, Q 6 und Q 14. Erläutern Sie, was durch die Art der Darstellung jeweils zum Ausdruck gebracht werden sollte.
2 Analysieren Sie quellenkritisch, wie die Taufe Chlodwigs nach der Schilderung Gregors von Tours abgelaufen ist. (Q 5)
3 Analysieren Sie Q 4.
4 Erläutern Sie die Bedeutung der Taufe Chlodwigs. (VT, Q 4, D 2, Q 7)
5 Erörtern Sie mithilfe von Q 2 und Q 9, inwieweit sich Chlodwig als Nachfolger der römischen Kaiser im Westen verstand.
6 Arbeiten Sie aus Q 10 und Q 11 heraus, inwiefern sich die Franken als „überlegenes Volk" darstellten, und überprüfen Sie die Aussagen. Ziehen Sie auch D 3 hinzu.
7 Vergleichen Sie mithilfe von D 4 die Politik von Chlodwig mit der des Ostgotenkönigs Theoderich.
8 Erläutern Sie anhand von Q 12, wie sich gemäß der Quelle der Übergang von den Merowingern zu den Karolingern vollzogen hat.
9 Arbeiten Sie aus Q 13 heraus, wie die Kaiserkrönung Karls des Großen laut Einhard ablief. Nennen Sie Gründe, warum Karl aus Einhards Perspektive möglicherweise anfangs auf die Krone verzichten wollte.

Q 2

Goldmünze, geprägt um 500

Nachdem das Kaisertum im Westen erloschen war, waren die Germanenkönige für das Prägen der Münzen verantwortlich. Diese Münze wurde im Frankenreich unter König Chlodwig herausgegeben mit der Aufschrift: D(ominus) N(oster) ANASTASIUS P(ius) F(elix) AUG(ustus) – „unser Herr Anastasius, der Fromme, der Glückliche, der Augustus".

Bei Anastasius handelt es sich um den oströmischen Kaiser (491–518 n. Chr.).

Q 3

Gold-Solidus, geprägt um 540

Allmählich wurden auch Frankenherrscher auf den Münzen abgebildet, wie hier der Merowingerkönig Theudebert I. (533–548 n. Chr.). Die Aufschrift lautet: D(ominus) N(oster) THEUDEBERTUS – „unser Herr Theudebert".

Q 4

Taufe Chlodwigs
Elfenbeinschnitzerei auf einem Buchdeckel, Frankreich, 10. Jahrhundert
Abgebildet ist das untere Drittel der Schnitzerei; die beiden Bilder darüber zeigen Szenen aus dem Leben des heiligen Remigius, der Chlodwigs Taufe vornahm.

Q 5

Rettung durch die Anrufung des christlichen Gottes?

Gregor von Tours (gestorben 590) berichtet in seinem Geschichtswerk über die Taufe Chlodwigs im Jahr 498:

Die Königin Chrotechildis aber ließ nicht ab, in Chlodwig zu dringen, daß er den wahren Gott anerkenne und ablasse von den Götzen; aber auf keine Weise konnte er zum Glauben bekehrt werden, bis er endlich einst mit den Alamannen in einen Krieg geriet. Da zwang ihn die Not zu bekennen, was sein Herz vordem verleugnet hatte. Als die beiden Heere zusammenstießen, kam es zu einem gewaltigen Blutbad, und Chlodwigs Heer war nahe daran, vernichtet zu werden. Als er das sah, erhob er seine Augen zum Himmel, sein Herz wurde gerührt, seine Augen füllten sich mit Tränen und er sprach: „Jesus Christus, Chrotechildis sagt, du seist der Sohn des lebendigen Gottes, Hilfe sollst du den Bedrängten, Sieg geben denen, die auf dich hoffen – ich flehe dich demütig an um deinen mächtigen Beistand. Gewährst du mir jetzt den Sieg über diese meine Feinde, und erfahre ich so jene Macht, die das Volk, das deinem Namen sich weiht, an dir erprobt zu haben sich rühmt, so will ich an dich glauben und mich taufen lassen auf deinen Namen. Denn ich habe meine Götter angerufen, aber, wie ich erfahren habe, haben sie mich verlassen mit ihrer Hilfe. Dich nun rufe ich an, und ich verlange, an dich zu glauben. Nur reiße mich erst aus der Hand meiner Widersacher.“ Und da er solches sprach, wandten die Alamannen sich und fingen an zu fliehen. Als sie aber ihren König getötet sahen, unterwarfen sie sich Chlodwig und sprachen: „Laß, wir bitten dich, nicht noch mehr des Volkes umkommen; wir sind ja dein.“ Da tat er dem Kampfe Einhalt, brachte das Volk in seine Gewalt und kehrte im Frieden heim. Der Königin aber erzählte er, wie er Christi Namen angerufen und so den Sieg gewonnen habe. Das geschah im fünfzehnten Jahr seiner Regierung.

Darauf ließ die Königin heimlich den Bischof von Reims, den heiligen Remigius, rufen und bat ihn, er möchte das Wort des Heils dem König zu Herzen führen. Der Bischof aber beschied ihn im Geheimen zu sich und fing an, ihn zu überreden, er solle an den wahren Gott, den Schöpfer des Himmels und der Erde, glauben und den Götzen den Rücken wenden, die weder ihm noch den anderen helfen könnten. Jener sprach aber: „Gern höre ich dich, heiligster Vater, aber eins macht mir noch Bedenken: das Volk, das mir folgt, duldet nicht, daß ich seine Götter verlasse. Doch ich gehe und spreche mit ihm nach deinem Wort.“ Als er darauf mit den Seinigen zusammentrat, rief alles Volk zur selben Zeit, noch ehe er den Mund auftat – denn die göttliche Macht kam ihm zuvor: „Wir verlassen die sterblichen Götter, gnädiger König, und sind bereit zu folgen dem unsterblichen Gott, den Remigius predigt.“

Solches wurde dem Bischof gemeldet, und er befahl hoch erfreut das Taufbad zu bereiten. […]. Zuerst verlangte der König vom Bischof getauft zu werden. Er ging, ein neuer Konstantin, zum Taufbade hin, sich rein zu waschen von dem alten Aussatz und sich von den schmutzigen Flecken, die er von alters her gehabt, im frischen Wasser zu reinigen. Als er aber zur Taufe hintrat, redete ihn der Heilige Geist mit beredtem Munde also an: „Beuge still deinen Nacken, Sicambrer [germ. Stamm, der zu Cäsars Zeiten im späteren Gebiet der Franken siedelte]; verehre, was du verfolgtest, verfolge, was du verehrtest.“

Gregor von Tours: Zehn Bücher Geschichten. Bd. 1, Kapitel 31 (FSGA, 2). Übersetzt von W. Giesebrecht, bearb. von Rudolf Buchner. Wissenschaftliche Buchgesellschaft, Darmstadt 1977, S. 117 ff.

Q 6

Siegelring des Frankenkönigs Childerich, um 470

Hier ist Childerich, Chlodwigs Vater († 481 oder 482), mit langen Haaren dargestellt. Die Aufschrift lautet: Childerigi regis – des Königs Childerich.

Q 7

Die Taufe Chlodwigs als Wiedergeburt?

Chlodwig ist vermutlich 498 getauft worden. Bischof Avitus von Vienne beglückwünscht den König in einem Brief (um 500):

Es möge sich also Griechenland (d. h. Konstantinopel bzw. Ostrom) freuen, dass unser Fürst gewählt hat: aber es verdient nun nicht mehr alleine das Geschenk einer so großen Gabe. Ihr Glanz erhellt auch dein Gebiet und im Westen erstrahlt im König das Licht eines bekannten Sterns. Das Fest der Geburt unseres Erlösers hat passend den Anfang der Herrlichkeit dieses Geschenks gebildet: so dass in passender Weise auch das Taufwasser an dem Tag zum Heil wiedergeboren hat, an dem die Welt den zu ihrer Erlösung geborenen Herrn des Himmels empfing. Wie also der Tag der Geburt des Herrn gefeiert ist, sei auch euer Geburtstag gefeiert: an diesem Tag freilich, an dem Christus für die Welt geboren worden ist, seid ihr für Christus geboren worden. An diesem Tag habt ihr eure Seele Gott, euer Leben der Gegenwart und euren Ruf der Zukunft geweiht. Was soll man endlich über die überaus ruhmreiche Feier eurer Wiedergeburt sagen? Wenn ich auch nicht in eigener Person an deren Feierlichkeiten teilgenommen habe, hat mir doch nicht die Gemeinschaft der Freude gefehlt. Es hat nämlich die göttliche Gnade das Gnadenfest für eure Gebiete auch dadurch vergrößert, dass vor eurer Taufe zu uns eine Botschaft eurer hocherhabenen Demut kam, durch die ihr Euch als Taufkandidaten bekannt habt. Deshalb fand uns die heilige Nacht nach dieser Erwartung schon sorglos um euch.

Avitus: Epistulae 46 (41), MGH AA 6,2, S. 75 f. In: Reinhold Kaiser, Sebastian Scholz (Hrsg. und Übers.): Quellen zur Geschichte der Franken und der Merowinger. Vom 3. Jahrhundert bis 751. Kohlhammer, Stuttgart 2012, S. 105 f.

D 2

Grundlagen der Taufentscheidung Chlodwigs

Eugen Ewig (1913 – 2006) war ein Spezialist für das frühe Mittelalter. Er schreibt 1993 über die religiöse Strategie des fränkischen Hofes:

Der katholische Einfluß am fränkischen Hof wuchs durch die Heirat Chlodwigs mit Chrodechild, die beim König die Taufe ihrer ersten Söhne Ingomer und Chlodomer durchsetzte. Gleichzeitig machte sich nun aber auch über Theoderich arianischer Einfluss bemerkbar: Lantechild, eine Schwester Chlodwigs, nahm die „Religion der Goten“ an. Die Wahl zwischen Katholizismus und Arianismus war von großer politischer Tragweite. Die Entscheidung für den Arianismus hätte die Einbindung des Frankenkönigs in das politische System des großen Theoderich verfestigt, die innere Konsolidation des Reiches aber zumindest gehemmt. Die Entscheidung für den Katholizismus war dem häuslichen Frieden ebenso dienlich wie der Festigung des Reiches; sie lag auf der Linie der bisherigen Politik und eröffnete bei einer etwaigen Expansion in Gallien ein weites Feld der Propaganda.

Kein Zweifel, daß die besseren Gründe für die Annahme des katholischen Christentums sprachen. Schwerer als die Wahl zwischen den beiden christlichen Konfessionen wog augenscheinlich die Abkehr von den alten Göttern, die das Heil des Königs wie des Volkes und den Bestand der Volksordnung garantierten. Hier stellte sich die Frage nach dem mächtigeren Gott, und so kamen religiöse Überlegungen verstärkt ins Spiel.

Eugen Ewig: Die Merowinger und das Frankenreich. 2. Aufl., Kohlhammer, Stuttgart 1993, S. 23 f.

Q 8

Der König als Herr der Bischöfe?

Schreiben der Bischöfe an König Chlodwig mit den Beschlüssen des Konzils von Orléans (511):

Ihrem Herrn, dem Sohn der katholischen Kirche, dem äußerst ruhmreichen König Chlodwig, alle Bischöfe, denen Ihr befohlen habt, zum Konzil zu kommen.

Da eine so große Sorge für den ruhmvollen Glauben Euch zur Verehrung der katholischen Religion antreibt, dass Ihr aus Hochschätzung der Meinung der Bischöfe befohlen habt, dass sich die Bischöfe versammeln, um über notwendige Dinge zu verhandeln, antworten wir gemäß der Anfrage Eures Willens und der Artikel, die Ihr uns vorgelegt habt, das, was in unserer Entscheidung zu liegen scheint. So wird, wenn das, was wir festgesetzt haben, auch durch Euer Urteil als rechtens gebilligt ist, die Zustimmung eines so großen Königs und Herrn die zu wahrende Entscheidung so vieler Bischöfe durch noch größere Autorität bestätigen. […] Hinsichtlich der häretischen Priester, die zum katholischen Glauben in vollkommener Treue und freiwillig kommen, und hinsichtlich der Kirchen, welche bisher die Goten in ihrer Verdrehtheit innehatten, sind wir der Meinung, dass dies beachtet werden soll: wenn sich die Priester getreulich bekehren und den katholischen Glauben unverfälscht bekennen und sie so in Rechtschaffenheit ein würdiges Leben hinsichtlich ihrer Sitten und Handlungen bewahren, sollen sie das Amt, von dem der Bischof der Meinung ist, dass sie ihm würdig sind, mit dem Segen der aufgelegten Hand empfangen. Und die Kirchen sollen auf gleiche Weise geweiht werden, in der unsere Kirchen erneuert zu werden pflegen.

Concilia Galliae: A. 511–A. 695 (CSL 148 A, S. 4–12; MGH Conc. 1, S. 2–9.) In: Reinhold Kaiser, Sebastian Scholz (Hrsg. und Übers.): Quellen zur Geschichte der Franken und der Merowinger. Vom 3. Jahrhundert bis 751. Kohlhammer, Stuttgart 2012, S. 112, 116.

Q 9

Chlodwig – ein Nachfolger der römischen Kaiser im Westen?

Gregor von Tours über die Stellung Chlodwigs mit Blick auf Byzanz nach der Übergabe der Reichsinsignien durch den oströmischen Kaiser Anastasius:

Damals erhielt er von Kaiser Anastasius ein Patent als Konsul und legte in der Kirche des heiligen Martinus den Purpurrock und den Mantel an und schmückte sein Haupt mit einem Diadem. Dann bestieg er ein Pferd und streute unter das anwesende Volk mit eigener Hand Gold und Silber auf dem ganzen Wege von der Vorhalle bis zu der Bischofskirche der Stadt mit der größten Freigebigkeit aus; und von diesem Tage an wurde er Konsul oder Augustus genannt. Von Tours ging Chlodwig nach Paris und machte dies zum Sitz seiner Herrschaft.

Gregor von Tours II, 38. In: Geschichte in Quellen. Mittelalter. Hrsg. v. Wolfgang Lautemann u. a. 2. Aufl., Bayerischer Schulbuch-Verlag, München 1978, S. 30.

Q 10

Erlauchtes Volk?

In der Lex Salica, dem am Anfang des sechsten Jahrhunderts aufgezeichneten fränkischen Recht, heißt es über die Franken:

Der Franken erlauchtes Volk, durch Gott, den Schöpfer, begründet, tapfer in Waffen, fest im Friedensbund, tiefgründig im Rat, körperlich edel von unversehrter Reinheit, erlesener Gestalt, kühn, rasch und ungestüm, jüngst zum katholischen Glauben bekehrt, frei von Ketzern, suchte […] auf Eingebung Gottes nach dem Schlüssel der Weisheit, strebte dem Grad seiner Sitte gemäß nach Gerechtigkeit, bewahrte Frömmigkeit. […] Heil dem, der die Franken liebt, Christus bewahre ihr Reich, erfülle seine Leiter mit dem Licht seiner Gnade, schütze das Heer, gewähre dem Glauben Stärkung; Freuden des Friedens und Zeiten des Glückes schenke der Herr der Herrschenden Jesus Christus um der Frömmigkeit willen. Dies ist nämlich ein Volk, durch Festigkeit stark, da es tapfer war. Der Römer härtestes Joch schüttelten die Franken kämpfend von ihren Nacken und nach Anerkennung der Taufe schmückten sie die (wiedergefundenen) Leichen der heiligen Märtyrer, die die Römer mit Feuer verbrannten oder mit dem Schwert verstümmelten oder wilden Tieren zum Zerfleischen vorwarfen, mit Gold und kostbaren Steinen.

Lex Salica, Prolog §1 und 4. In: Karl August Eckhardt: Pactus Legis Salicae. Germanenrechte Neue Folge 1. Hermann Böhlaus Verlag, Weimar/Göttingen 1953, S. 1 f.

Q 11

„Für Barbaren sehr gesittet und gebildet“

Agathias von Myrina (um 531/532 – um 582) über das Volk der Franken, ihre Sitten, Einrichtungen und ihre Könige:

Die Franken sind ja keine Nomaden wie doch wohl einige von den Barbaren, sondern bedienen sich im Allgemeinen der römischen Staatsordnung und Gesetzgebung und teilen im Übrigen mit den Römern auch das Handels- und Eherecht sowie die Gottesverehrung. Sie sind alle Christen, und zwar ganz rechtgläubige. Sie haben in ihren Städten Beamte und Priester, feiern die Feste so wie wir und scheinen mir für ein Barbarenvolk sehr gesittet und gebildet; nur ihre barbarische Tracht und Sprache unterscheidet sie von den Römern. Höchste Bewunderung zolle ich ihnen sowohl wegen der anderen Vorzüge, die sie besitzen, als auch wegen ihrer Rechtlichkeit und Eintracht untereinander. […] So liebt bei ihnen das einfache Volk Recht und Vaterland, die herrschenden Kreise aber sind wohlwollend und wo nötig zum Nachgeben bereit. Deshalb erfreuen sich die Franken des dauernden Besitzes einer wohlbegründeten Macht und gleichbleibender Gesetze, und sie haben von ihrem Land noch nichts eingebüßt, wohl aber sehr viel dazugewonnen. Gerechtigkeit und

Freundschaft machen nämlich, wo sie daheim sind, einen Staat glücklich und fest, und die Feinde können ihn nicht stürzen. So führen denn die Franken ein sehr glückliches Dasein und sind Herr über sich selbst und ihre Nachbarn.

Agathiae Myrinaei Historiarum libri quinque: ed. R. Keydell, 1967. In: Reinhold Kaiser, Sebastian Scholz: Quellen zur Geschichte der Franken und der Merowinger. Vom 3. Jahrhundert bis 751. Kohlhammer, Stuttgart 2012, S. 125 f.

D 3

Die Bedeutung der Franken – eine Frage der Perspektive

Der Historiker Rudolf Simek schreibt:

Man hat die Dominanz der Franken in der Geschichtsschreibung über die Germanen oft von ihrer Spätwirkung her erklärt, also der Tatsache, dass historisch gesehen sie es waren, die sich gegenüber den anderen Völkern durchgesetzt und mit ihrer Reichsbildung den Weg zum mittelalterlichen Europa und somit für die wesentlichen Strukturen Europas bis heute bereitet haben.

Man kann es aber auch umgekehrt sehen, nämlich aus der Sicht der völkerwanderungszeitlichen Stämme, die zum Großteil ein Ziel hatten, nämlich den Übertritt in das römische Imperium mit seiner ausgebildeten ökonomischen und politischen Kultur oder wenigstens die Eroberung von Gebieten dieses Imperiums und damit die Teilhabe an dem ökonomischen Mehrwert, den es produzierte. [...] Die Goten mit ihrem Übertritt ins Reich an der unteren Donau im späten 4. Jh. und schließlich der Eroberung Italiens am Anfang des 5. Jh.s [...] hatten ihr Ziel zwar erreicht, aber eben nur vorübergehend. Die Franken dagegen mit ihrer sicherlich erst allmählich gewonnenen Überzeugung, das Reich zu sich in die Provinz holen zu können, hatten die letztlich effizientere Methode der Integration gefunden. Schon die Eroberungen der Merowinger, die sich Thüringer, Alamannen, Bajuwaren und Langobarden noch im 5. oder frühen 6. Jh. unterwarfen, belegen die Überzeugung der Franken, dass für sie die äußere Peripherie des Imperiums im nördlichen Gallien zum Zentrum des (neuen) Reichs geworden war. Es ist diese Überzeugung, die zur translatio imperii geführt hat, zur „Überführung des Reiches“ zu den Franken nördlich der Alpen, welche die Sonderstellung der Franken legitimiert, also die Tatsache, dass sie sich als Rechtsnachfolger des römischen Imperiums fühlen wollten und diesen Willen auch politisch durchsetzen konnten. [...] Aber neben den unbestreitbaren militärischen Erfolgen der Merowinger über ihre Nachbarstämme [...] sind wohl noch mindestens zwei weitere wichtige Faktoren für die zentrale Rolle der Franken unter den germanischen Stämmen und in der Reichsgeschichte verantwortlich gewesen, nämlich die konsequente Christianisierung einerseits und das offenbar mehr als bei anderen Stämmen vorhandene Selbstverständnis als gens [hier: Stamm], als eigenes, historisch wirksames Volk mit separater Abstammung, und, wie wir heute sagen würden, ausgeprägter Identität.

Rudolf Simek: Die Germanen. 2. Aufl., Reclam, Stuttgart 2011, S. 132–134.

D 4

Chlodwig und die Religion: „zukunftsträchtiger“ als Theoderich?

Der Historiker Hans-Ulrich Wiemer schreibt in seinem Buch über Theoderich den Großen:

War das Zusammenwachsen zwischen Eroberern und Eroberten nicht auf Dauer unvermeidlich? Theoderich wurde und wird unter diesem Gesichtspunkt oftmals mit Chlodwig verglichen: Chlodwig habe durch den Übertritt zum katholischen Glauben in seinem Reich die religiöse Barriere zwischen Franken und Römern niedergelegt und dadurch ihre soziale Fusion ermöglicht. Theoderich dagegen habe diese Entwicklung in seinem Reich durch das Festhalten am homöischen (arianischen) Bekenntnis verhindert oder jedenfalls erschwert und sich dadurch gegen das Unabwendbare, „den Lauf der Geschichte“ gestemmt. Oftmals heißt es dann, Chlodwigs Entscheidung sei „zukunftsträchtig“ gewesen, denn der moderne Betrachter weiß ja, dass das katholische Bekenntnis sich bis zum Ende des 6. Jahrhunderts in allen christlichen Reichen des westlichen Mittelmeerraums durchsetzte. Für Theoderich lag diese Entwicklung damals freilich noch in weiter Ferne. Gewiss setzte Theoderichs Schwager Chlodwig mit der Taufe in Reims ein Zeichen. [...] Aber da Westgoten und Vandalen am homöischen Bekenntnis festhielten, blieben das noch lange Ausnahmen. Für Theoderich war es ein Gebot der politischen Klugheit, keinen Versuch zu unternehmen, das homöische Bekenntnis der gotischen Minderheit unter der römischen Mehrheit aktiv zu propagieren.

Hans-Ulrich Wiemer: Theoderich der Große. König der Goten – Herrscher der Römer. C. H. Beck, München 2018, S. 630.

Q 12

Machtübergang auf die Karolinger

Nachkommen Childerichs und Chlodwigs herrschten über das fränkische Reich bis zum Beginn des 8. Jahrhunderts. Ihre Familie wird das Geschlecht der Merowinger genannt. Die fränkischen Reichsannalen berichten, wie es um 750 zur Ablösung der Merowinger durch die Karolinger kam, die zu dieser Zeit schon länger das Amt des Hausmeiers ausübten:

Bischof Burkhard von Würzburg und der Kaplan Folrad wurden zu Papst Zacharias gesandt, um wegen der Könige im Franzien [gemeint ist das Frankenreich] zu fragen, die damals keine Macht als Könige hatten, ob das gut sei oder nicht. Und Papst Zacharias gab Pippin den Bescheid, es sei besser den als König zu bezeichnen, der die Macht habe, als den, der ohne königliche Macht blieb. Um die Ordnung nicht zu stören, ließ er kraft seiner apostolischen Autorität Pippin zum König machen. [...]

Pippin wurde nach der Sitte der Franken zum König gewählt und gesalbt von der Hand des Erzbischofs Bonifatius und von den Franken in Soissons zum König erhoben. Hilderich [gemeint ist Childerich] aber, der Scheinkönig, wurde geschoren und ins Kloster geschickt.

Zit. nach: Wolfgang Lautemann u.a.: Geschichte in Quellen. Bd. 2: Mittelalter. Bayerischer Schulbuch-Verlag, München 1970, S. 56f.

Q 13

Karl der Große – Kaiser wider Willen?

Einhard (um 770 – 14. März 840), ein hochgestelltes Mitglied des fränkischen Hofes, schrieb eine Biographie über Karl den Großen(Vita Karoli Magni). Darin berichtet er auch über die Hintergründe der Kaiserkrönung:

Seine letzte Reise [nach Rom] [...] war auch dadurch veranlaßt, daß Papst Leo [= Leo III.] durch die vielen Mißhandlungen, die er von Seiten der Römer erlitten hatte, indem sie ihm nämlich die Augen ausrissen und die Zunge abschnitten, sich genötigt sah, den König um Schutz anzuflehen. Er kam also nach Rom und brauchte daselbst den ganzen Winter, um die Kirche aus der überaus großen Zerrüttung, in die sie verfallen war, zu reißen. Damals war es, daß er die Benennung Kaiser und Augustus empfing: das war ihm zuerst so zuwider, daß er versicherte, er würde an jenem Tag, obgleich es ein hohes kirchliches Fest war, die Kirche nicht betreten haben, wenn er des Papstes Absicht hätte vorherahnen können. Den Haß der römischen Kaiser [d.h. der byzantinischen Herrscher], die ihm die Annahme des Kaisertitels verübelten, trug er mit großer Gelassenheit, und mit seiner Großmütigkeit, in der er ohne jede Frage weit über ihnen stand, wußte er ihren Trotz zu besiegen, indem er häufig durch Gesandtschaften mit ihnen verkehrte und sie in seinen Briefen als Brüder anredete.

Zit. nach: Wolfgang Lautemann u.a.: Geschichte in Quellen. Bd. 2: Mittelalter. Bayerischer Schulbuch-Verlag, München 1970, S. 71.

Q 14

Bildnis Karls des Großen im Krönungsornat
Gemälde/Öl auf Lindenholz von Albrecht Dürer, 1512, 188 x 87,6 cm. Original: Nürnberg, Germanisches Nationalmuseum

Die Völkerwanderung in der Geschichtskultur

Die Sicht auf die Völkerwanderung variierte im Lauf der Zeit und ist bis heute keinesfalls einheitlich. War die Völkerwanderung eine Zeit der Heimsuchung, in der kulturlose „Barbaren" das kultivierte Römische Reich zerstörten? Oder war es gerade anders herum: Entstand durch die Wanderzüge ein neues, ein „modernes" Europa? In geschichtskulturellen Zeugnissen lassen sich die unterschiedlichen Perspektiven und Wertungen besonders gut erkennen, je nach historischer, nationaler, geographischer und religiöser Perspektive.

Der Darstellungstext geht exemplarisch auf verschiedene Sichtweisen, Genres und Darstellungsformen zur Völkerwanderung ein und stellt einen Bezug her zum historischen Kontext dieser Sichtweisen.

1 Geben Sie Ihre Assoziationen beim Betrachten von Q 1 wieder.
2 Stellen Sie dar, wie Attila und die Hunnen nach Ende der Völkerwanderungszeit bewertet wurden bzw. werden. Begründen Sie, warum die Urteile so gegensätzlich ausfallen.
3 Erläutern Sie an mehreren Beispielen, wie politische Interessen und Konflikte zu verschiedenen Zeiten das Bild der Völkerwanderung geprägt haben.
4 Diskutieren Sie, ob wir heute ein objektives Bild der Völkerwanderung haben.

Eine Zeit der germanischen „Helden"?

In vielen mittelalterlichen Erzählungen wie der Nibelungensage spiegelt sich die Zeit der Völkerwanderung. Trotz mancher Fiktionen weisen die Quellen auf reale Gegebenheiten: die Erinnerung an die Hunnen, an die Burgunder, an große kriegerische Auseinandersetzungen. Diese Sagen, in denen mächtige „Helden" auftreten, werden zumeist aus „germanischer" Perspektive erzählt.

Ein berühmtes Beispiel ist die Sage über Dietrich von Bern, hinter dessen Gestalt die Forschung den historischen Ostgotenkönig Theoderich vermutet (Bern = Verona). Dietrich begegnet uns als ins hunnische Exil gedrängter, aber tapferer Herrscher.

Nicht nur Texte erzählen von vergangenen „Heldentaten". Seit dem Mittelalter entstanden zahlreiche heroisierende Gemälde von Königen der Völkerwanderungszeit. Beispiele dafür sind Alarich, Odoaker, Theoderich oder Chlodwig. Chlodwig wird im Frankreich des ausgehenden Mittelalters als erster französischer König und sogar teilweise als Heiliger verehrt, der das Sinnbild des idealen christlichen Herrschers verkörperte. Der Schriftsteller Felix Dahn wiederum verlieh Chlodwig im 19. Jahrhundert, der Zeit des Nationalismus, in seinem gleichnamigen Roman „germanische" Züge.

Die Völkerwanderung war im 19. Jahrhundert ein immer wiederkehrendes Thema in der Literatur. Hier begegnete den Leserinnen und Lesern diese Zeit meist idealisiert als Epoche, aus der heraus Europa und die Nationalstaaten entstanden. In deutscher Sicht dominierte dabei die positive Interpretation der „Germanen". Es entstanden zahlreiche Gedichte, die Könige wie den Westgoten Alarich verherrlichen. Die Germanen wurden zu frühen „Deutschen" verklärt. Berühmt wurde Felix Dahns Roman „Ein Kampf um Rom" (1876). Dort geht es um die Auseinandersetzung zwischen Goten und dem Oströmischen Reich, wobei die Ereignisse aus Sicht der Ostgoten dargestellt sind. In der Verfilmung des Buches von 1968, einer vorwiegend deutsch-italienischen Produktion, gestalteten die Regisseure die Perspektive auf Goten und Römer dann ausgeglichener.

Invasoren, keine „Helden"?

Bis heute steht der Begriff „Vandalismus" sprichwörtlich für brutale und sinnlose Zerstörung. Er nimmt – unhistorisch – Bezug auf den Stamm der Vandalen, der im 5. Jahrhundert Teile Spaniens, Nordafrikas sowie Rom eroberte. Das Beispiel zeigt, wie stark die Vorstellung von plündernden „Barbaren" und Invasoren seit der Spätantike fortwirkt.

Schon im Mittelalter wurde die Völkerwanderung teils als „Invasion von Barbaren" verstanden, so etwa in der Darstellung des Mönches Paulus Diaconus (Ende 8. Jahrhundert). Manche Protagonisten der Völkerwanderung sah man sehr kritisch. Das lag auch am arianischen Glauben, dem anfangs viele Germanenstämme angehörten. Theoderich galt daher über Jahrhunderte hinweg aus katholischer Sicht als „Ketzerkönig", der ewige Höllenstrafen verdient habe. Dabei überlagert die religiöse Perspektive die Vorstellung vom Eroberer Italiens und steht im Kontrast zum kultivierten und tapferen König, als der er in der Sage als Dietrich von Bern erscheint.

Auch in Filmen wie „Der Untergang des Römischen Reiches" (1964) und „Gladiator" (2000) begegnen die Germanen dem Publikum keineswegs als „Helden", sondern vielmehr als wilde und brutale Angreifer. Die großen US-amerikanischen Produktionen nehmen damit eher die römische Perspektive ein.

Noch einseitiger verengt sich die Sichtweise bei Computerspielen. Hier steht der Konflikt zwischen Römern und Germanen im Mittelpunkt, wobei der Fokus stets auf der „Invasion der Barbaren" und der Verteidigung des Römischen Reiches liegt. Die Germanen wirken in ihrer Aggression und Stärke häufig überzeichnet. Zwar ist es oft möglich, spielerisch die Perspektive zu wechseln, in die Rollen von Römern oder Goten zu schlüpfen, Städte zu belagern oder Lager zu errichten. Allerdings dominiert in der Charakterisierung der Antagonisten letztlich die römische Sichtweise.

Die Hunnen: Sinnbild der Zerstörung?

Bis heute steht der Hunnenkönig Attila im Mittelpunkt von belletristischen Darstellungen der Völkerwanderungszeit. Auffallend ist, dass sein Bild bzw. das der Hunnen sehr ambivalent ausfällt. In der mittelalterlichen Sage über Dietrich von Bern begegnet uns Attila, der dort als König „Etzel" bezeichnet wird, anders als in den spätantiken Quellen nicht als unbezähmbarer, brutaler Despot. Der Held Dietrich-Theoderich flüchtet zu ihm, wird gastlich aufgenommen, und der mächtige Hunnenkönig steht ihm unterstützend zur Seite. Auffallend ist dabei die Faszination, die der fremde und mächtige Attila auf den Autor bzw. die Autoren ausgeübt haben muss.

In der kirchlichen Überlieferung des Mittelalters erscheint Attila als „Geißel Gottes", der die Römer für ihre Sünden bestraft. Der heidnische Hunnenkönig gilt dem Mittelalter darüber hinaus als Sinnbild des Bösen. In der Schilderung der Hölle erwähnt der italienische Dichter Dante Alighieri (1265–1321) auch Attila, der dort alle denkbaren Qualen leidet.

Die Abwehr der Hunnen in der Schlacht auf den Katalaunischen Feldern (451 n. Chr.) wurde vor allem im 19. Jahrhundert oft als Sieg der europäischen „Völker" über brutale Fremde gesehen, die das Abendland bedrohen. Diese unhistorische Sichtweise verkennt abgesehen von der Brutalität germanischer und römischer Kriege, dass auf beiden Seiten multiethnische Gruppen kämpften.

Ganz anders verhält es sich in der ungarischen Tradition. Dort sieht man die Hunnen, die zwischenzeitlich das heutige Ungarn als Ausgangsbasis für ihre Kriegszüge nutzten, als Vorfahren der Ungarn. Entsprechend werden in traditioneller ungarischer Überlieferung nicht die Brutalität und die Wildheit, sondern die Macht und die Tapferkeit der Hunnen betont. So verwundert es nicht, dass der Name Attila in Ungarn bis heute als Jungenname vorkommt. Da die Hunnen zeitweise auch im heutigen Kasachstan lebten, spielen sie auch im dortigen Traditionsverständnis noch heute eine Rolle. Nationalistische Kreise sehen dort eine direkte Verbindung des kasachischen Staatswesens zu den Reiterkriegern der Völkerwanderungszeit.

Q 1

Artwork des mehrfach ausgezeichneten Computerspiels Total War: ATTILA aus dem Jahr 2015

Die Materialien zeigen mittelalterliche Vorstellungen (Q 3), Vorstellungen des 19. Jahrhunderts (Q 4) und auch – in sehr unterschiedlicher Form – aktuelle Perspektiven auf die Völkerwanderung.

1 Analysieren Sie Q 2 und erläutern Sie, was für ein Bild von den „Barbaren" vermittelt wird.

2 Vergleichen Sie Dietrich von Bern (Q 3) mit dem historischen Theoderich (vgl. S. 106–109). Stellen Sie Gemeinsamkeiten und Unterschiede einander gegenüber.

3 Stellen Sie dar, wie die Goten und wie die Römer in Q 4 jeweils charakterisiert werden. Erläutern Sie unter Rückgriff auf S. 87 und S. 126 f., inwieweit das Gedicht für das 19. Jahrhundert in Deutschland typisch ist.

4 Überprüfen Sie ausgehend von Q 5 und Q 6, ob man die Flüchtlingssituation in Europa seit 2015 mit der antiken „Völkerwanderung" vergleichen kann. Recherchieren Sie dazu ggf. auf den Internetseiten der Bundeszentrale für politische Bildung.

5 Bewerten Sie die beiden Zeitschriftencover auf dieser Grundlage.

6 Analysieren Sie Q 7 und Q 8 und stellen Sie einen Bezug zu Ihrem Wissen über die Völkerwanderung her.

7 Erläutern Sie thesenhaft, warum die Taufe Chlodwigs anlässlich ihres 1500jährigen Jubiläums auf einer französischen Briefmarke abgebildet wurde. (Q 9)

8 Diskutieren Sie, was Reenactment, wie in Q 10 und Q 11 dargestellt, für die Mitwirkenden attraktiv macht.

Q 2

Eroberung Roms durch die Goten 410 n. Chr. – eine realistische Darstellung?
US-amerikanisches Gemälde aus den 1960er Jahren

Q 3

Die Sage des Dietrich von Bern

Die ältesten Texte, die von Dietrich von Bern berichten, stammen aus dem neunten Jahrhundert. Eine populäre Darstellung fasst die Kernelemente zusammen:

Dietmar [Vater von Dietrich] […] erhielt seine Herrschaft zu Bern mit starker Hand aufrecht und duldete keine Abhängigkeit von seinem älteren Bruder Ermenrich, noch von irgendeinem anderen König. Sein Arm war stark und sein Schwert scharf. Daher schlug er mit siegender Gewalt alle Angriffe zurück, woher sie auch kamen. […] Besondere Freude hatte er an seinem ältesten Sohn Dietrich, denn er wuchs gar kräftig heran, so daß er in seinem zwölften Jahr schon die Kraft eines starken Recken hatte. Blondes Haar fiel ihm in Locken auf die Schultern herab; ein mächtiger Nacken, Arme, hart und stark wie ein Eichenstamm, ein regelmäßiges Gesicht, das aber, wenn es zornig wurde, grimmig und schrecklich erschien, das alles verriet früh den löwenmütigen Helden, der im Streit unbezwinglich war. Man sagte sogar, sein Atem sei wie Feuerglut, wenn er in heftigen Zorn geriet […]

[Später kommt Dietrich an den Hof von König Etzel (Attila), Ziel ist ein Waffenbündnis. Dietrich möchte Bern (Verona) zurückerobern, das ihm seine Feinde entrissen haben:]

Groß und weitherrschend war König Etzels Macht […]. Jetzt saß er im reichgeschmückten Prunksaal inmitten seiner fürstlichen Vasallen […]. Er wußte die Waffen der Berner Helden wohl zu schätzen; deswegen empfing er sie mit großen Ehren, als sie reich gerüstet eintraten. Dietrich erhielt einen Sitz neben der Königin; was ihn aber am meisten tröstete, war das Versprechen, daß die ganze Macht der Hunnen ihm zu Gebote stehen solle, damit er sein geliebtes Bern [Verona] wiedergewinne.

Roland Pinson (Hrsg.): Deutsche Götter- und Heldensagen. Gondrom Verlag, Bayreuth 1980, S. 307, 375.

Q 4

Das Grab im Busento

Der Lyriker August von Platen (1796–1835) schrieb um 1828 ein Gedicht über das Grab des Westgotenkönigs Alarich im Busento, einem Fluss in Süditalien:

Nächtlich am Busento lispeln, bei Cosenza, dumpfe Lieder,
Aus den Wassern schallt es Antwort, und in Wirbeln klingt es wider!
Und den Fluß hinauf, hinunter, ziehn die Schatten tapfrer Goten,
Die den Alarich beweinen, ihres Volkes besten Toten.
Allzufrüh und fern der Heimat mußten hier sie ihn begraben,
Während noch die Jugendlocken seine Schulter blond umgaben.
Und am Ufer des Busento reihten sie sich um die Wette,
Um die Strömung abzuleiten, gruben sie ein frisches Bette.
In der wogenleeren Höhlung wühlten sie empor die Erde,
Senkten tief hinein den Leichnam, mit der Rüstung, auf dem Pferde.
Deckten dann mit Erde wieder ihn und seine stolze Habe,
Daß die hohen Stromgewächse wüchsen aus dem Heldengrabe.
Abgelenkt zum zweiten Male, ward der Fluß herbeigezogen:
Mächtig in ihr altes Bette schäumten die Busentowogen.
Und es sang ein Chor von Männern: „Schlaf in deinen Heldenehren!
Keines Römers schnöde Habsucht soll dir je dein Grab versehren!“
Sangen‘s, und die Lobgesänge tönten fort im Gotenheere;
Wälze sie, Busentowelle, wälze sie von Meer zu Meere!

August v. Platen, zit. nach www.deutschelyrik.de/index.php/das-grab-im-busento-779.html (Zugriff 23.01.2019)

Q 5

Eine neue Völkerwanderung?
Cover der Zeitschrift
Der Spiegel, Heft 25/2006

Q 6

Ein Ansturm?
Cover der Zeitschrift
Stern, Heft 35/2015

Q 7

The Last Legion, britischer Spielfilm aus dem Jahr 2007, mit Colin Firth, Ben Kingsley u.a.
Der letzte weströmische Kaiser Romulus Augustulus wird, noch minderjährig, von Goten inhaftiert. Einigen seiner Getreuen gelingt es jedoch, ihn zu befreien. Vom oströmischen Kaiser zurückgewiesen schlägt sich die Gruppe nach Britannien durch, um mithilfe der dort stationierten letzten kaisertreuen Legion das Römische Reich zurückzuerobern.

Q 8

Internet-Auftritt eines 2006 erschienenen Strategie-Brettspiels

Q 9

König Chlodwig (frz. Clovis) auf einer französischen Briefmarke
Die Briefmarke wurde 1996 geprägt. Die Aufschrift lautet:
DE LA GAULE A LA FRANCE (Von Gallien nach Frankreich).

Q 10

Geschichte „begreifbar" machen

Die „Historische Römergruppe POPVLARES VINDELICENSES e.V." stellt römisches Leben in der Provinz Raetien im 3. Jahrhundert n. Chr. dar. Auf ihrer Website stellt sich die Gruppe vor:

Wir legen besonderen Wert darauf, dem interessierten Publikum die archäologischen und historischen Fakten jener Zeit möglichst anschaulich und erlebnisreich „begreifbar" zu machen.

Dies bedeutet beispielsweise, dass Besucher römische Kleidung und militärische Ausrüstung anprobieren können; verschiedene praktische Darbietungen machen auch andere Aspekte des römischen Lebens ebenfalls lebendig und plastisch begreifbar. Außerdem verfügen unsere Mitglieder über entsprechendes historisches Hintergrundwissen und sind gerne bereit, die Fragen der Besucher zu beantworten. […]

Das Lager

Der zivile Teil des Lagers besteht aus einer Taverne, welche einem Vorbild aus Pompeji nachgebildet wurde. Ergänzt wird dieser Bereich durch die Rekonstruktion eines zeitgenössischen Wohnraums.

Zum militärischen Teil gehören ein Fahnenheiligtum sowie mehrere Zelte der Legionäre. Eine Vielzahl authentischer Gegenstände und Details sorgen für ein stimmungsvolles und „historisch korrektes" Gesamtbild.

Die Handwerker

Wir stellen Schuhe, Ketten- und Schuppenhemden und andere Rüstungsteile sowie Schilde und Pfeile nach originalen Fundstücken her.

Unsere römischen Frauen

Wir basteln mit Kindern Schmuck wie z.B. Ohrringe, Halsketten oder Armreifchen nach römischem Vorbild. Auch werden antike Brett- und Kinderspiele vorgestellt. Außerdem werden verschiedene Elemente des römischen Alltagslebens vermittelt (Zubereitung von Speisen und Getränken, Darstellung der damals gebräuchlichen Lebensmittel, Präsentation der zeitgenössischen Mode, etc.)

Die Soldaten

Bei der Rekonstruktion unserer Ausrüstung orientieren wir uns an Fachliteratur und Originalfunden. Bei Veranstaltungen haben Besucher auch die Möglichkeit, einzelne Ausrüstungsteile hautnah zu erfahren, zum Beispiel bei der Anprobe eines Kettenhemdes.

www.populares-vindelicenses.de/pages/ueber_uns/absichten.php; aufgerufen am 4.4.2019.

Q 11

Nachstellung eines Kampfes zwischen Germanen und Römern durch Laienspieler, „Museumpark Orientalis" in den Niederlanden, August 2013

Abiturwissen im Überblick

Konzepte und Theorien zu Transformationsprozessen

Die Theorie von Peter Burke zu Arten von Kulturbegegnungen (→ S. 12, 18)

A Begegnungen zwischen Gleichberechtigten

B Begegnungen zwischen unterschiedlich Mächtigen

- Aufnehmender Kulturkreis wird von den Mächtigeren akzeptiert, ihre Kultur muss durch Überzeugung vermittelt werden.
- Aufnehmender Kulturkreis bekommt von den Mächtigeren deren Kultur aufgezwungen.

C Begegnungen zwischen Kulturen mit starken oder schwachen Traditionen

- Kulturen mit starken Traditionen nehmen weniger Anleihen aus anderen Kulturen auf.
- Kulturen mit schwachen Traditionen nehmen leichter Anleihen aus anderen Kulturen auf.

D Schauplätze der Kulturbegegnung

- Orte mit traditionell vielen unterschiedlichen Kulturen erleichtern den Kulturaustausch.
- Orte des Zusammenpralls zweier unterschiedlicher Kulturen an einer Kulturgrenze führen zu Abgrenzungserscheinungen.

Die Theorie von Urs Bitterli zu Arten von Kulturbegegnungen (→ S. 12 f.)

Kulturbegegnungen

- **Kulturberührung**
  begrenzte Dauer der Kulturbegegnung
- **Kulturzusammenstoß**
  aggressiver Charakter der Kulturbegegnung, Unterjochung bzw. Ausrottung einer Kultur
- **Kulturkontakt**
  dauerhaftes Verhältnis wechselseitiger Beziehungen von Kulturen
- **Kulturverflechtung/Akkulturation**
  dauerhaftes Zusammenwirken und gegenseitige Anpassung von Kulturen

Die Theorie vom Kampf der Kulturen von Samuel P. Huntington (→ S. 14 f.)

Kulturkreise werden eng an die großen Weltreligionen geknüpft.

These 1
Die Globalisierung erzeugt keine universelle Kultur.
Nicht westliche Gesellschaften werden nicht verwestlicht.

These 2
Das Machtgleichgewicht verschiebt sich zuungunsten des Westens und zugunsten muslimischer Einflusssphären.

These 3
Gesellschaften mit ähnlichen Kulturen kooperieren miteinander und bilden auf längere Sicht dauerhafte Kulturkreise, die die künftige globale Ordnung bilden werden.

These 4
Universalistische Ansprüche der westlichen Kulturen führen zu Konflikten.

These 5
Ein Kampf der Kulturen kann nur durch eine Politik der gegenseitigen Akzeptanz vermieden werden.

Erklärungsmodelle der Transkulturation (→ S. 17)

1. Modell von Fernando Ortiz
- Transkulturation ist ein dynamischer Prozess von gegenseitigem Nehmen und Geben.
- Transkulturation ist ein dynamischer Prozess zwischen Verlust und Gewinn bzw. zwischen Alt und Neu.
- Transkulturation ist gebunden an ungleiche Machtverhältnisse.
- Transkulturation ist gebunden an Wechselwirkungen von Kultur, Wirtschaft und Gesellschaft.

2. Modell von Peter Burke
Bei der Transkulturation handelt es sich um einen Kulturtransfer, bei dem es zu Kulturberührungen, Überlagerungen und Vermischungen von Kulturen kommt. In diesem Prozess erfolgen wechselseitige Anpassungen, die zu Kulturwandlungen führen.

Kulturelle Wandlungsprozesse durch Migration – das Erklärungsmodell von Jochen Oltmer (→ S. 27)

Migration ist immer gekennzeichnet durch Ab- und Zuwanderung bzw. Aus- und Einwanderung.
Unterschiedliche Typen von Migration lassen sich unterscheiden nach:
- Hintergrund der Migration (Chancenwahrnehmung, Zwang, Krisen, Bildung/Ausbildung, Kultur und Wohlstand),
- Raum (intraregional, interregional, grenzüberschreitend, interkontinental),
- Richtung (unidirektional, etappenweise, zirkulär, Rückwanderung),
- Dauer des Aufenthalts (saisonal, mehrjährig, Arbeitsleben, Lebenszeit, intergenerationell).

Selbstdarstellung des Augustus (→ S. 35, 38)

Das konzentrierteste Zeugnis von Augustus' überragender Stellung in der res publica des Prinzipats gibt seine vollständige Titulatur in einer Inschrift aus Narbonne (Südfrankreich) von 11 n. Chr., hier vom Dativ in den Nominativ versetzt, Abkürzungen aufgelöst.

Imperator: In der Republik wurden Feldherren nach einem Sieg von ihren Truppen oft zum Imperator ausgerufen. Der junge Caesar machte diesen Titel zum Vornamen (statt Gaius) – und die Sieghaftigkeit zum festen Bestandteil seiner Person.

Caesar: Der Name Caesar hatte vor allem bei den Soldaten einen fast magischen Klang.

divi filius: 40 v. Chr. wurde der ermordete Diktator Caesar zum Staatsgott erklärt, sein Sohn war damit „Sohn eines Staatsgottes".

Imperator Caesar divi filius Augustus pater patriae pontifex maximus tribunicia potestas XXXIIII

Augustus: abgeleitet von *augere* – „vermehren", verwandt mit *auctoritas* – „Gewährleistung"

pater patriae: Der Ehrentitel „Vater des Vaterlandes" drückt eine Verantwortung aus, nämlich gegenüber Stadt und Reich so verantwortungsvoll und fürsorglich zu agieren wie ein Vater. Er deutet aber auch an, dass Augustus' Stellung keine politische, sondern die eines Herren ist.

pontifex maximus: Als „Oberster Staatspriester" hatte Augustus die Verantwortung für das Einvernehmen mit den Göttern.

tribunicia potestas XXXIIII: Die „tribunizische Gewalt" wurde Augustus verliehen, um in Rom politisch agieren zu können. Der Volkstribun hatte in der Republik das Initiativrecht z. B. in der Gesetzgebung.

Struktur der Reichsverwaltung nach den Reformen Konstantins im 4. Jahrhundert (→ S. 78 f.)

Kaiser

persönlicher Stab

Zivile Verwaltung
- Verwalter der kais. Domänen
  → **3 Präfekten (praefectus praetorii)**: per orientem, Italia, Gallie
  → 12 Vicarii
  → 114 Statthalter in den Provinzen
- Verwalter der Finanzen

Hof (comitatus)
- Magister officiorum Hofmeister
  → - besondere Missionen
  - Personal
  - Audienzen
  - Organisation
  - Gerichte
  - Eingaben

Zivile Verwaltung
- Heermeister am Hof
- Quaestor Gesetzgebung
  → **3 Heermeister (magister militium)**
  - → Grenzheer (an den Grenzen)
  - → Feldheer (mobil)

Prägende Faktoren für das Germanenbild im spätantiken Rom (→ S. 46–53; 92–97)

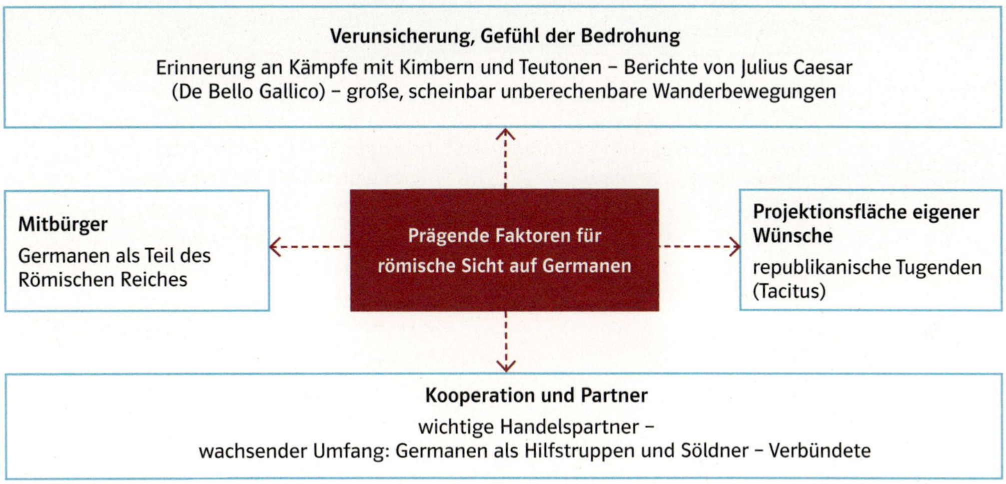

Die „Völkerwanderung" (→ S. 98–105)

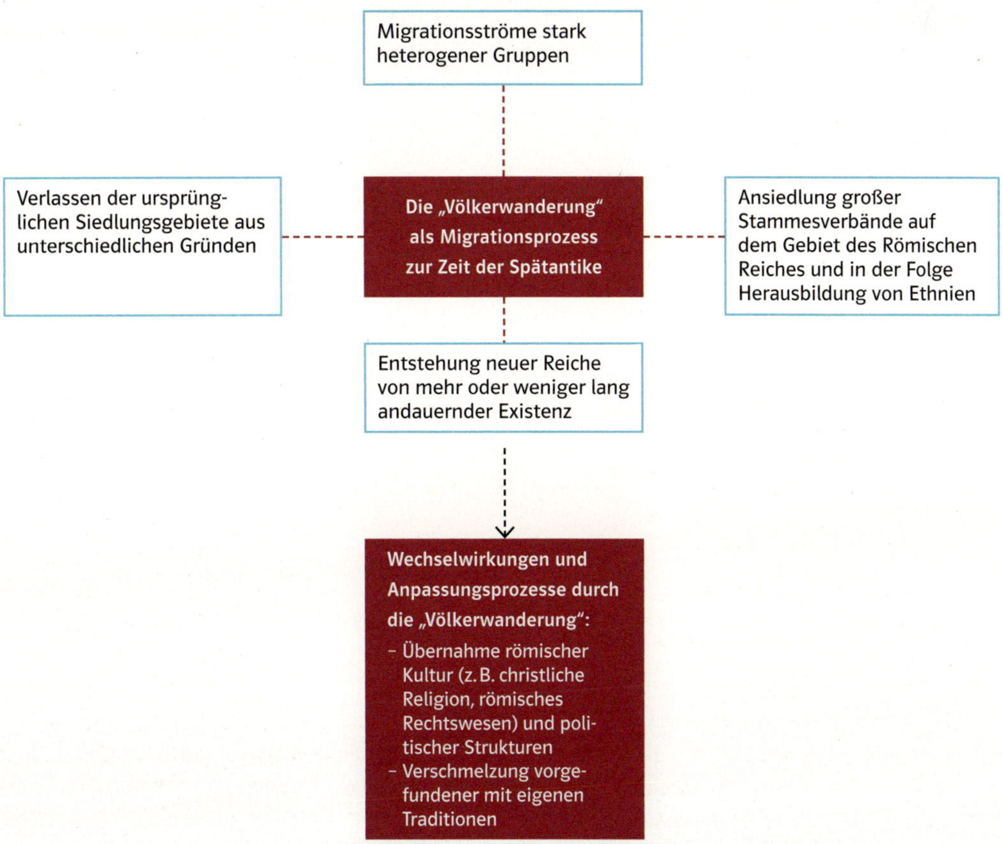

Methodentraining: Mit Statistiken arbeiten

Betrachten Sie die unten stehende Statistik.

1 Formulieren Sie vorerst thesenhaft: Was springt Ihnen zuerst ins Auge? Welche Hypothesen erscheinen Ihnen naheliegend? Welche Fragen würden Sie stellen wollen?

2 Tauschen Sie Ihre Gedanken zu der Grafik mit Ihrem Sitznachbarn/Ihrer Sitznachbarin aus. Einigen Sie sich am Ende auf eine historische Problemfrage, die sich an die Grafik anschließt.

D 1

Veränderungen des Silbergehalts im Denar

Römisches Geld war bis ins 3. Jahrhundert Realwertgeld, d.h. die Münze war von ihrem Tauschwert her soviel wert wie der Metallwert. Der Denar war Leitwährung, die Standardsilbermünze des römischen Geldsystems. Er wog um vier Gramm und bestand aus einer Mischung von Bronze und Silber im Verhältnis von 1:120. Münzverschlechterungen waren durch Absenken des Silberanteils oder Verkleinerung der Münze – mit demselben Effekt – möglich.

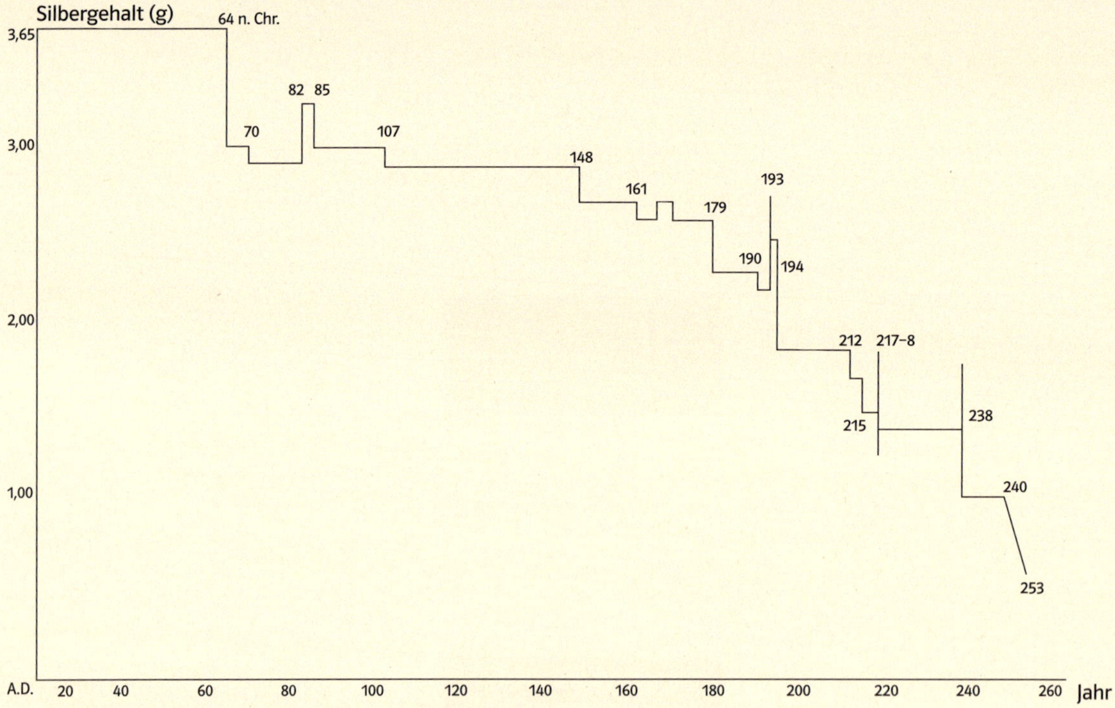

DMZ Druckmedienzentrum Gotha GmbH, Gotha, nach: Hans-Joachim Drexhage, Heinrich Konen, Kai Ruffing: Die Wirtschaft des Römischen Reiches, de Gruyter, Berlin 2002, S. 206.

Eine historische Problemfrage, die sich aus dem oben stehenden statistischen Material ergeben könnte, wäre z. B.: oder „Hatte der römische Staat seit Mitte des zweiten Jahrhunderts Zahlungsschwierigkeiten?"

Um auf Fragen dieser Art eine seriöse historisch-erörternde Antwort geben zu können, wäre es erforderlich, eine Reihe von statistischen Materialien zur Wirtschaftsgeschichte methodengerecht zu bearbeiten und auszuwerten. Doch kann man mit Statistiken überhaupt seriös arbeiten?

„Glaube keiner Statistik, die du nicht selber gefälscht hast.", soll der berühmte Winston Churchill einmal gesagt haben. Dieser Ausspruch – auch wenn er nicht authentisch sein sollte – verdeutlicht gut das Dilemma, in das wir bei der Benutzung von Statistiken immer wieder geraten. Einerseits haben Statistiken den gleichen Vorteil wie Zahlen gegenüber Worten, nämlich präzise zu sein, alles mit allem vergleichbar zu machen und durch komprimierte Information schnellen Überblick zu verschaffen. Andererseits sind Zahlen und Statistiken etwas sehr Abstraktes, so dass sich ihre Benutzer konkret mitunter etwas völlig anderes vorstellen und viel mehr hineininterpretieren, als die bloßen Zahlen eigentlich hergeben. Heraus kommt dann enttäuschtes Vertrauen wie bei Churchill, da die erwartete Objektivität der Zahlen sich tatsächlich als Pseudo-Objektivität herausstellte.

Aber Statistiken aufgrund dessen völlig zu misstrauen und sie umstandslos in den Papierkorb zu werfen, ist auch keine Lösung. Zum einen entrinnt man ihnen nicht: Die Leiter Ihrer Schule z. B. führen aufwändige Statistiken, um Klassen-, Kurs- und Schulgrößen einigermaßen gerecht einzurichten. Auch in Ihrer Jahrgangsstufe werden Fehlstundenstatistiken geführt oder Durchschnittsnoten statistisch ermittelt. Vielleicht haben Sie auch schon eine persönliche Noten-Statistik geführt, um die Entscheidung für die Wahl der Leistungskursfächer vorzubereiten oder um zu sehen, welchen NC Sie für ein späteres Studium voraussichtlich schaffen können. Zum anderen sind die Aussagen von Statistiken tatsächlich „objektiv" – wenn Sie seriös angefertigt wurden und fachkundig interpretiert werden. Unsere Demokratie beruht auf professionellen Wählerstimmen-Statistiken, nutzt Meinungsumfragen und zahllose amtliche Statistiken wie z. B. die Arbeitslosenstatistik. Die Wirtschaftsunternehmen machen in der Bilanzbuchhaltung Statistik zu einem täglichen Geschäft und zur Grundlage für planbares Wirtschaften. Wachstumsraten, Aktienkurse, Staatsverschuldung, Lohnerhöhungen usw. usw. – überall Statistiken. Es nimmt daher nicht Wunder, dass uns auch im Geschichtsunterricht der Oberstufe sowie in der Geschichtswissenschaft insgesamt sehr häufig Statistiken begegnen.

Eine Statistik lässt sich definieren als zahlenförmige Informationssammlung. Der Begriff „Statistik" meint dabei aber sowohl die zahlenförmige Darstellung als auch die spezielle wissenschaftliche Disziplin. Statistiken erfassen die Wirklichkeit mithilfe eigener besonderer statistischer Begriffe, Zahlen, grafischer Zeichen, Quoten, Mittelwerte, etc. Das ist die Sprache der Statistiker. Diese Sprache muss richtig gelesen, verstanden und rückübersetzt werden. Die Fachhistoriker nutzen Statistiken, wo immer sie verfügbar sind, insbesondere wenn diese Wissenschaftlerinnen einen mehr sozial- und wirtschaftsgeschichtlichen Ansatz verfolgen. Wenn Sie ein sehr altes Schulgeschichtsbuch mit einem sehr neuen vergleichen, werden Sie feststellen, dass der Geschichtsunterricht früherer Zeiten weniger Tabellen und Diagramme benutzte und dafür mehr der Theorie anhing, dass „große Männer Geschichte machen", weswegen Texte über deren Persönlichkeit und Biografie wichtiger genommen wurden. Je mehr die Historikerinnen und Historiker jedoch auch über die breite Masse des einfachen Volkes wissen wollten, desto nützlicher wurden für sie Statistiken. Denn sie gestatten Aussagen mit stärkerer Verallgemeinerung. Zur angemessenen Beurteilung von Einzelfällen muss man wissen, wie es im Allgemeinen oder im Durchschnitt aussieht.

Im Vergleich der Epochen Antike, Mittelalter, Neuzeit und Zeitgeschichte werden Sie ebenfalls eine Zunahme der verfügbaren Statistiken zum 18./19. Jahrhundert hin feststellen. Denn erst seit den demokratischen Revolutionen und der Industrialisierung, seit dem Entstehen des modernen Nationalstaates mit seiner rational systematisierten Verwaltung gibt es überhaupt „statistische Bureaus" und Rechnungsabteilungen als breitenwirksame Einrichtungen. Mit ihnen entstand aber wohl auch die Versuchung, die Magie der Zahlen für eigene Herrschaftszwecke auszunutzen. Statistiken zur Antike sind meistens keine Quellen, sondern mussten von Wissenschaftlern und Wissenschaftlerinnen aus zur Verfügung stehenden Quellen errechnet werden.

In den Geschichtsstunden am Gymnasium tauchen Statistiken als Schüler-Arbeitsmaterialien in zwei Formen auf: Tabellen und Diagramme. Zwar sind Statistiken als Prüfungsmaterialien im Abitur zuletzt eher seltener geworden, aber als Material für den Unterricht und auch für Klausuren in der Oberstufe sind vor allem zwei Arten durchaus gebräuchlich.

1. Tabellen

Die häufigste Form von Statistiken sind die Tabellen. Die tabellarische Anordnung beruht darauf, dass zwei Aspekte (= Kategorien) miteinander in Beziehung gesetzt werden. Die erste Kategorie steht in der Kopfzeile, die zweite in der Seitenspalte (oder: Vorspalte). So ergeben sich horizontal „Zeilen" und vertikal „Spalten", die dann mit Zahlenwerten gefüllt werden.

2. Diagramme

Diagramme bieten eine größere Anschaulichkeit als Tabellen. Die Zahlen der Tabelle werden hier „visualisiert", also z. B. in unterschiedlich lange, breite oder hohe Striche bzw. Flächen umgeformt. Aus allen Tabellen lassen sich dementsprechend Diagramme unterschiedlicher Art herstellen: Kurvendiagramme, Stab- oder Säulendiagramme, Balkendiagramme, Kreisdiagramme usw.

D 2

Die Bevölkerung im Imperium Romanum
Schätzung für das Jahr 165 n. Chr.

Titel

Die Bevölkerung im Imperium Romanum
Schätzung für das Jahr 165 n. Chr.

Erläuterung

Tabellenkopf

Vorspalte

Gebiet/Provinz	Bevölkerung in Mio. (middle count)	Bevölkerungsdichte in Personen/km²*
Italia	12–13	39–42
Hispania	7–9	12–15
Gallia et Germania	9–12	13–18
Britannia	1,5–2	9–13
Donaugebiet	5–6	8–9
Griechenland	2,5–3	16–19
Kleinasien	9–10	14–15
Syrien und Zypern	5–6	36–43
Ägypten	5–6	167–200
Afrika	7–8	17–19
Total	**63–76**	**17–20**

* Die Bevölkerungsdichte bezieht sich auf die landwirtschaftlich nutzbare Fläche einer Provinz. Sie ist z. B. für Ägypten auf die 30 000 km² des Niltals und Nildeltas beschränkt, während die Wüstengebiete nicht mit eingerechnet wurden.

Daten nach Walter Scheidel: Demography.
In: W. Scheidel, I. Morris, R. Saller (eds.): The Cambridge economic history of the Greco-Roman world. Cambridge University Press, Cambridge (2007), S. 38–86.

Herkunftsangabe (i. d. Regel bezogen auf die Daten)

D 3

Die Bevölkerung im Imperium Romanum
Schätzungen für das Jahr 14 n. Chr

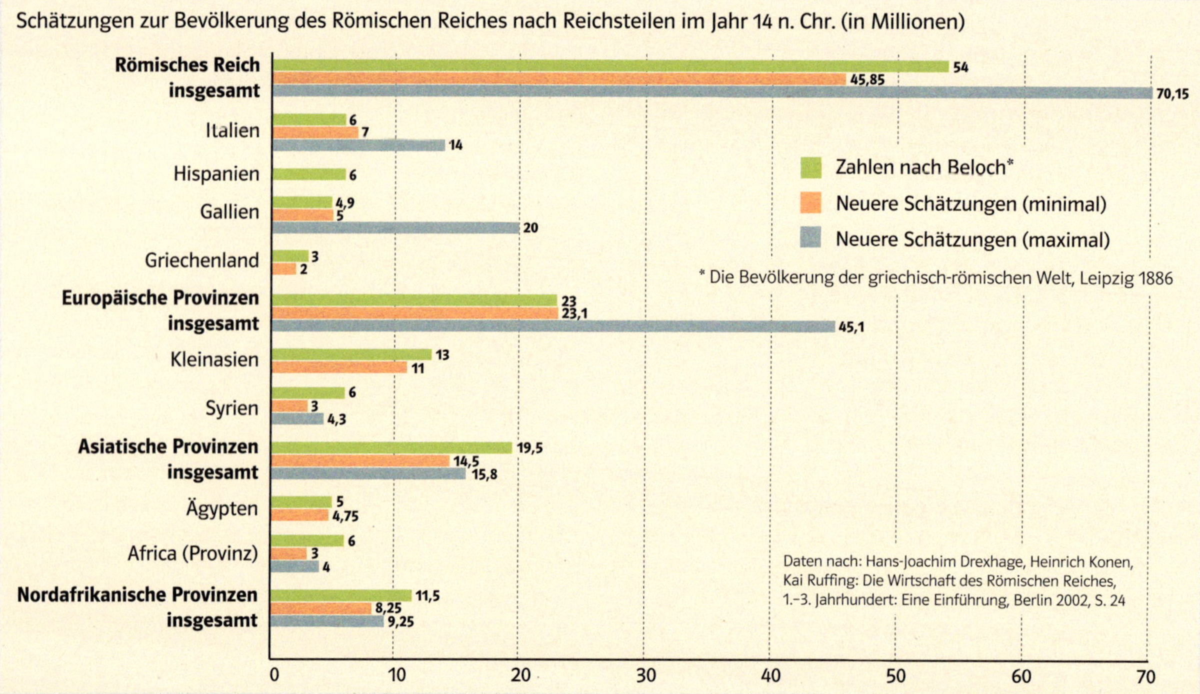

Arbeitsschritte bei der Analyse von Statistiken

Die Analyse einer Statistik besteht aus drei wichtigen Arbeitsschritten:

1. Beschreiben
2. Untersuchen
3. Deuten

Dabei ist es nicht bei jeder Statistik möglich, alle Unterschritte auszuführen. Wichtig ist nur, dass Sie sich bewusst fragen, ob Sie zu dem jeweiligen Punkt Informationen haben oder nicht.

1 Beschreiben
1.1 Aussagebereich und Fundort (= Überschrift und Herkunftsangabe)
1.1.1 Wozu soll die Statistik etwas sagen, welche Frage soll sie beantworten?
1.1.2 Für welche Zeit und welchen Raum (Land) soll sie gelten?
1.1.3 Wer sind die Verfasser (Name und ggf. Funktion) und woher haben sie ihre Informationen?
1.1.4 Bei Befragungen: Welche Frage hatten die Befragten zu beantworten und welche Antwortmöglichkeiten hatten sie?

1.2 Darstellungsform, Kategorien und Zahlen
1.2.1 Welche Form der Darstellung wurde gewählt (Tabelle, Diagramm)?
1.2.2 Welche Begriffe (Kategorien) wurden miteinander in Beziehung gesetzt?
1.2.3 Welche Zahlenarten (absolute Zahlen, Prozentzahlen, Index-Zahlen) werden verwendet? Welche Größe/Einheit wird angegeben?
1.2.4 Auf welche Gesamtzahl (Grundgesamtheit oder Basiszahl, Bezugsgröße) beziehen sich die Prozentzahlen?

2 Untersuchen
2.1 Auswertung
2.1.1 Lassen sich bestimmte Schwerpunkte (Maxima, Minima) oder regelhafte Verläufe (Trends), Besonderheiten, Entsprechungen feststellen?
2.1.2 Fehlen Daten? Wie ist diese Lücke zu erklären?
2.1.3 Welche (beabsichtigten) Aussagen lassen sich formulieren (als Antwort auf die Fragestellung)?

2.2 Erweiterung
2.2.1 Würde eine andere Darstellungsform die Aussage besser veranschaulichen – oder zu einer veränderten Aussage führen? Können Sie zu diesem Zweck z. B. Umformungen oder Umrechnungen der vorhandenen Daten (z. B. mehrere Zahlen zusammenfassen, Verhältnisse bilden, extrapolieren) vornehmen, um die Aussage deutlicher oder anschaulicher zu machen oder zu erweitern?

3 Deuten
3.1 Kritik
3.1.1 Gibt es Unklarheiten im Hinblick auf die Angaben zur Quelle, zur Fragestellung, zum Zeitpunkt usw.?
3.1.2 Lässt sich erkennen, ob jemand ein bestimmtes Interesse an der Datenerhebung oder der Darstellung hat? Hat dieses Interesse Einfluss auf das Ergebnis?
3.1.3 Enthält die Statistik offensichtliche Mängel oder Fehler?
3.1.4 Wozu sagt die Statistik nichts? Was müsste man eigentlich noch wissen?

3.2 Ergebnis
3.2.1 Formulieren Sie die Aussage der Statistik unter Berücksichtigung eventueller Lücken/Mängel.

3.3 Weitere Fragestellungen
3.3.1 Welche Fragen schließen sich an (in Bezug auf die Fragestellung der Statistik und in Bezug auf Ihre eigene Fragstellung)?

3 Erläutern Sie, was der Silbergehalt des Geldes (D 1) über die jeweilige wirtschaftliche Situation aussagen kann.

4 Stellen Sie dar, was die Angaben in D 2 über die Bedeutung des jeweiligen Gebietes für das Römische Reich aussagen.

5 Interpretieren Sie das Balkendiagramm D 3.

Prüfungssituationen bestehen: Geschichtsklausuren schreiben

Klausuren richtig nutzen

„Eine Geschichtsklausur unter Abiturbedingungen schreiben - was kommt da wohl auf mich zu?" Mit einem mulmigen Gefühl haben Sie sich diese Frage vielleicht auch schon gestellt. Für viele Schülerinnen und Schüler sind gerade die Klausuren gegen Ende der Qualifikationsphase ein gefühlter Angstgegner: In der Regel sind sie deutlich länger als die Klausuren in der Einführungsphase, und es könnte so scheinen, als wäre die Gefahr nun viel größer, sich zu verrennen, wenn man irgendwann während der Bearbeitung eine falsche Abzweigung nimmt.

Aber keine Sorge: Die wichtigsten Hilfsmittel, Ihren Verstand und Ihre im Unterricht erworbene Kompetenz, haben Sie ja dabei; und niemand erwartet etwas Unmögliches. So eine Klausur hat sogar Vorteile: Während es im Unterricht oder bei mündlichen Abfragen oder Prüfungen nämlich durchaus vorkommen kann, dass Sie das Gefühl haben, wie aus der Pistole geschossen antworten zu müssen, während alle Sie ansehen, sind Sie während einer Klausur Herr Ihrer Zeit, auch wenn diese begrenzt ist. Für ungefähr 90, 120 oder 180 Minuten lässt man Sie in Ruhe. Denn wer „in Klausur geht", der schottet sich für eine Weile vom Trubel der Außenwelt ab, um sich ganz auf eine Sache besinnen zu können.

Ihre Lehrerinnen und Lehrer dürfen auch in einer Abitur-Klausur nichts verlangen, was Sie nicht schon im Unterricht gelernt oder geübt haben. Ohnehin müssen Sie nicht alles „aus sich selbst schöpfen", denn Geschichtsklausuren in der Oberstufe sind praktisch immer „materialgebunden". Sie sitzen also nicht vor leeren, weißen Blättern und müssen Angst vor einer Schreibblockade haben, sondern dürfen an und mit einer Quelle oder Darstellung arbeiten und entwickeln Ihren Antworttext aus diesem Prozess heraus. Die Vorbereitungsklausuren sollten Sie nutzen, um sich mit dieser Art der Prüfung vertraut zu machen. Im Folgenden einige Tipps zur

a) Klausurvorbereitung,
b) Klausurdurchführung und
c) Klausurnachbereitung.

a) Klausurvorbereitung

In den Wochen vor der Klausur:

Die wichtigste und eigentliche Klausurvorbereitung ist natürlich der regelmäßige Geschichtsunterricht. Verschieben Sie das „Lernen" für Ihr Fach Geschichte nicht auf die Woche oder gar den Tag - oder, noch schlimmer, die Nacht - vor der Klausur, sondern lernen Sie kontinuierlich. Das sagen Lehrer und Lehrerinnen immer und in jedem Fach, klar. Aber weil es in Geschichte nicht in erster Linie auf das Auswendiglernen von Namen und Daten ankommt, sondern auf das sichere Umgehen mit Quellen und Darstellungen, können Sie die entsprechenden Kompetenzen gar nicht in einer Hau-Ruck-Aktion über Nacht erwerben. Insbesondere schriftliche, quellenbezogene Hausaufgaben sollten Sie so oft wie möglich als kleine Teil-Klausur-Übungen verstehen und nutzen, auch in formaler Hinsicht: Setzen Sie sich zu Hause hinter eine Stoppuhr und damit unter künstlichen Zeitdruck und üben Sie so das zügige, sprachlich korrekte und fachlich wie fachsprachlich niveauvolle Abfassen von geschichtswissenschaftlichen Kurztexten. Überprüfen Sie anschließend Ihre Leistung selber: Korrigieren Sie den formalen Rahmen mithilfe eines „Gegenlesers" und des Rechtschreibdudens, das Inhaltliche mithilfe von Geschichtsbüchern.

An den letzten Tagen vor der Klausur:

Sobald Sie Zeit für eine spezielle Klausurvorbereitung haben, fertigen Sie ausführliche Spickzettel zum Klausurthema an. Zum Lernen historischer Daten, Fakten und Begriffe haben sich kleine Karteikarten bewährt, die man immer wieder neu sortieren kann. Gehen Sie dann mit diesen Spickzetteln spazieren oder joggen und versuchen Sie, den Inhalt ohne Ihre Hilfsmittel zu rekapitulieren. Was Sie in der Klausur selber mit diesen Spickzetteln machen, ist dann Ihre Sache …

Am Abend vor der Klausur:

Packen Sie ausreichend leere Blätter und mehrteiliges Schreibzeug ein. Sie sollten vorbereitet sein, verschiedenfarbige Unterstreichungen und Kennzeichnungen vorzunehmen, viele Notizen und Skizzen machen zu können, mit denen Sie Ihre Klausurantworten vorplanen. Vergessen Sie nicht, Korrekturmittel mitzunehmen, also z. B. Tintenkiller, Radiergummi und ein Lineal für größere Durchstreichungen. Packen Sie auch ein Getränk sowie eine Uhr ein.

In der Nacht vor der Klausur:
Schlafen Sie tief und fest und lang genug, so wie immer. Bett und Schlafzimmer sollten völlig frei von sichtbaren „Geschichtssachen" sein. Nehmen Sie bloß keine Klausurgedanken mit in den Schlaf.

Am Morgen vor der Klausur:
Reden Sie mit Ihren Mitschülerinnen und Mitschülern nicht darüber, was und wie Sie sich vorbereitet haben. Das macht einen nur nervös, die Wahrheit erfahren Sie in solchen Gesprächen ohnehin nicht, und ändern lässt sich jetzt sowieso nichts mehr.

b) Klausurdurchführung

Nach dem Erhalt der Klausuraufgaben sollten Sie zuerst das Klausurthema – falls angegeben – und dann die Materialüberschrift (nur die Überschrift, noch nicht das Material selber) sowie die Aufgabenstellung in allen (!) ihren Teilen sorgfältig, aufmerksam und mehrfach lesen. Zeichnen Sie dann eine kurze vorläufige Skizze zu den Fragen: Was ist das historisch-politische Grundproblem bzw. die Leitfrage der Klausur? Worauf läuft diese Klausur wahrscheinlich hinaus? Notieren Sie dabei ruhig schon alle Hypothesen und Antwortversuche, die Ihnen einfallen. Auf dieses Blatt können Sie später zurückgreifen.

Überprüfen Sie, ob das Klausurmaterial eine Quelle oder eine Darstellung ist. Bearbeiten Sie es dann nach den entsprechenden Methoden (vgl. S. 142 – 145).

Überlegen Sie sich, was Sie schreiben wollen, bevor Sie es schreiben. Unterscheiden Sie also die drei großen Arbeitsschritte Stoffsammlung, Planung und Formulierung. Erledigen Sie Stoffsammlung und Planung für alle Klausuraufgaben, bevor Sie mit der Niederschrift zu Aufgabe 1 beginnen. Setzen Sie sich Zeitmarken, an denen Sie einen bestimmten Arbeitsschritt erledigt haben wollen (bzw. müssen).

Scheuen Sie sich nicht, vor der endgültigen Niederschrift Notizen, Listen, Strukturskizzen o.Ä. zu machen. Notieren Sie kurz jeden Gedanken, der Ihnen kommt. Reservieren Sie evtl. für jede Klausur-Teilaufgabe einen eigenen Notizzettel. Kommen Sie nicht auf die Idee, ausgerechnet jetzt Papier sparen zu wollen.

Bearbeiten Sie die Aufgaben in der vom Lehrer/der Lehrerin gestellten Reihenfolge, denn diese Reihenfolge hat normalerweise einen Sinn. Geschichtsklausuren haben in der Regel einen inneren Gesamtzusammenhang und die Aufgaben bauen aufeinander auf. Das bedeutet, dass Ihnen die hinteren Aufgaben leichter fallen werden, wenn zu den vorderen Aufgaben schon Ergebnisse vorliegen.

Wenn Ihnen zu Aufgabe 2 oder 3 etwas einfällt, während Sie Aufgabe 1 niederschreiben, notieren Sie es weiterhin fortlaufend auf Ihrem „Aufgabe-2-„ oder „Aufgabe-3-Notizzettel". Ein Stift und ein Blatt Papier sind schließlich besser als das beste Gedächtnis.

Lesen Sie jeden vorangegangenen Abschnitt noch einmal durch, bevor Sie den nächsten beginnen. Dadurch vermeiden Sie inhaltliche Wiederholungen und Brüche im Gedankengang.

Reservieren Sie mindestens 10 Minuten für eine abschließende Durchsicht der Gesamtklausur. Versuchen Sie, Ihren eigenen Text jetzt extrem langsam zu lesen und so, als sähen Sie ihn zum ersten Mal. Korrigieren Sie dabei alle Fehler, die Ihnen auffallen. Wenn Sie Probleme mit der Rechtschreibung, Zeichensetzung und sprachlichen Korrektheit haben, konzentrieren Sie sich darauf, diese Fehler richtig zu stellen. Ansonsten achten Sie auf den Gedankengang und die logischen Verbindungen.

c) Klausurnachbereitung

Es ist eine echte Schülerdummheit, zurückgegebene Klausuren aus Ärger oder Unachtsamkeit in den Papierkorb zu werfen. Denn in den Anstreichungen und Kommentaren der korrigierenden Lehrerinnen und Lehrer finden Sie oft auf Sie persönlich zugeschnittene Entwicklungstipps.

Dabei geht es natürlich weniger um Details wie eine bestimmte Jahreszahl, die Sie sich hätten merken müssen. Versuchen Sie das Prinzip, das Grundmuster Ihrer Fehler zu erkennen: Bekommen Sie öfter die Rückmeldung, dass Sie Ihre Antwort mit mehr Daten konkretisieren sollten? Oder war schon mehrfach die Zusammenfassung einer Quelle zu kurz im Vergleich zu Ihrer Bewertung? Dann können Sie aus solchen Kritiken Rückschlüsse für Ihre weitere Arbeit ziehen. Sammeln und ordnen Sie die Kritikpunkte in Listen, so dass Sie sich für die nächste Klausur noch gezielter vorbereiten können und nicht die gleichen Fehler noch einmal machen.

Methodenhinweise im Überblick

Quellen

Textquellen

Textquellen sind eine Großgattung von Quellen. Es gibt eine Vielzahl unterschiedlicher Textquellenarten. Jede von ihnen legt über andere Dinge Zeugnis ab und muss unter diesem Gesichtspunkt betrachtet werden.

Zeitungen:
historische Momentaufnahmen eines ganzen Spektrums von Lebensbereichen (Politik bis Kleinanzeigen)

Zeitzeugenaussagen:
nachträglich „hergestellte" und zunächst mündliche Quelle aus subjektiver Erfahrungsperspektive, persönliche Erinnerungen oft mit späteren Kenntnissen und Erfahrungen gemischt und durch nachträgliche Änderungen und Rechtfertigungen beeinflusst

Analyseschritte

Beschreiben
- → Angaben zum Verfasser
- → Entstehung (Zeit, Ort, Zusammenhang)
- → Textsorte
- → Adressat(en)

Untersuchen
- → Thema
- → Aussage
- → Intention
- → sprachliche Gestaltung (Wortwahl, Satzbau, rhetorische Mittel)

Deuten und Bewerten
- → zentrale Information/Botschaft des Textes
- → Einordnen in den historischen Kontext
- → unter Beachtung von Perspektivität ein eigenes Sach- und Werturteil formulieren

Briefe:
subjektive Sicht auf Ereignisse und Personen, Gefühle und Befindlichkeiten des Verfassers

Flugblätter:
adressatenorientierte, komprimierte Darstellung von Überzeugungen und Zielen politischer oder konfessioneller Gruppierungen, Kritik an Gegnern

Gesichtspunkte für die Analyse (Beispiele)

Bildquellen

Bildquellen sind eine Großgattung von Quellen. Es gibt eine Vielzahl unterschiedlicher Bildquellenarten. Jede von ihnen legt über andere Dinge Zeugnis ab und muss unter diesem Gesichtspunkt betrachtet werden.

Fotos:
vordergründig rein technische Dokumentation historischer Realität, dennoch stark beeinflusst durch Darstellungsabsichten des Fotografen und ggf. Veröffentlichungskontext; private Fotografie als wichtige Quelle zur Alltagsgeschichte

Gemälde:
subjektive Sicht, künstlerische Freiheiten können stark verfremden, bei Historienmalereien erfährt man weniger über das dargestellte historische Faktum als über die Vorstellungen des Künstlers

Analyseschritte

Beschreiben
- → erster Eindruck
- → hervorstechende Elemente
- → bemerkenswerte Einzelheiten
- → Künstler/Urheber
- → Entstehung (Zeit, Ort, Zusammenhang)

Untersuchen
- → Thema
- → Bildgattung
- → dargestellte Personen, Ereignisse, Gegenstände
- → Bildaufbau
- → Perspektive
- → Figurendarstellung
- → Größenverhältnisse
- → Licht- und Farbwirkungen

Deuten und Bewerten
- → Gesamtaussage des Bildes
- → zeittypische Sichtweisen, Vorstellungen, Haltungen
- → eigenes Sach- und Werturteil

Plakate:
adressatenorientierte, komprimierte Darstellung von Überzeugungen und Zielen politischer oder konfessioneller Gruppierungen, Kritik an Gegnern, aber auch zeittypische Produktwerbung in bildlicher und grafischer Verdichtung

Karikaturen:
kritische und tendenziöse Urteile über Personen und Ereignisse der Zeit in Form von Verfremdungen und Anspielungen

Gesichtspunkte für die Analyse (Beispiele)

Darstellungen

Statistiken

Beschreiben	Untersuchen	Deuten und Bewerten
→ Thema → Zeitpunkt/Zeitraum → Größen/Einheiten → Art der Darstellung (absolute Zahlen, Prozentzahlen, Indexwerte)	→ Herkunft der Statistik → Besonderheiten und wichtige Veränderungen in den Zahlenangaben → ggf. Umrechnungen (Prozentzahlen, Indexwerte) → ggf. Übertragung in Diagramm-Darstellung	→ zentrale Aussagen über das Thema → Gründe für dargestellte Entwicklungen (historischer Kontext) → offene Fragen

Karten

Beschreiben	Untersuchen	Deuten und Bewerten
→ Thema → dargestellter Raum → Größen/Einheiten → dargestellte Zeit	→ Entnahme von Informationen im Hinblick auf Untersuchungsfrage → Berechnungen (z. B. Entfernungen, Flächen, Häufigkeiten)	→ Zusammenfassung zentraler Aussagen → Verknüpfung mit vorhandenen Kenntnissen → Probleme der Kartendarstellung

Sachtexte

Beschreiben	Untersuchen	Deuten und Bewerten
→ Verfasser → Thema → Aufbau	→ genaue Fragestellung → Argumentationsgang → Urteile → Belege und Begründungen → sprachliche Mittel	→ zentrale Aussagen → Plausibilität

Fernsehdokumentationen

Beschreiben	Untersuchen	Deuten und Bewerten
→ Thema/Fragestellung → Entstehung (Zeit, Ort, Zusammenhang)	→ verwendete Dokumente (Filmquellen, Bildquellen, Textquellen) → Zeitzeugenaussagen → Experten → Sprecherkommentar → nachgespielte Szenen → Ton/Musik	→ Deutung des historischen Geschehens → geschlossene Deutung oder Offenheit für weitere Deutungen

Spielfilme

Beschreiben	Untersuchen	Deuten und Bewerten
→ Thema → Entstehung (Zeit, Ort, Zusammenhang) → inhaltliche Akzentsetzungen → wichtige Personen → zentrale Szenen	→ Darstellung der Hauptpersonen → filmische Mittel (Kameraführung, Ton/Musik, Licht)	→ Deutung des historischen Geschehens → historische Genauigkeit → gegenwartsbezogene Botschaft

Internetseiten

Suchen	Überprüfen	Auswerten
→ geeignete Schlagwörter → geeignete Seite, geeignetes Portal	→ wichtige sachbezogene Informationen → Glaubwürdigkeit intern (Institution, Verfasser, Nachweise) → Glaubwürdigkeit extern (Vergleich unterschiedlicher Seiten, Vergleich mit anderen Informationsmedien)	→ Auswahl von Informationen → Einfügen in eigenes Konzept → Nachweis von zitierten oder paraphrasierten Passagen → Verwendung und Nachweis von Bildern oder anderen Visualisierungen

Ausstellungen

Beschreiben	Untersuchen	Deuten und Bewerten
→ Thema → Aufbau → wichtige Objekte	→ Auswahl von Objekten → Präsentation von Objekten → Erläuterung von Objekten → Verbindung von Themenbereichen („roter Faden“) → ergänzende Medien und Materialien	→ Anregungspotenzial → Lernpotenzial → Konzept insgesamt

Aufgaben verstehen – die Operatoren

(Übernahme aus dem Kerncurriculum für das Gymnasium – gymnasiale Oberstufe, die Gesamtschule – gymnasiale Oberstufe, das Berufliche Gymnasium, das Abendgymnasium, das Kolleg Geschichte Niedersachsen)

Anforderungsbereich I

Operator	Beschreibung der zu erwartenden Leistung
beschreiben	strukturiert und fachsprachlich angemessen Materialien vorstellen und/oder Sachverhalte darlegen
gliedern	einen Raum, eine Zeit oder einen Sachverhalt nach selbst gewählten oder vorgegebenen Kriterien systematisierend ordnen
wiedergeben	Kenntnisse (Sachverhalte, Fachbegriffe, Daten, Fakten, Modelle) und/oder (Teil-)Aussagen mit eigenen Worten sprachlich distanziert, strukturiert und damit unkommentiert darstellen
zusammenfassen	Sachverhalte auf wesentliche Aspekte reduzieren und sprachlich distanziert, strukturiert und unkommentiert wiedergeben

Anforderungsbereich II

Operator	Beschreibung der zu erwartenden Leistung
analysieren	Materialien, Sachverhalte oder Räume kriterienorientiert oder aspektgeleitet erschließen und strukturiert darstellen
charakterisieren	Sachverhalte in ihren Eigenarten beschreiben, typische Merkmale kennzeichnen und diese dann gegebenenfalls unter einem oder mehreren bestimmten Gesichtspunkten zusammenführen
einordnen	begründet eine Position/ein Material zuordnen oder einen Sachverhalt begründet in einen Zusammenhang stellen
erklären	Sachverhalte so darstellen – gegebenenfalls mit Theorien und Modellen –, dass Bedingungen, Ursachen, Gesetzmäßigkeiten und/oder Funktionszusammenhänge verständlich werden
erläutern	Sachverhalte in ihren komplexen Beziehungen an Beispielen und/oder Theorien verdeutlichen (auf Grundlage von Kenntnissen bzw. Materialanalyse)
herausarbeiten	Materialien auf bestimmte, explizit nicht unbedingt genannte Sachverhalte hin untersuchen und Zusammenhänge zwischen den Sachverhalten herstellen
in Beziehung setzen	Zusammenhänge zwischen Materialien, Sachverhalten aspektgeleitet und kriterienorientiert herstellen und erläutern
nachweisen	Materialien auf Bekanntes hin untersuchen und belegen
vergleichen	Gemeinsamkeiten, Ähnlichkeiten und Unterschiede von Sachverhalten kriterienorientiert darlegen

Anforderungsbereich I – III

Operator	Beschreibung der zu erwartenden Leistung
interpretieren	Sinnzusammenhänge aus Quellen erschließen und eine begründete Stellungnahme abgeben, die auf einer Analyse, Erläuterung und Bewertung beruht

Anforderungsbereich III

Operator	Beschreibung der zu erwartenden Leistung
beurteilen	den Stellenwert von Sachverhalten oder Prozessen in einem Zusammenhang überprüfen, um kriterienorientiert zu einem begründeten Sachurteil zu gelangen
entwickeln	zu einem Sachverhalt oder zu einer Problemstellung eine Einschätzung, ein konkretes Lösungsmodell, eine Gegenposition oder ein Lösungskonzept inhaltlich weiterführend und/oder zukunftsorientiert darlegen
erörtern	zu einer vorgegebenen Problemstellung eine reflektierte, abwägende Auseinandersetzung führen und zu einem begründeten Sach- und Werturteil kommen
Stellung nehmen	Beurteilung mit zusätzlicher Reflexion individueller, sachbezogener und/oder politischer Wertmaßstäbe, die Pluralität gewährleisten und zu einem begründeten Werturteil führen
überprüfen	Inhalte, Sachverhalte, Vermutungen oder Hypothesen auf der Grundlage eigener Kenntnisse und mithilfe zusätzlicher Materialien auf ihre sachliche Richtigkeit bzw. auf ihre innere Logik hin untersuchen

Operatoren zur Perspektivenübernahme

Operator	Beschreibung der zu erwartenden Leistung
Tagebucheintrag	Gegenüber der Situationsbeschreibung steht die Kommentierung aus ganz persönlicher Sicht im Vordergrund. Sie äußern sich über ein Geschehnis, das Sie erlebt haben, über die Begegnung mit einer Person, die Sie beeindruckt hat, oder über Ihre persönliche Lage und Befindlichkeit.
Brief	Sie berichten einem Ihnen zumeist bekannten, vielleicht vertrauten Adressaten über ein Ereignis, einen Sachverhalt oder eine fremde Position und nehmen dazu Stellung. Der Adressat muss sowohl Ihre Wiedergabe als auch Ihre Beurteilung ohne weitere Informationen nachvollziehen können. In einem öffentlichen Brief nehmen Sie zu einer aktuellen Frage pointiert Stellung. In einem Leserbrief formulieren Sie aus persönlicher Perspektive und auf der Basis eigener Erfahrung Ihre Meinung zu einem Thema, über das in der betreffenden Zeitung berichtet worden ist oder das in der öffentlichen Diskussion steht.
Leitartikel	Hierbei handelt es sich um Meinungsartikel: Sie beurteilen ein Ereignis, einen Sachverhalt oder eine fremde Position; dabei richten Sie sich an ein weites Publikum, das Sie zu überzeugen versuchen. Besonderes Augenmerk müssen Sie auf die Formulierung von Schlagzeile, Dachzeile (zweite Überschrift unter der Schlagzeile) und Vorspann (kurzer, fett gesetzter Einleitungstext, der das Wesentliche knapp zusammenfasst) richten; hier werden die Deutungsrichtung und Wirkungsabsicht des Textes signalisiert.
Rede	Sie formulieren ein bestimmtes – politisch, sozial, über das Geschlecht begründetes – Interesse einer Person. Die Argumentation ist stärker zielgerichtet als beim Zeitungsartikel, der Einsatz der (auf den mündlichen Vortrag ausgerichteten) Rhetorik ausgeprägter. Sie sollten die Rede auch halten.
Flugblatt	Sie verdichten eine Position, eine Meinung auf wenige, eingängige Schlagwörter. Ein Flugblatt zielt auf öffentliche Wirksamkeit ab. Dazu gehört auch eine funktionale Gestaltung.
Plakat	Wie ein Flugblatt, allerdings in einem größeren Format und in der Regel stärker bildorientiert. Es geht um die funktionale Verknüpfung von Text, Bild und Grafik, die der wirkungsvollen öffentlichen Vermittlung einer Botschaft dienen soll.
Interview	In Form des fingierten Interviews können historisch Handelnde, Beteiligte oder Augenzeugen in konzentrierter und leicht verständlicher Form Auskunft über ihre Beweggründe, Erlebnisse und Meinungen geben. Sie müssen dafür sowohl Fragen als auch Antworten entwerfen.
Reportage	Persönlich gefärbter Bericht, der auf eigenen Beobachtungen und Recherchen zu einem Thema beruht. Allgemeine Informationen werden mit konkreten Beispielen, Äußerungen von Handelnden oder Betroffenen und subjektiven Eindrücken verbunden. Dabei können Sie sehr gut auch Fotos einbeziehen.

Verzeichnis der Namen, Sachen und Begriffe

Verwendete Abkürzungen

A = Abbildung; afghan. = afghanisch; amerik. = amerikanisch; arab. = arabisch; christl. = christlich; chin. = chinesisch; dt. = deutsch; engl. = englisch; europ. = europäisch; fränk. = fränkisch; frz. = französisch; germ. = germanisch; griech. = griechisch; HRR = Heiliges Römisches Reich; irak. = irakisch; israel. = israelisch; ital. = italienisch; Jh. = Jahrhundert; K = Karte; kath. = katholisch; mittelalterl. = mittelalterlich; oström. = oströmisch; pakist. = pakistanisch; poln. = polnisch; port. = portugiesisch; protest. = protestantisch; röm. = römisch; russ. = russisch; serb. = serbisch; span. = spanisch; syr. = syrisch; tschech. = tschechisch; Ü = Übersicht/Schaubild; ung. = ungarisch; venezol. = venezolanisch; weström. = weströmisch; wirtschaftl. = wirtschaftlich; wiss. = wissenschaftlich

Hinweise

→ Verweis auf ein anderes Stichwort

Hinter den Personennamen sind die Lebensdaten gesetzt, bei Amtsträgern ist die jeweilige Amtszeit ergänzt.

Bildquellennachweis

Umschlag.links akg-images, Berlin; **Umschlag.rechts** akg-images (Gilles Mermet), Berlin; **3.o.** akg-images, Berlin; **3.u.** imago images (Werner Otto), Berlin; **4** akg-images, Berlin; **5** Getty Images (Stone), München; **8** akg-images, Berlin; **11.D1** Peter M. Hoffmann, Leipzig; **14.D5** Oser, Liliane, Hamburg, nach: Samuel P. Huntington, Der Kampf der Kulturen. Die Neugestaltung der Weltpolitik im 21. Jahrhundert, Europaverlag, München 1996, S. 398.; **17.D1** akg-images, Berlin; **19.Q1** akg-images, Berlin; **19.Q2** akg-images (Werner Forman), Berlin; **21.Q4** akg-images (Peter Weiss), Berlin; **29.Q1** Interfoto (Mary Evans Picture Library), München; **31.Q2** BPK, Berlin; **32** imago images (Werner Otto), Berlin; **35.D1** Oser, Liliane, Hamburg; **36.Q2** 123rf Germany, c/o Inmagine GmbH (Wies'aw Jarek), Nidderau; **37.D2** Oser, Liliane, Hamburg; **37.D3** Oser, Liliane, Hamburg; **41.D1** Klett-Archiv, Stuttgart; **44.D2** Klett-Archiv, Stuttgart; **49.Q3** Manfred Eberlein, Archäologische Staatssammlung München; **52.D1** akg-images (Florent Pey), Berlin; **55.D1** Oser, Liliane, Hamburg; **57.Q2** Getty Images Plus (LUke1138), München; **59.Q6** Getty Images (Universal Images Group), München; **61.D1** Klett-Archiv, Stuttgart; **65.Q9 li.** Interfoto (Mary Evans Picture Library), München; **65.Q9 re.** Interfoto (Austrian National Library), München; **67.D1** Klett-Archiv, Stuttgart; **69.Q3** akg-images, Berlin; **73.Q1** akg-images (Bildarchiv Steffens), Berlin; **74.Q3** akg-images (Andrea Jemolo), Berlin; **75.D1** Oser, Liliane, Hamburg; **79.Q1** BPK (Scala), Berlin; **82.Q6** Thinkstock (PCostaBaldi), München; **84** akg-images, Berlin; **87.Q1** BPK, Berlin; **88.D1** Klett-Archiv, Stuttgart; **90.Q5** Bibliothèque nationale de France (ACQ 1995-634), Paris; **94.Q2 li.** BPK (The Trustees of the British Museum), Berlin; **94.Q2 re.** BPK (The Trustees of the British Museum), Berlin; **95.Q4** akg-images (De Agostini Picture Library/G. Nimatallah), Berlin; **96.Q5** akg-images (Erich Lessing), Berlin; **97.D2** Klett-Archiv, Stuttgart; **99.D1** Klett-Archiv, Stuttgart; **100.D2** Oser, Liliane, Hamburg; **101.Q1** Ullstein Bild GmbH (Archiv Gerstenberg), Berlin; **104.Q6** BPK (The Trustees of the British Museum), Berlin; **107.D1** Klett-Archiv, Stuttgart; **109.Q1** akg-images (Nimatallah), Berlin; **110.Q2** BPK (Münzkabinett, SMB/Reinhard Saczewski), Berlin; **110.Q3** Interfoto (Photoaisa/Beba), München; **111.Q5** Alamy stock photo (Realy Easy Star), Abingdon, Oxon; **112.Q6 li.** Getty Images Plus (RnDmS), München; **112.Q6 re.** aus: Bruno Schulz, Das Grabmal des Theoderich zu Ravenna, Würzburg, 1911; **115.Q13** BPK (Herbert Kraft), Berlin; **117.D1** Klett-Archiv, Stuttgart; **119.Q1** Interfoto (Sammlung Rauch), München; **120.Q2** Bridgemanimages.com, Berlin; **120.Q3** Bridgemanimages.com (Lewis Collection. Reproduced by courtesy of the Master and Fellows of Corpus Christi College, Cambridge. On loan to the Fitzwilliam Museum, Cambridge), Berlin; **121.Q4** Getty Images (Hulton Archive), München; **122.Q6** Bridgemanimages.com, Berlin; **125.Q14** BPK (Germanisches Nationalmuseum/Dirk Meßberger), Berlin; **127.Q1** © SEGA 2019. ALL RIGHTS RESERVED.; **128.Q2** Andre Durenceau/National Geographic Creative; **129.Q5** DER SPIEGEL 6/2006; **129.Q6** Stern 36/2015, Titelfotos: GEORGI LICOVSKI/DPA (oben); SEBASTIAN BACKHAUS/IMAGO (2 unten); **130.Q7** The Last Legion, R: Doug Lefler, UK 2007 (c) Alamy stock photo (RGR Collection), Abingdon; **130.Q8** Copyright © 2019 Catan GmbH. Alle hier benutzten Marken sind Eigentum der Catan GmbH. Alle Rechte vorbehalten.; **131.Q11** Picture-Alliance (dpa/VidiPhoto), Frankfurt; **131.Q9** ShutterStock.com RF (Boris15), New York, NY; **136.D1** DMZ Druckmedienzentrum Gotha GmbH, Gotha, nach: Hans-Joachim Drexhage, Heinrich Konen, Kai Ruffing: Die Wirtschaft des Römischen Reiches, de Gruyter, Berlin 2002, S. 206.; **138.D3** Oser, Liliane, Hamburg, nach: Hans-Joachim Drexhage, Heinrich Konen, Kai Ruffing: Die Wirtschaft des Römischen Reiches, 1.-3. Jahrhundert: Eine Einführung, de Gruyter, Berlin 2002, S. 24.

Sollte es in einem Einzelfall nicht gelungen sein, den korrekten Rechteinhaber ausfindig zu machen, so werden berechtigte Ansprüche selbstverständlich im Rahmen der üblichen Regelungen abgegolten.